Composición

Composición:

Proceso y síntesis

TERCERA EDICION

Guadalupe Valdés
Stanford University

Trisha Dvorak
University of Washington

Thomasina Pagán Hannum

McGraw-Hill College

Boston   Burr Ridge, IL   Dubuque, IA   Madison, WI   New York   San Francisco   St. Louis
Bangkok   Bogotá   Caracas   Lisbon   London   Madrid
Mexico City   Milan   New Delhi   Seoul   Singapore   Sydney   Taipei   Toronto

McGraw-Hill College

A Division of The McGraw·Hill Companies

This is an book.

Composición
Proceso y síntesis

This book is printed on acid-free paper.

4 5 6 7 8 9 0 DOC DOC 9 3 2 1 0 9

ISBN 0-07-066816-7

Editorial director: Thalia Dorwick
Sr. Sponsoring editor: William R. Glass
Developmental editor: Rebecca McGuire
Sr. Marketing manager: Cristene Burr
Project manager: Terri Edwards
Production supervisor: Pam Augspurger
Supplements coordinator: Louis Swaim
Cover designer: Brad Thomas
Editorial assistant: Beatrice Wikander
Compositor: York Graphic Services
Typeface: Galliard and Stone Sans
Printer and binder: R.R. Donnelley & Sons Company

Library of Congress Cataloging-in-Publication Data
Valdés, Guadalupe.
    Composición : proceso y síntesis / Guadalupe Valdés, Trisha
Dvorak, Thomasina Pagán Hannum. — 3. ed.
        p.   cm.
    ISBN 0-07-066816-7
    1. Spanish language—Composition and exercises. I. Dvorak,
Trisha. II. Hannum, Thomasina, 1935–   .   III. Title.
    PC4420.V275   1998
808'.0461—dc21   98-6907
                                                                  CIP

http://www.mhhe.com

Tabla de materias

Preface   xi

Capítulo 1: La descripción   1

ORIENTACION   2
    La descripción   2
        Tarea   3

PRIMERA ETAPA: ANTES DE REDACTAR   3
    La generación y recolección de ideas   4
        Enfoque   8
    Técnicas de organización y expresión   9
        Estrategias del escritor: La caracterización del lector   10
        Pensando en el lector: El lenguaje y la selección de detalles   13

SEGUNDA ETAPA: LA REDACCION Y LA REVISION DE LAS VERSIONES PRELIMINARES   17
        Tarea   17
    El plan de redacción: Cómo se escribe una descripción   18
    El plan de revisión: Actividades con grupos de consulta   20
    Técnica de una lista de control   28

TERCERA ETAPA: LA REVISION DE LA FORMA Y LA PREPARACION DE LA VERSION FINAL   28
    Primer paso   Revisión de los aspectos gramaticales: *Ser/estar*   29
        Ser y *estar:* Usos de mayor frecuencia   29
        Usos en que el juicio se basa en la estructura gramatical   29
        Usos en que el juicio se basa en el significado de la oración   30
        Usos de *ser* y *estar* con adjetivos   31
    Segundo paso   Revisión del vocabulario y de la expresión   32
    Tercer paso   Revisión de la ortografía   32
    Cuarto paso   Preparación de la versión final   32

Capítulo 2: La narración   33

ORIENTACION 34
   La narración 34
      Las partes de la narración 34
      El punto de vista y la perspectiva 35
      La descripción en la narración 35
      El propósito 37
   Tarea 38

PRIMERA ETAPA: ANTES DE REDACTAR 38
   La generación y recolección de ideas 38
      Enfoque 45
   Técnicas de organización y expresión 45
      Pensando en el lector: El propósito 45
      Estrategias del escritor: Punto de vista y tono 48

SEGUNDA ETAPA: LA REDACCION Y LA REVISION DE LAS VERSIONES PRELIMINARES 52
      Tarea 52
   El plan de redacción: Cómo se escribe una narración 53
   El plan de revisión: Actividades con grupos de consulta 54
   Técnica de una lista de control 56

TERCERA ETAPA: LA REVISION DE LA FORMA Y LA PREPARACION DE LA VERSION FINAL 57
   Primer paso Revisión de los aspectos gramaticales: Los tiempos pasados 58
      El pretérito y los tiempos perfectos 58
      El uso del pretérito y del imperfecto en la narración 60
   Segundo paso Revisión de los aspectos gramaticales ya estudiados 61
   Tercer paso Revisión del vocabulario y de la expresión 61
   Cuarto paso Revisión de la ortografía 61
   Quinto paso Preparación de la versión final 61

Capítulo 3: La exposición (Parte 1)   62

ORIENTACION 63
   La exposición (Parte 1): El análisis y la clasificación 63
      Escoger 66
      Limitar 66

Enfocar   66
La elaboración de la tesis   69
La exposición con base en el análisis y la clasificación   70
Tarea   75

PRIMERA ETAPA: ANTES DE REDACTAR   75
La generación y recolección de ideas   75
Enfoque   83
Técnicas de organización y expresión   84
Pensando en el lector: La caracterización del lector   84
Estrategias del escritor: Las citas   85

SEGUNDA ETAPA: LA REDACCION Y LA REVISION DE LAS VERSIONES PRELIMINARES   91
Tarea   92
El plan de redacción: Cómo se escribe una exposición   92
El plan de revisión: Actividades con grupos de consulta   94
Técnica de una lista de control   96

TERCERA ETAPA: LA REVISION DE LA FORMA Y LA PREPARACION DE LA VERSION FINAL   97
Primer paso   Revisión de los aspectos gramaticales: La voz pasiva   97
La voz pasiva con *ser*   97
Restricciones sobre el uso de la voz pasiva con *ser*   98
La voz pasiva refleja   100
Restricciones sobre el uso de la voz pasiva refleja   101
Segundo paso   Revisión de los aspectos gramaticales ya estudiados   102
Tercer paso   Revisión del vocabulario y de la expresión   102
Cuarto paso   Revisión de la ortografía   102
Quinto paso   Preparación de la versión final   102

Capítulo 4: La exposición (Parte 2)   **103**

ORIENTACION   104
La exposición (Parte 2): Comparación/contraste y causa/efecto   104
La exposición con base en la comparación y el contraste   104
Ejemplos de las estructuras fundamentales   105
La exposición con base en la causa y el efecto   109
Tarea   113

PRIMERA ETAPA: ANTES DE REDACTAR   113
La generación y recolección de ideas   114

Enfoque   121
Técnicas de organización y expresión   122
Pensando en el lector: Introducciones y conclusiones   122
Estrategias del escritor: La técnica para llegar al núcleo del mensaje   126

SEGUNDA ETAPA: LA REDACCION Y LA REVISION DE LAS VERSIONES PRELIMINARES   131
Tarea   131
El plan de redacción: Cómo se escribe una exposición   132
El plan de revisión: Actividades con grupos de consulta   133
Técnica de una lista de control   135

TERCERA ETAPA: LA REVISION DE LA FORMA Y LA PREPARACION DE LA VERSION FINAL   136
Primer paso   Revisión de los aspectos gramaticales: El subjuntivo   137
El subjuntivo en cláusulas subordinadas   137
Lo conocido versus *lo no conocido*   138
Casos especiales   140
El subjuntivo de emoción y comentario personal   142
Casos especiales   143
El subjuntivo en oraciones condicionales   144
Segundo paso   Revisión de los aspectos gramaticales ya estudiados   145
Tercer paso   Revisión del vocabulario y de la expresión   146
Cuarto paso   Revisión de la ortografía   146
Quinto paso   Preparación de la versión final   146

Capítulo 5: La argumentación (Parte 1)   **147**

ORIENTACION   148
La argumentación (Parte 1)   148
Aproximaciones a la argumentación   149
Tarea   157

PRIMERA ETAPA: ANTES DE REDACTAR   157
La generación y recolección de ideas   157
Enfoque   163
Técnicas de organización y expresión   164
Pensando en el lector: Cómo establecer una «voz» creíble   164
Estrategias del escritor: El tono   166

SEGUNDA ETAPA: LA REDACCION Y LA REVISION DE LAS VERSIONES PRELIMINARES   170

    Tarea   171

El plan de redacción: Cómo se escribe un ensayo argumentativo   171

El plan de revisión: Actividades con grupos de consulta   173

Técnica de una lista de control   177

TERCERA ETAPA: LA REVISION DE LA FORMA Y LA PREPARACION DE LA VERSION FINAL   178

Primer paso   Revisión de los aspectos gramaticales: Los pronombres relativos   178

    El uso de los pronombres relativos para referirse a personas   180

    El uso de los pronombres relativos para referirse a cosas   181

    El uso de los pronombres relativos para referirse a ideas y a otras abstracciones   183

Segundo paso   Revisión de los aspectos gramaticales ya estudiados   183

Tercer paso   Revisión del vocabulario y de la expresión   184

Cuarto paso   Revisión de la ortografía   184

Quinto paso   Preparación de la versión final   184

Capítulo 6: La argumentación (Parte 2)   185

ORIENTACION   186

La argumentación sobre una obra literaria   186

    Las partes principales del ensayo argumentativo   191

    El proceso de escribir un ensayo argumentativo: Del texto a la tesis y a la vuelta   195

Tarea   212

PRIMERA ETAPA: ANTES DE REDACTAR   212

La generación y recolección de ideas   213

    Enfoque   219

Técnicas de organización y expresión   219

    Pensando en el lector: Guías y señales retóricas   219

    Estrategias del escritor: El lenguaje personal   222

SEGUNDA ETAPA: LA REDACCION Y LA REVISION DE LAS VERSIONES PRELIMINARES   225

    Tarea   225

El plan de redacción: Cómo se escribe un ensayo argumentativo sobre la literatura   225

El plan de revisión: Actividades con grupos de consulta   226

Técnica de una lista de control   229

TERCERA ETAPA: LA REVISION DE LA FORMA Y LA PREPARACION DE LA VERSION FINAL 230

Primer paso   Revisión de los aspectos gramaticales: Las formas no personales del verbo   231

El infinitivo: El «sustantivo verbal»   231

El participio: El «adjetivo verbal»   232

El gerundio: El «adverbio verbal»   232

El uso verbal del gerundio   233

Usos inapropiados del gerundio   234

Segundo paso   Revisión de los aspectos gramaticales ya estudiados   235

Tercer paso   Revisión del vocabulario y de la expresión   235

Cuarto paso   Revisión de la ortografía   235

Quinto paso   Preparación de la versión final   235

Appendix A: El trabajo de investigación   237

Appendix B: La respuesta en forma de ensayo   244

Appendix C: Responding to Student Writing: Notes to the Instructor   250

Vocabulario español-inglés   261

Preface

To the Instructor

Composición: Proceso y síntesis, Tercera edición, is designed to be used by upper-division college students of Spanish in advanced composition courses. These materials develop students' abilities in composition tasks that reflect the kind of writing they are generally asked to perform as Spanish majors and minors. The skills that they learn while using this text are largely transferable to expository writing in any language or discipline.

GOALS OF THE TEXT

Composición: Proceso y síntesis approaches the teaching of writing from the perspective that instruction in this area must accomplish two things.

1. *Help students understand the basic contradiction involved in any writing task: that writing is at once a communicative act and a solitary undertaking.* Writing, like any other communicative act, involves a message, a sender, and a receiver. Successful communication depends on the sender's ability to take information (what he or she knows about the topic) and modify it into a message the receiver can appreciate (what the receiver wants to know about the topic). Writers, however, must make message adjustments *alone* because there are no listeners to provide feedback about whether the writer is communicating clearly; he or she must imagine the reader, imagine what the reader's purpose is (what his or her questions about the topic will be) and the impact the words are having, and decide what changes need to be made. Becoming an effective writer means learning to play the role of the intended receiver, as well as that of the sender of the message. *Composición: Proceso y síntesis* helps students develop this sense of writing as interaction between writer/reader/purpose/message.

2. *Help students develop resources for managing this interaction.* Traditionally, foreign language composition texts have treated grammar as the writer's primary tool. More recent research on the nature

and development of writing abilities and on the behavior of beginning and expert writers, however, has shown that good grammar has very little to do with good writing. Thus, ***Composición: Proceso y síntesis*** treats grammatical skill as only one of several important resources that good writers need in order to communicate effectively. The exercises in the main text and accompanying workbook help students expand and refine a number of writing tools—control of grammar, range of vocabulary, rhetorical techniques for organizing information—as well as strategies for getting started, characterizing the reader, "writing through" problems, reading critically, revising, and rewriting.

Over the past editions of ***Composición: Proceso y síntesis,*** interest in the development of functional, purposeful language skills has grown steadily. The revisions in the Third Edition are in response to this interest, to the findings of writing research, and to the helpful reactions of those who used previous editions and offered suggestions based on their experiences.

MAJOR CHANGES IN THE THIRD EDITION

- The nine "process" chapters of the Second Edition have been reorganized into six chapters that focus on the four major modes of writing: description, narration, exposition (two chapters), and argumentation (two chapters). The information relating to rhetorical organization (cause and effect, comparison and contrast, analysis and classification) is explored in the last four chapters. Having fewer chapters enables students to spend more time on writing and permits the inclusion of more explanatory and practice materials.

- Material from the three "synthesis" chapters of the Second Edition has been integrated into the six new chapters (for example, information from the **resumen** chapter was incorporated into the second **argumentación** chapter, which deals with writing about literature) or into the Appendices as reference for students (for example, information on writing a research paper or an essay exam).

- Many new readings, intended as models of particular types of writing and as springboards for discussion and analysis, have been added throughout the main text and the workbook. The sample student drafts, especially those that illustrate free writing, have not been edited for content and sometimes contain English words and phrases or even full sentences. The purpose of including these drafts is to stress that, in the prewriting stage, students need not be overly worried about the accuracy of their Spanish; this stage is for formulating ideas and solidifying content and organization. Issues of vocabulary, grammar, and usage are addressed in the last stage of each chapter.

- Many new exercises have been included throughout, while familiar ones have been refocused and resequenced. All exercises are designed to stimulate creative and critical thought; students will use the material they create and the topics they discuss later, in their chapter writing task. In this way, students realize a concrete return on the effort they put into the writing exercises: By the time the chapter directs them to compose their essays, they have developed and planned their writing topic and have already drafted significant portions of their composition. There has also been an overall reduction in the number of activities that *discuss* writing and an increase in the number in which students are actually *engaged* in writing.

- Once the preliminary drafts are ready, new peer-editing activities (**actividades con grupos de consulta**) in both the main text and the workbook help students develop as critical readers.

- **Pensando en el lector** and **Estrategias del escritor,** which target the interactions between reader/writer/purpose/message, are now accompanied by a new feature entitled **Piénsalo...** This recurring feature, which contains brief suggestions, candid advice, hot tips, and encouraging words, represents the voice of the students' "personal writing coach" and is sprinkled throughout each chapter to guide students through the writing process.

- Brief "push-pin" reminders alert students to places in the main text where they will find information about specific structural elements and to places in the workbook where they will find additional practice of particular structural items.

- **En su Cuaderno... ,** a new feature in the **Primera** and **Segunda etapas** of each text chapter and cross-referenced within the workbook, directs students to use the **Páginas personales: Aproximaciones a la tarea** section in the workbook to explore particular aspects of the writing task for each chapter.

- The grammar explanations and examples in the **Tercera etapa** of each chapter remain in the main text but the accompanying exercises have been moved to the workbook, where students can check their own work in an answer appendix.

- New text-specific software designed to enhance the writing process also accompanies the Third Edition. The icon shown at left occurs at the beginning of each **etapa** in the main text to remind students that there are additional practice activities in the software. This optional writing software includes the following features.

  ⇒ An on-line brainstorming feature that provides a flexible way for students to respond to brief questions about the composition topic and generate ideas in advance of the writing process.

⇒ An on-line communication tool, designed to facilitate further discussion during the composition process, that allows students to interact with each other and their instructor in real time.

⇒ An on-line handbook that contains selected content from the text, including writing strategies and techniques, to enable students to review useful material without having to refer to their text.

⇒ A built-in word processor that allows students to compose their essays directly within the software.

⇒ Language reference tools, including a Spanish thesaurus, spell-checker, and grammar reference.

Please check with your McGraw-Hill representative for details concerning policies, prices, and availability of these materials, as some restrictions may apply.

ORGANIZATION OF THE MAIN TEXT

Composición: Proceso y síntesis consists of two components: a main text and a workbook (*Cuaderno de práctica*) that complements and expands the text material. Each chapter of the main text is organized as follows.

Orientación

A brief overview of the type of writing to be practiced (for example, description, narration, and so on) opens each chapter. One or more writing models, along with an analysis of the model's organization and style, are included to familiarize students with the purpose and conventions of each type of writing. A preview of the writing task for the chapter closes this section.

Following **Orientación,** the following three stages (**etapas**) of the writing process are developed: (1) **Antes de redactar,** (2) **La redacción y la revisión de las versiones preliminares,** and (3) **La revisión de la forma y la preparación de la versión final.** Selected activities from the first two **etapas** are reproduced in the corresponding chapter of the *Cuaderno de práctica,* in a new opening section called **Páginas personales: Aproximaciones a la tarea,** which provides students with ample space to work on their prewriting tasks and a convenient place to save their notes for later incorporation into the final version of their composition.

Primera etapa: Antes de redactar

This prewriting section contains a variety of activities designed to help students (1) explore ideas and find a theme for the chapter writing task (**tarea**), (2) experiment with various prewriting techniques and different methods of organizing their compositions, (3) define the purpose of the piece they will write, and (4) identify the characteristics and needs of the reader for whom they will write. **Antes de redactar** is divided into three steps.

- In the first step—**La generación y recolección de ideas**—students work, individually and in small groups, through a variety of prewriting activities: brainstorming, observing and commenting on pictures and other graphics, and reading and responding to texts on provocative topics. Students also practice techniques such as free writing and creating semantic maps.

- This step is followed by **Enfoque,** in which students select a writing topic. The remainder of the chapter activities spring from and build on this selection.

- The final step of this stage is **Técnicas de organización y expresión,** which includes a number of practice texts and analytical activities (**análisis de texto**), spread over two subsections: **Pensando en el lector** and **Estrategias del escritor.** The first contains information designed to sensitize the writer to the needs of the reader; the second helps the writer develop effective strategies for the stages of the writing process.

Throughout the **Primera etapa,** students are encouraged to note potentially useful ideas and topics suggested by the activities and to explore these further in their *Cuaderno de práctica.*

Segunda etapa: La redacción y la revisión de las versiones preliminares

The second **etapa** begins with a reiteration of the chapter **tarea,** then moves into activities designed to help students (1) create a writing plan (**plan de redacción**) for the chapter writing task, (2) take the material gathered and examined in the **Primera etapa** and develop a draft or **versión preliminar** of the writing assignment, (3) practice peer editing, developing checklists, and applying these to their own writing, and (4) develop a revision plan (**plan de revisión**) to advance their first draft toward its final version.

In this second stage, students review the steps of the chapter writing task (e.g., **cómo se escribe una narración** or **cómo se escribe un ensayo argumentativo**). The peer-editing activities are the heart of this stage: Every chapter includes one or two preliminary drafts of sample essays, along with an activity in which students peer-edit the sample draft. After students have become familiar with the peer-editing procedure, and have become more comfortable working with one another, they can practice peer-editing each other's drafts. Additional peer-editing exercises appear in the ***Cuaderno de práctica.***

Tercera etapa: La revisión de la forma y la preparación de la versión final

In this final stage, students should have an edited and revised draft of the chapter writing task. The content and organization of their essay should also be final. It is now time for students to focus on matters of language and expression, which has carefully been kept separate from the focus on content and organization in the first two **etapas.** The activities in this last stage are designed to help students (1) review Spanish structures that typically present difficulties for English-speaking students, (2) review and expand their repertoire of vocabulary and expressions useful for the specific writing techniques related to the chapter writing task, such as making comparisons and contrasts, writing introductions and conclusions, and so on, and (3) apply these techniques to their own draft in order to prepare a **versión final.**

ORGANIZATION OF THE *CUADERNO DE PRACTICA*

The workbook that accompanies the Third Edition of ***Composición: Proceso y síntesis*** has been extensively revised in order to complement more fully the work covered in class and, in particular, to serve as a repository for students' thoughts and notes about the chapter writing task. Each of the six workbook chapters begins with a new section called **Páginas personales: Aproximaciones a la tarea** that contains those activities from the **Primera** and **Segunda etapas** of the main text in which students think about and plan the details of their own chapter writing assignment. In this section, students use writing to explore a topic as well as to organize ideas. This particular writing is intended to be personal and informal, that is, notes rather than carefully composed assignments.

The remainder of each chapter is devoted to more structured exercises: **Ejercicios de redacción** and **Ejercicios de lenguaje.** Mirroring the last two major sections of the main text, these sections focus first on issues of content and organization, then present exercises on language and expression. Following is an overview of each.

Ejercicios de redacción

This section examines aspects of the writing process presented in the main text. First, exercises in **Técnicas y estrategias** address topics such as how to write descriptions using vivid language, how to decide which part of a narration is action and which is background, and how to choose a good title. The next subsection, **Interacciones lector/escritor,** offers additional practice first in identifying both writer's and reader's purpose, and then in shaping the text to correspond to this shared goal. Finally, **Corrección de pruebas: Contenido y organización** contains actual compositions written by third-year students. Here the activities focus on both content and style and emphasize sensitivity to the reader's needs, effectiveness of content and organization, language choice, and so on. The object of these exercises, like the peer-editing activities in the main text, is to give students practice in seeing how many different factors make up a good composition. By becoming critical readers of work produced by others, students will become more aware of the types of questions and concerns they must address when composing and revising their own work.

Ejercicios de lenguaje

This section is designed to help students build a richer repertoire of syntactic and lexical tools. The material in the first part, **Repaso de aspectos básicos,** is not covered in the main text; it reviews structures that most third-year college students will have already covered in their study of Spanish, such as prepositions, use of pronouns, sentence structure, and so on. The next two subsections, **Repaso de aspectos gramaticales** and **Repaso de vocabulario útil,** provide additional practice of the grammar and vocabulary presented in the corresponding chapter of the main text. Last, in addition to standard language exercises, the **Corrección de pruebas: El lenguaje y la expresión** activities provide students with practice analyzing and revising writing samples with respect to grammar errors they have just reviewed as well as those covered in previous chapters.

Suggestions for Use of the Materials

Composición: Proceso y síntesis can be used in either one- or two-semester courses. Having all of the language exercises in the workbook gives instructors greater flexibility and more freedom of choice in tailoring the text to the needs and goals of their own course. To facilitate the review of structures and vocabulary, answers are provided for all form-focused exercises.

We encourage instructors to be selective: In order for learners to develop effective composition skills, they need active and frequent engagement in actual writing tasks. We suggest, then, that instructors devote as much of their class time as possible to prewriting and writing activities. After students have begun producing drafts, we suggest that instructors— especially those working on a one-semester schedule—substitute these student texts for some of those provided in **actividades con grupos de consulta** in the main text and **Corrección de pruebas** in the workbook. In this way, students will have the opportunity to develop critical reading skills based on their own and their classmates' writing as well as to practice techniques of editing and proofreading.

For students to develop good writing strategies, they need to learn to approach composition not as a means to practice grammar but as a way of effectively communicating messages. Their attitude—and that of their instructor—toward language mistakes is crucial to the success of this process. Traditionally, instructors and students alike have had more experience with "red-penning" than with any other means of evaluating writing. We have included suggestions for other ways of responding to student writing in Appendix C of the main text, and suggestions for helping students work as peer editors in Appendix B of the workbook.

Acknowledgments

The authors would like to thank those instructors using the Second Edition who completed the general revision questionnaire. Their comments were extremely helpful in the shaping of the Third Edition.

Matilde L. Boo, *University of Mississippi*
Margarita C. Campos, *Kalamazoo College*
Michael J. Flys, *Arizona State University*
Katherine M. Gatto, *John Carroll University*
Cornelius P. Hamel, *College of St. Benedict/St. John's University*
Hayden D. Irvin, *Gustavos Adolphus College*
Trish Jessen, *Bethel College*
Juergen Kempff, *University of Wisconsin at Oshkosh*
Benigno Larrea, *Miami-Dade Community College, South*
María-Luisa Rodríguez Lee, *University of Minnesota*
América Martínez-Lewis, *University of Delaware*
Julia Cardona Mack, *Duke University*
Emilio Juan Marin, *USAF Academy*
Claire Emilie Martin, *California State University at Long Beach*
Susan Martin-Márquez, *Tulane University*
Judy B. McInnis, *University of Delaware*
Kathleen Myers, *University of Indiana*
Michael Navascués, *University of Rhode Island*
Robert Phillips, *Miami University*
Thomas M. Stephens, *Rutgers University*
Elisa F. Stoykovich, *University of New Hampshire*
MaryBeth Tierney Tello, *Brown University*
Christina de la Torre, *Emory University*

Several colleagues were particularly generous with advice and suggestions, reading and re-reading versions of chapters as we worked through the revision of this edition. Mary Lee Bretz of Rutgers University and Jean Marie Schultz of Berkeley offered insightful evaluations of the material and encouraging, helpful comments about how to improve the sections on argumentation and, in particular, argumentative writing about literature. Dennis Pollard of the University of Michigan was an expert (and, fortunately, a good-natured) guinea pig for early versions of the material. In addition to reading and reacting to numerous drafts of Chapters 5 and 6, he provided many of the student sample essays for this edition and wrote several model texts as well. Any mistakes or infelicities in the final version of these essays are ours, not theirs.

Finally, very special thanks are owed to George Greenia of the College of William and Mary, who "taught without seeming to teach," and whose true friendship has been a continuing source of laughter and inspiration during the development of the Third Edition.

We are also grateful to our production staff at McGraw-Hill: Karen Judd, Diane Renda, Francis Owens, Terri Edwards, Pam Augspurger, and Suzanne Montazer, for their creative skill in redesigning the appearance of the Third Edition and overcoming obstacles encountered along the way. We would also like to thank Laura Chastain for her careful work as a native reader and Jay Siskin for his patient compilation of the end vocabulary.

Finally, our sincere thanks to our editor Becka McGuire, whose enthusiasm, skill, tact, and perseverance (in many different combinations) enabled the project to move forward, and kept the work fun, too.

To the Student

Up to this point in your Spanish studies you may have spent most of your time focusing on grammar and learning to communicate orally. But *writing* is also a skill that you will need when you take more advanced courses in Spanish. You may be asked to prepare reports and term papers and to write essay examinations in Spanish. Later, if you use Spanish in your professional activities, you will need the ability to communicate confidently and easily in writing. ***Composición: Proceso y síntesis*** will help you develop this important skill.

How Is Writing Different from Speaking?

Writing, like speech, is an attempt by one person to communicate an idea to another person for a specific reason. The writer has a goal in mind when sending the message: to convince, to explain, to entertain, to inform, to criticize, to question, to recommend. The reader also has a purpose: to obtain information, to make a decision ("Shall I go see this film or not?"), to find out what the writer thinks, to find out if his/her own opinion on a topic is shared by others, to be entertained. Successful written communication, therefore, depends first of all on the establishment of a shared purpose between writer and reader. That is, the writer tries to anticipate and answer all the important questions that the reader may have.

Of course, this is a lot easier said than done! Writers, unlike speakers, do not have the advantage of immediate feedback. The speaker can watch the face of the listener and modify delivery if the listener does not understand or appears disinterested. The speaker can quickly offer additional examples for clarification, if the listener becomes confused. The speaker can deliver an immediate counterargument, if the listener objects to a particular point. The writer, however, has no such "second chance." Once written, the paragraph must succeed, or fail, on its own.

The first step in good writing, then, is anticipating the questions of your targeted reader regarding the message of your text. Second, you need tools for turning your ideas into clear, effective prose. Grammar is one tool; precise and accurate vocabulary is another. One of the most essential tools is familiarity with different ways of organizing information. Anticipating the reader's needs is critically important as well. For example, you could evaluate an issue simply by listing all its positive and negative points, but the reader may need to know the relative importance of these points and the interrelationships among them. Thinking about the reader guides the writer with respect to content, organization, and style.

Organization of *Composición: Proceso y síntesis*

Orientación

Each chapter-opening section, **Orientación,** presents specific methods of writing—that is, specific ways of thinking about a topic. It provides an overview of each type of writing (description, narration, exposition, and argumentation) and describes what constitutes "good writing" in each of these categories. Writing models, along with an analysis of their organization and style, are included for your reference. This section ends with a preview of the writing task (**tarea**) for the chapter.

Following **Orientación,** each chapter is divided into three stages (**etapas**), as shown in the following chart. The first two guide you through the process of planning, organizing, and composing your essay; in the third, you learn how to edit your work for issues of vocabulary, grammar, and usage.

PRIMERA ETAPA: ANTES DE REDACTAR

La generación y recolección de ideas
        Enfoque
Técnicas de organización y expresión
    Pensando en el lector
    Estrategias del escritor

SEGUNDA ETAPA: LA REDACCION Y LA REVISION DE LAS VERSIONES PRELIMINARES
El plan de redacción El plan de revisión Técnica de una lista de control
TERCERA ETAPA: LA REVISION DE LA FORMA Y LA PREPARACION DE LA VERSION FINAL
Primer paso   Revisión de los aspectos gramaticales Segundo paso   Revisión de los aspectos gramaticales ya estudiados Tercer paso   Revisión del vocabulario y de la expresión Cuarto paso   Revisión de la ortografía Quinto paso   Preparación de la versión final

Here is a brief description of the major elements of each chapter.

Primera etapa: Antes de redactar

The activities in this prewriting section help you (1) explore ideas and find a theme for the chapter writing task (**tarea**), (2) experiment with prewriting techniques and methods of organizing your compositions, (3) define the purpose of the piece you will write, and (4) identify the characteristics and needs of your reader. **Antes de redactar** has three parts.

- In **La generación y recolección de ideas** you will work on a variety of activities including brainstorming, commenting on graphics, and reading and responding to texts on provocative topics. You will also practice free writing and creating semantic maps.

- In **Enfoque** you select a writing topic. The remainder of the chapter activities build on this selection.

- Finally, **Técnicas de organización y expresión** includes practice texts and analytical activities designed to sensitize you to the needs of your reader and to help you develop effective strategies for the stages of the writing process. Many of the practice texts have been written by third-year Spanish students like you, and sometimes contain English words and phrases or even full sentences. As you will see by these examples, the most important thing to do while writing is to *write*. Get your ideas down on paper; you will polish the language and grammar in the final stage of each chapter.

Segunda etapa: La redacción y la revisión de las versiones preliminares

This stage begins with a reiteration of the chapter **tarea,** followed by activities designed to help you (1) create a writing plan (**plan de redacción**) for the chapter writing task, (2) take the material gathered and examined in the **Primera etapa** and develop a draft of the writing assignment, (3) practice peer editing and developing checklists, and applying these to your own writing, and (4) develop a revision plan (**plan de revisión**) to advance your first draft toward its final version.

Peer-editing activities are the heart of this stage: Every chapter includes one or two preliminary drafts of sample essays, along with an activity in which you will peer-edit the sample draft. After you have become familiar with the peer-editing procedure, your instructor may have you peer-edit your classmates' drafts. Additional peer-editing exercises appear in the *Cuaderno de práctica.*

Tercera etapa: La revisión de la forma y la preparación de la versión final

Successful writing also depends on critical editing. You, the writer, must begin to think of your instructor not as your *grader,* that is, a person who looks for and corrects your mistakes, but as your *reader,* the person to whom you are trying to communicate an idea. The one who must find and correct mistakes is *you*! Each **Técnicas de organización y expresión** section in the **Primera etapa** discusses a particular aspect of organization and gives you practice identifying and correcting errors related to these topics. In the **Segunda etapa,** the peer-editing activities and checklists help you analyze the content and organizational aspects of the composition you wrote. This final **etapa** contains a review of important grammatical points; in the *Cuaderno de práctica* there are accompanying exercises and additional practice proofreading your own writing for grammatical errors and for usage.

Special Features

Composición: Proceso y síntesis contains a number of special features designed to help guide you through the writing process. Boxes entitled **Piénsalo…,** sprinkled throughout the **Primera** and **Segunda etapas,** speak directly to you like a "personal writing coach," offering suggestions, advice, and tips. **En su Cuaderno…** icons appear periodically and direct you to use the **Páginas personales: Aproximaciones a la tarea** section in your workbook to explore particular aspects of the writing task for each chapter. Finally, "push-pin" reminders alert you to places in the main text where you will find information about specific structural elements and to places in the workbook where you will find additional practice or explanation of particular structural items.

ORGANIZATION OF THE *CUADERNO DE PRACTICA*

The workbook that accompanies *Composición: Proceso y síntesis* complements the work you cover in class and serves as a repository for your thoughts and notes about the chapter writing task. Each chapter begins with a section called **Páginas personales: Aproximaciones a la tarea** that contains those activities from the **Primera** and **Segunda etapas** in which you think about and plan the details of your chapter writing assignment. In this section, you will use writing to explore a topic as well as to organize ideas; it is a convenient place to save your notes for incorporating into the final version of your compositions. The writing in this section is intended to be personal and informal, that is, jottings rather than carefully composed assignments.

The remainder of each chapter is devoted to more structured exercises: **Ejercicios de redacción** and **Ejercicios de lenguaje.** As in the main text, these sections focus first on issues of content and organization, then present exercises on language and expression. **Ejercicios de redacción** examines aspects of the writing process presented in the main text and provides practice seeing how many different factors make up a good composition. **Ejercicios de lenguaje** helps you build a richer repertoire of syntactic and lexical tools, and also further practice analyzing and revising writing samples with respect to grammar errors you have just reviewed as well as those covered in previous chapters.

Writing Software

The Third Edition of *Composición: Proceso y síntesis* is accompanied by an optional, text-specific software writing program that will enhance the writing process and provide you with more opportunities for creative writing practice. The icon at left appears at the beginning of each of the three **etapas** to remind you that there is additional prewriting and writing practice in the software. Used together, the main text, workbook, and writing software are powerful tools for improving your ability to communicate in writing in Spanish.

Successful writing requires determination and perseverance, and also a good deal of practice. There are no shortcuts and no easy routes; the way to improve your writing is to write, critique, revise, and keep writing. It is a challenge to produce good writing, but it can also be fun. The activities in *Composición: Proceso y síntesis* are intended to spark your interest in a variety of topics and to motivate you to write. We hope that by the end of the course you will indeed feel that you *can* express yourself clearly and effectively in written Spanish.

G. V.

T. D.

T. P. H.

Composición

Capítulo 1

La descripción

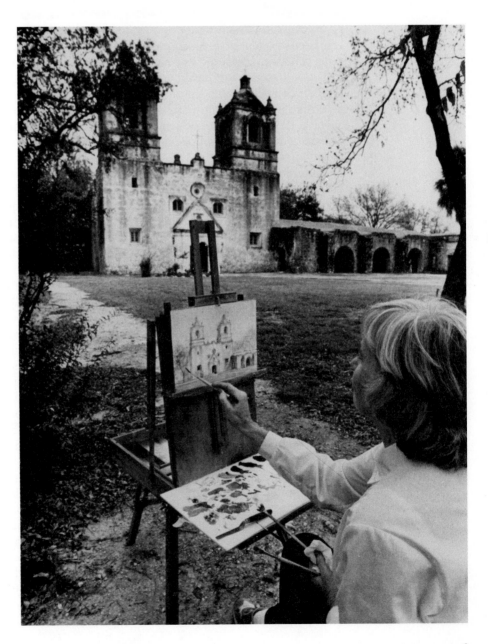

1

Orientación

LA DESCRIPCION

Una descripción es una representación de personas, de cosas, de acciones o de lugares en que se utiliza el lenguaje para conseguir que otro logre visualizar o tener idea cabal de lo que se representa. En general la descripción se encuentra como parte de un texto más grande, donde puede tener varios propósitos. Por ejemplo, en una carta de recomendación, se utiliza la descripción para convencer al lector acerca de las cualidades de alguien con respecto a un empleo o un premio; en un anuncio de venta, se utiliza la descripción para atraer a posibles compradores; en un ensayo, la descripción puede usarse para revelar la opinión del escritor acerca de algo; en una novela se incluye, entre otras razones, para crear cierto «ambiente».

Cuando observamos un objeto, un lugar, una persona o una acción en la vida real, generalmente reaccionamos a la totalidad de lo que vemos; pero al intentar describir algo, es necesario enfocar aquellos detalles sobresalientes que puedan contribuir a crear la impresión que se desea transmitir acerca de lo escrito. Escribir una descripción depende, entonces, de seleccionar detalles según lo que, como escritores, nos proponemos: ¿Por qué se escribe la descripción? ¿Qué impresión se quiere dejar? ¿Qué se intenta lograr? Imaginémonos, por ejemplo, a Roberto, un estudiante universitario típico. Cuando Roberto describe en una carta a un nuevo amigo, su propósito es doble: presentarlo a quien no lo conoce y al mismo tiempo hacer que el lector comparta su propia impresión acerca de la persona. Para lograr este propósito, es más importante para Roberto incluir información sobre el carácter y la personalidad de su amigo que información sobre su apariencia. En cambio, si Roberto es testigo de un crimen, al hacer una descripción del acusado a las autoridades, estará motivado por la necesidad de dar la información más exacta y detallada posible de la apariencia física de esa persona, ya que su propósito es facilitar la identificación de un individuo a otros que no lo conocen.

Al mismo tiempo, al seleccionar la información para hacer estas dos descripciones, hay que tomar en cuenta el propósito del lector. Por ejemplo, si la carta que Roberto escribe va dirigida a sus padres, él debe escribir sabiendo que lo que ellos quieren es saber quiénes son sus amigos y a la vez estar seguros de que éstos son buena compañía para su hijo. En la descripción, entonces, ellos buscan respuestas para preguntas tales como: ¿Es serio? ¿Se lleva bien con Roberto? ¿Viene de una familia decente? ¿Es buen estudiante? ¿Respeta las leyes? Por otro lado, si la carta va dirigida a otro amigo, Roberto sabe que su descripción debe contestar otras preguntas: ¿Es como nosotros? ¿Comparte actividades interesantes?

¿Tiene buen sentido del humor? ¿Le gustan las aventuras?

Describir es como pintar un cuadro; hay que saber escoger los detalles y luego organizar la presentación de ellos para que ese cuadro quede enfocado con precisión. La organización de una descripción generalmente se hace enfocando ya sea la realidad espacial o la realidad temporal. Si se enfocan aspectos espaciales, el objeto puede describirse de arriba hacia abajo, de derecha a izquierda o en cualquier orden que se asemeje al proceso natural que sigue la vista cuando algo capta su atención. Si se enfocan aspectos temporales, especialmente si se describe una acción o un proceso, es necesario reflejar el orden en que éstos ocurren en el tiempo real; se describe lo que pasa primero, luego lo que pasa después.

La descripción puede incluir también detalles que reflejen el impacto que lo que se describe ejerce en los otros sentidos, por ejemplo, en el olfato o en el tacto. Inclusive, puede hacer sentir el efecto de lo descrito en cualquiera que lo observe, lo oiga o lo conozca, o reflejar los sentimientos del escritor hacia lo que describe. Las mejores descripciones objetivas se caracterizan precisamente por esto, porque dejan asomarse, pero asomarse solamente, la impresión personal del escritor acerca de lo que describe.

Piénsalo...

Para apuntar tus reflexiones en el **Cuaderno de práctica,** escribe palabras, frases u oraciones —lo que te venga a la mente— al recordar el objeto y el impacto que tuvo en tu vida. Utiliza el inglés si es necesario.

Tarea

En este capítulo, Ud. va a redactar la descripción de un lugar, una cosa o una persona (o animal) que signifique mucho para Ud.

Primera etapa: Antes de redactar

En esta primera parte del capítulo, Ud. tendrá la oportunidad de

- explorar ideas con respecto a varios temas que se prestan a la descripción

- experimentar con varias técnicas de prerredacción para luego elegir el tema sobre el cual va a escribir

- explorar varios formatos en los que la descripción figura naturalmente

- definir el propósito de su escrito

- identificar las necesidades del lector a quien Ud. escribe

LA GENERACION Y RECOLECCION DE IDEAS

Describir, como hemos dicho, es como pintar un cuadro: escoger los detalles que mejor puedan revelar las características únicas o distintivas de lo que se describe. Cuando Ud. piensa en describirle algo a un amigo, algo que tiene mucha importancia para Ud., ¿qué le viene primero a la mente? ¿Un objeto de valor que posee? ¿Un lugar que Ud. ha visitado que ahora provoca asociaciones especiales? ¿Una persona que ha tenido un gran impacto en su vida? ¿Qué cualidades o características tiene este tema que le van a interesar a su amigo?

Actividad A. La libre asociación y la lluvia de ideas

1. Mire la siguiente lista y en dos o tres minutos trate de pensar en algo para cada categoría.

    - la persona más importante de su familia

    - un lugar donde Ud. siempre se siente cómodo/a y tranquilo/a

    - la persona entre todos sus amigos que Ud. cree que un día llegará a ser famosa

    - un lugar donde Ud. pasa mucho tiempo

    - algo que le regaló un pariente o un amigo especial

    - un animal que es como un miembro de su familia

    - un objeto de poco valor material que Ud. valora mucho por otras razones

2. Trabajando con un compañero / una compañera de clase, hagan una lluvia de ideas (*brainstorm*) basándose en las tres categorías (persona/animal, lugar, objeto) de la primera parte de esta actividad. Después de generar una lista, cada uno de Uds. debe analizarla por separado. ¿Cuáles de los temas cree Ud. que podrían interesarle a un amigo? Cada uno de Uds. debe eliminar de la lista las palabras y expresiones de menos interés y luego organizar las que quedan en una tabla de ideas como la siguiente.[1]

---

[1]In this and successive chapters, the **tabla de ideas** that appears in the textbook is only a model; you should write your own ideas in the blank **tabla de ideas** in the corresponding chapter of the *Cuaderno de práctica.*

TABLA DE IDEAS		
Persona/Animal	Lugar	Objeto
la tía Julia (una persona rara de mi familia)	mi habitación en la residencia estudiantil	el anillo de la escuela secundaria

---

Piénsalo...

Al trabajar en las actividades de este capítulo, cuando se te ocurran ideas que podrían servir de tema para una composición, agrégalas a tu tabla de ideas en el **Cuaderno de práctica**.

Actividad B. La lectura y la redacción libre

Daniel escribió una descripción de la casa de sus abuelos. Al leer esta descripción, ¿puede Ud. entender por qué Daniel ha escogido este lugar en particular? ¿Qué impresión quiere Daniel que Ud., el lector, se lleve de esta casa?

La casa de mis abuelos *no hay palabre ni conclusión*

Intro

Cuerpo

Exterior

Conclusión

L a casa de mis abuelos está rodeada de unos árboles enormes. Es blanca, de techo negro, con ventanas pequeñas y angostas cubiertas por rejas negras. La puerta principal está hecha de madera pesada. Al entrar hay un pequeño corredor que conduce hasta el fondo de la casa. A la izquierda de éste está la sala, un cuarto oscuro y solemne que rara vez se usa. De ahí se pasa al comedor, luego a la cocina, que es un cuarto alegre con mucha luz. Por fin se pasa al cuarto de servicio, donde se lava y se plancha. A la derecha de la puerta de entrada están los dormitorios y el baño. Hay tres dormitorios de tamaño regular, cada uno con acceso al corredor. El baño no es muy grande. *organización (bien)*

La casa de mis abuelos es como muchas otras. Sólo su olor es distinto. Tiene un olor a pan caliente, al jabón de mi abuelita, al tabaco de mi abuelo. Tiene un olor especial, extraordinario: el olor que refleja su cariño.

A pesar de sus fallos, buena composición

1. La mayor parte del texto describe las características físicas de la casa. En su opinión, ¿hay algo de especial en la arquitectura de la casa? ¿Por qué cree Ud. que Daniel nos da tantos detalles al respecto?

2. Para Daniel, el aspecto memorable de la casa de sus abuelos no se relaciona con lo visual sino con otro sentido (el olfato). ¿Le parece extraño esto? Piense en un recuerdo especial. ¿Qué asociaciones no visuales tiene? ¿Son más importantes que las asociaciones visuales o son menos importantes? En este caso, ¿por qué es tan importante para Daniel el olor de la casa? ¿Qué representa para él?

3. Resuma en una oración la idea básica o principal de esta descripción.

> **EN SU CUADERNO...**
>
> haga la redacción libre sobre el tema de un lugar importante. No se olvide de anotar las ideas que salen de esta actividad en su tabla de ideas.

Para hacer una descripción, es útil tratar de visualizar el objeto (persona/animal/lugar) que se va a describir con todos los detalles que sea posible. Visualice brevemente un lugar donde Ud. pasa (o ha pasado) mucho tiempo; trate de captar en la imaginación tanto los aspectos físicos del lugar como los sentimientos que provoca (o provocaba) en Ud. La redacción libre es una técnica útil para generar y captar los detalles recordados.

Uno de los lugares donde muchos estudiantes suelen pasar tiempo es en su habitación o alcoba de la residencia estudiantil. Para generar ideas, Laura hizo una redacción libre acerca de su propia habitación. Aquí tiene el texto que escribió.

Mi cuarto

Demasiado pequeño. Sucio. Libros y ropa en el suelo. Mi compañera de cuarto leaves everything in a mess. Dos ventanas. Vista a otro edificio. Sol por la mañana. Mi cuarto es poco interesante. Qué digo para impresionar a la profesora. Mide 10 pies por 16 pies. No sé qué sería en metros. Nadie usa pies cuando escribe en español, pero no puse atención cuando estudiamos el sistema métrico. Debo describir otros aspectos. Es un cuarto, pero ¿en qué sentido es MI cuarto? ¿Cómo me siento cuando estoy allí? ¿Cuándo prefiero estar allí? Maybe I could do this in English and translate. Maybe I'll speak into a recorder in Spanish.

Piénsalo...

Nota que, al hacer la redacción libre, Laura no enfoca sus ideas en un solo tema sino que salta de un punto a otro según se le van ocurriendo las ideas. A veces escribe en inglés y el lenguaje es muy informal, casi como una conversación consigo misma. No siempre utiliza oraciones completas. Sin embargo, el texto contiene algunas ideas que ella puede desarrollar luego.

Para hacer la redacción libre, siéntate en un lugar donde puedas escribir sin temor a interrupciones. Pon el tema en la primera línea y luego empieza a escribir. Una vez que hayas puesto el lápiz en el papel, no lo levantes hasta que hayan pasado tres minutos. Aunque llegues a pensar que no tienes nada más que escribir, sigue escribiendo sin parar.

Si puedes usar con facilidad la computadora, haz la redacción libre electrónicamente; pero si la vas a hacer así, ¡resiste la tentación de corregir tus palabras! Escribe solamente; no revises ni corrijas. Después, lee lo que has escrito y escoge las ideas más interesantes. Apúntalas en tu tabla de ideas en el ***Cuaderno de práctica***.

Actividad C.   Observación y comentario

Divídanse en grupos de tres o cuatro estudiantes y comenten entre sí los temas (en la próxima página) relacionados con estas fotos. No se olviden de agregar otros posibles temas a su tabla de ideas en el ***Cuaderno de práctica***.

1.

2.

1. El paisaje de la primera foto, ¿lo encuentran bello? ¿Qué adjetivos usarían para describirlo? ¿Y para describir sus emociones al mirarlo? ¿Ha(n) visitado alguno(s) de Uds. un lugar semejante alguna vez? Si no les gusta el paisaje de la foto, ¿cómo es el paisaje que les gusta más? ¿Cómo se sienten en ese ambiente? ¿Ha(n) visitado alguno(s) de Uds. un lugar parecido alguna vez?

2. Describan la escena de la segunda foto. ¿Creen Uds. que las personas y sus mascotas (animales de compañía) a veces llegan a parecerse físicamente? ¿Tienen a veces personalidades parecidas? Por ejemplo, ¿creen que hay animales «para mujeres» y animales «para hombres»? ¿Hay gente «para gatos» y gente «para perros»? Expliquen. ¿Tienen Uds. mascotas? ¿Cómo son? ¿Revela algo de Uds. la mascota que tienen? ¿Qué cualidades o características tienen en común Uds. y su mascota?

Enfoque

● Repase su tabla de ideas en el ***Cuaderno de práctica*** y los apuntes de las actividades que Ud. ha hecho hasta este punto, incluso la redacción libre.

● Escoja un tema que le interesa personalmente.

Piénsalo...

Y ¿qué hacer si no te gusta ninguno de los temas que están en tu tabla de ideas? Vuelve a tus apuntes y elige algunos que todavía no has explorado en detalle. Aplícales de nuevo una u otra de las técnicas que ya conoces para estimular el pensamiento y generar ideas: la libre asociación, la lectura, la redacción libre, la observación, la conversación.

● En su ***Cuaderno,*** haga un mapa semántico de los aspectos de ese tema que le parecen interesantes e importantes. Aquí hay varias preguntas que considerar. (¡Ojo! Algunas de las preguntas se aplican mejor a ciertos temas que a otros.)

1. ¿Cómo es X? ¿Cuáles son sus características físicas?

2. ¿Cuál es (Cuáles son) su(s) característica(s) más notable(s)?

3. ¿Cuál de los sentidos (la vista, el olfato, el tacto, etcétera) asocia Ud. más con X?

4. ¿A qué tipo de persona (no) le gusta X?

5. En general, ¿por qué a la gente (no) le suele gustar X? Y a Ud., ¿por qué (no) le gusta?

6. Identifique algo (o alguien) que se parece mucho (o no se parece nada) a *X.*

7. ¿Podría ser *X* diferente en el futuro? ¿Cómo podría llegar a ser? ¿Cuál podría ser la causa de este cambio?

Piénsalo...

Hay una explicación de cómo hacer un mapa semántico en el Capítulo 1 del *Cuaderno de práctica.* Léela y después haz un mapa semántico según las instrucciones que se dan.

TECNICAS DE ORGANIZACION Y EXPRESION

Vuelva a examinar el texto que escribió Daniel acerca de la casa de sus abuelos. **El tema** de ese texto es sencillo y concreto: describe una casa común y corriente. Ud. ya identificó **la idea principal** del texto (en la Actividad B): lo que hace realmente notable la casa de los abuelos son las personas que viven ahí y los momentos que ahí se han vivido; arquitectónicamente, la casa es como muchas otras.

Al describir la casa, Daniel parece estar hablando con **un lector** conocido —un amigo o alguien a quien le interesara su vida privada— porque habla en primera persona e incluye información personal. La descripción de la casa no es un tratado sobre una obra de arquitectura. Tampoco se supone que el lector esté interesado en comprar la casa. Para Daniel, la casa es un lugar cuya importancia es puramente personal; su **propósito** al describirla es simplemente compartir sus observaciones y sentimientos con otro individuo y lograr que éste aprecie lo que representa para Daniel. Las preguntas que su descripción pretende contestar son las que haría un amigo o conocido: ¿Cómo es la casa? ¿Qué asocias con ella? ¿Qué importancia tiene para ti? ¿Por qué?

La organización de esta descripción se ha hecho mediante un enfoque de ciertos aspectos temporales y espaciales. Primero Daniel presenta la casa vista desde afuera, como la veríamos realmente si la visitáramos; luego nos lleva cuarto por cuarto desde la entrada hasta el fondo. Valiéndose del pasillo de entrada, divide la casa en dos, describiendo a la vez lo que se encuentra a la izquierda y a la derecha del mismo.

La descripción termina con un juicio de parte del escritor. Indica que la casa es como muchas otras, para luego poner énfasis en lo que la hace diferente. Para hacerlo, deja lo visual y se concentra en los olores que en ella se sienten. En este caso, ya no hay un orden lógico en los detalles escogidos. El escritor simplemente selecciona lo sobresaliente: tres aromas diferentes que para él son parte de aquella casa. Indica además que los olores tienen un significado especial ya que él los asocia con el cariño de sus abuelos.

Estrategias del escritor: La caracterización del lector

Como hemos visto, la selección de la información que se incluye en un escrito debe reflejar tanto el propósito del escritor como el propósito del lector. Por ejemplo, cuando alguien escribe una carta de recomendación, es típico que desee causar una impresión positiva de la persona recomendada: incluye información que hace resaltar sus cualidades positivas y excluye información que no favorece al recomendado. El propósito del lector de la carta es averiguar si el individuo recomendado reúne las características o experiencias que precisamente su empresa necesita. El éxito de la carta (es decir, si logra que al individuo le den el empleo o por lo menos una entrevista) depende, pues, de si la información que el escritor incluye anticipa correctamente las necesidades del lector y contesta sus preguntas.

Actividad A.   El propósito del lector: Saber qué incluir y qué dejar fuera (Parte 1)

Ud. tiene las siguientes tareas descriptivas. Trabajando con dos o tres compañeros de clase, consideren el impacto del lector en cada caso; identifiquen por lo menos cinco preguntas que éste tendrá al leer la descripción planeada.

1. **a.** Ud. tiene que escribir una autobiografía como parte de la solicitud de una beca para estudiar en el Perú el próximo año. Su propósito es, pues, convencer al lector de que Ud. debe ser elegido/a para recibir la beca entre los otros solicitantes. El lector es parte del comité que decide a quiénes se les otorgará la beca. ¿Cuál será el propósito del lector al leer su autobiografía? ¿Qué preguntas se hará sobre Ud.?

   b. Ud. tiene que escribir una autobiografía como parte de una solicitud para obtener el empleo de asesor(a) en un campamento para niños en España. De nuevo, su propósito es convencer al lector de que Ud. es superior a los otros solicitantes. El lector es jefe de personal del campamento. ¿Cuál será su propósito al leer la autobiografía de Ud.? ¿Qué preguntas se hará sobre Ud.?

2. **a.** La familia que aparece en la foto a continuación se ofrece para hospedar (*host*) a un estudiante argentino que quiere pasar un año en los Estados Unidos. Ud. tiene que escribir una descripción de la familia y mandársela con la foto al estudiante para ayudarle a tomar una decisión. ¿Cuál es su propósito como escritor? ¿Y cuál es el propósito del lector? ¿Qué preguntas se hará éste sobre la familia?

   b. La familia de la foto participa en un estudio sociológico sobre la estructura familiar occidental. El investigador es venezolano; Ud. ayuda en la acumulación de datos sobre la familia en Norteamérica. Tiene que escribir una descripción de la familia y mandársela al investigador. ¿Cuál es su propósito como escritor? ¿Y cuál es el propósito del lector? ¿Qué preguntas le pueden interesar sobre la familia?

Compartan con los demás grupos de la clase las preguntas que su grupo identificó para cada tarea. ¿Hay mucha diferencia de opiniones?

Actividad B.   El propósito del lector: Saber qué incluir y qué dejar fuera (Parte 2)

Divídanse en grupos de cuatro personas. Cada grupo debe escoger una de las fotos a continuación. La mitad de cada grupo tomará la perspectiva del primer lector con respecto al texto indicado y la otra mitad tomará la perspectiva del segundo lector. Cada pareja debe determinar cuál podría ser el propósito de un lector al leer el texto que acompaña la foto, y después formular las preguntas más importantes cuyas respuestas serán de interés para ese lector.

Cuando hayan terminado, comparen entre todos las preguntas de más interés para los dos lectores de cada foto. ¿En qué son semejantes y en qué son diferentes? De los cuatro lectores, ¿hubo alguno que les fuera más difícil de caracterizar que los otros? ¿Cuál? ¿Por qué? Analicen las preguntas para cada foto. ¿Hay información que se vaya a incluir en el texto para ambos lectores?

1. Texto: una descripción de esta universidad que tiene como propósito captar el interés del lector indicado a continuación

   Lector A: un estudiante que pronto se gradúa en la escuela secundaria

Lector B: un profesor que ahora desempeña un puesto en otra universidad pero que piensa mudarse a ésta

2. Texto: una descripción del pueblo de la foto que tiene como propósito atraer al lector indicado a continuación, ya sea como turista o como residente

Lector A: los padres de hijos pequeños

Lector B: un joven soltero

EN SU CUADERNO...

vuelva al tema que Ud. escogió antes. ¿Cuál es su propósito como escritor: divertir, informar, convencer, persuadir, expresar sentimientos o emociones personales? ¿Para quién escribe? ¿Cuál es el propósito del lector? ¿Por qué lee su escrito? ¿Qué busca?

Pensando en el lector: El lenguaje y la selección de detalles

Para dar el tono simple y directo a la descripción, el autor de «La casa de mis abuelos» ha usado un lenguaje común que ayuda al lector a visualizar la casa y a destacar su carácter humilde al mismo tiempo. A pesar de la sencillez del lenguaje, el escritor logra que el lector *perciba* la casa como una realidad. El uso de ciertos detalles que transmiten el impacto que lo descrito ejerce en los sentidos permite al lector no sólo visualizar la casa, sino también captar su especial aroma. La fuerza de una descripción no se debe nunca a la elegancia o rebuscamiento de los adjetivos que se utilizan, sino a su capacidad de lograr que el lector *experimente la realidad* del objeto descrito.

Actividad A. Cómo se revela la actitud del escritor

Lea los dos párrafos a continuación sobre esta foto. Observe el tono de cada descripción.

Estamos en invierno. Todo está limpio. Los días y las noches son cristalinos. La casa nos protege como una cobija vieja y descansamos en medio de la tranquilidad que nos rodea.

Estamos en invierno. Hace un frío terrible y todo está helado. La casa está como una cueva húmeda. ¡Nos estamos ahogando en tanta nieve! Estamos aislados del mundo y no sabemos lo que está pasando.

EN SU CUADERNO...

vuelva a pensar en el tema que Ud. ha escogido para su descripción. Considere las siguientes preguntas y luego haga un mapa semántico. ¿Cómo es su perspectiva? ¿Es de admiración? ¿Es crítica? ¿objetiva? Busque palabras o expresiones que puedan revelar o expresar esta actitud. ¿Qué acciones o experiencias asocia Ud. con el tema que puedan ser la causa (o el resultado) de su actitud?

Ahora, identifique el párrafo positivo y el negativo. ¿Qué detalles contribuyen a dar el tono positivo? ¿Qué detalles contribuyen a dar el tono negativo? ¿Qué detalles se podrían agregar para intensificar lo positivo o lo negativo?

Actividad B. La selección y ordenación de detalles

Trabajando con sus compañeros de clase, describan la casa que se ve en el dibujo. Todos deben aportar algunos detalles. Un miembro de la clase debe escribir en la pizarra los detalles que se mencionan.

Una vez anotados los detalles, la clase debe dividirse en grupos de dos o tres estudiantes. Cada grupo ha de tomar uno de los contextos específicos a continuación y hacer lo siguiente: 1) seleccionar los detalles más apropiados para ese contexto y 2) ordenarlos de acuerdo con alguna perspectiva lógica, es decir, de derecha a izquierda, de arriba hacia abajo, o como lo prefiera el grupo, con tal de dejar una imagen clara de la casa según el contexto seleccionado.

CONTEXTOS

1. Un estudiante universitario describe su casa en un ensayo sobre «un lugar importante en mi vida».

2. Un estudiante universitario describe la casa como parte de un ensayo sobre la presencia de la tecnología en la vida cotidiana.

3. Un estudiante periodista describe la casa como escenario de un famoso crimen en un reportaje sobre ese crimen.

4. ¿Otro?

¿Qué diferencias se observan entre los detalles seleccionados según cada contexto? ¿Hay diferencias también con respecto a la ordenación de los detalles? Comenten.

Actividad C.   Análisis de texto: «Una carta personal»

Rafael le escribió una carta a su hermana en la que le da una descripción de su novia, Elisa (persona a quien su hermana no conoce). Con un compañero / una compañera de clase, hagan los ejercicios a continuación, pero *no* lean la carta hasta que las instrucciones se lo pidan.

1. La hermana de Rafael no conoce a la novia de su hermano y le ha pedido información con respecto a ella. ¿Cuál será el propósito de Rafael al escribir una descripción de Elisa? ¿Y cuál será el propósito de la hermana al leerla?

2. Antes de escribir la carta, Rafael hizo una lista de las preguntas que pensaba que su hermana se habría hecho al enterarse de que él tenía una nueva novia, y las usó como guía para su descripción. Identifiquen por lo menos cinco preguntas que Uds. incluirían en semejante lista. Es decir, en su opinión, ¿qué querrá saber la hermana de Rafael acerca de la novia de su hermano?

3. Terminada su lista de preguntas, lean la carta que redactó Rafael (en la próxima página) y analícenla para ver si ha tomado en cuenta tanto las necesidades del escritor (¿Creen Uds. que Rafael cumple su propósito?) como las necesidades de la lectora anticipada.

Una carta personal

Mi querida hermanita:

Me has pedido que te describa a la joven de quien me he enamorado. Como sabes, ésta es una tarea difícil. ¿Cómo hacerlo sin exagerar sus cualidades, sin decirte que es la mujer más bella del universo? No estoy seguro cómo, pero intentaré hacerlo.

Elisa es una mujer de estatura mediana y de cuerpo esbelto. Tiene el cabello negro, la cara redonda y la frente ancha. Usa el pelo corto, cosa que le da un aire de niña traviesa. Tiene tez morena, ojos claros y nariz pequeña. Se viste a la moda —generalmente usa traje sastre para ir a la oficina y pantalones vaqueros para estar en casa. Con frecuencia se viste de rojo, color que otros dicen que le favorece mucho. Es una chica alegre, comunicativa y risueña.

Es muy sencilla y al mismo tiempo es una persona de una profundidad asombrosa. Sé que va a simpatizarte mucho y que te va a sorprender mi buen gusto. Ya me darás tu opinión cuando la conozcas en las vacaciones.

Abrazos,

Rafael

4. La descripción de la casa que hizo Daniel incluía detalles físicos y también información sobre su impacto en los otros sentidos. ¿Qué tipos de información incluye Rafael en la descripción de su novia?

5. ¿Cómo organiza esta información? ¿Adopta una perspectiva estrictamente espacial? Es decir, ¿describe a Elisa de acuerdo con el proceso natural que sigue la vista: de derecha a izquierda o de arriba hacia abajo? En la descripción de la casa, ¿viene lo más importante al principio de la descripción o al final? ¿Y en la descripción que hace Rafael?

6. ¿Creen Uds. que es una buena carta? ¿Por qué sí o por qué no? Si Rafael les hubiera mostrado la carta antes de mandársela a su hermana, ¿qué sugerencias le habrían hecho?

7. Vuelvan a leer la descripción que hizo Rafael de su novia. El incluye más detalles de los que Daniel incluyó en su descripción. ¿Dirían Uds. que la información es exhaustiva o que representa una selección particular por parte de Rafael? ¿Cuál es la relación entre la información presentada en la descripción y el propósito

del texto? Imagínense que la hermana de Rafael buscara una joven para cuidar a sus hijos durante el verano. ¿Cómo cambiaría la descripción? ¿Qué otra información incluiría Rafael? ¿Qué información eliminaría?

Segunda etapa: La redacción y la revisión de las versiones preliminares

 Después de terminar las actividades de prerredacción, Ud. escribirá un borrador —una primera versión— de su descripción.

Las actividades que se han llevado a cabo en la primera etapa de este capítulo le han dado a Ud. la oportunidad de desarrollar la materia prima para elaborar una descripción. En esta segunda parte del capítulo, tendrá la oportunidad de

- crear un plan de redacción para guiar la composición de su escrito

- desarrollar un borrador de su escrito

- experimentar con la técnica de revisión con grupos de consulta (*peer editing*)

- experimentar con la técnica de una lista de control (*checklist*)

- desarrollar un plan de revisión

Tarea

Escriba un texto descriptivo que tenga como mínimo unas 150 palabras. Puede ser una simple descripción o, si quiere, Ud. puede adoptar el formato de una carta que contiene la descripción de una persona o lugar, descripción que Ud. desea compartir con un amigo o pariente; una carta de recomendación;[2] un texto de publicidad acerca de una persona o un lugar; o un autorretrato.

---

[2]Refer to Appendix A in the ***Cuaderno de práctica*** for some useful phrases for corresponding in Spanish.

EL PLAN DE REDACCION: COMO SE ESCRIBE UNA DESCRIPCION

PLAN DE REDACCION: LA DESCRIPCION
1. El tema
2. Mi propósito como escritor El lector Su propósito al leer Preguntas cuyas respuestas el lector busca en el escrito
3. Los detalles

1. **El tema**

   - Vuelva a examinar sus notas y apuntes de la sección de Enfoque (página 8). Repase los temas examinados y escoja uno.

   - Ahora, complete la primera parte del plan de redacción en su *Cuaderno de práctica.*[3]

2. **El propósito y el lector**

   - Identifique su propósito como escritor. Después de haber escogido el tema (el objeto, lugar o persona que quiere describir) de su trabajo, hágase las siguientes preguntas: ¿Por qué describo esto? ¿Qué quiero lograr con esta descripción? ¿Cuál es la reacción que quiero provocar en el lector? ¿Cuál es mi actitud hacia lo escogido? ¿Por qué me parece interesante? ¿Cuáles son aquellos aspectos de lo que quiero describir que mejor pueden dar a conocer esta actitud al lector?

   - Identifique al lector y el propósito de éste. Escribir, al igual que hablar, siempre ocurre en un contexto comunicativo: un individuo comunica un mensaje a otro por alguna razón. Como ya se hizo ver, Ud. como escritor tiene que preguntarse: ¿Por qué escribo? Al mismo tiempo necesita preguntarse: ¿Y por qué va a leer esto alguien?

     En algunas ocasiones, el contexto va a parecer muy obvio: se escribe sobre un tema seleccionado por y para el profesor, porque

---

[3]The **planes de redacción** that appear in the textbook are only models; you should complete the blank **plan de redacción** in the corresponding chapter of the **Cuaderno de práctica.**

éste le ha pedido a Ud. que lo haga. Pero tanto en este caso como cuando se trata de escribir un autorretrato como parte de una solicitud, el lector tiene otros motivos más allá del simple deseo de que Ud. cumpla con cierta tarea o requisito. Puede que quiera descubrir lo que Ud. sabe u opina de algo (¿Ha entendido la novela lo suficientemente bien como para describir a la heroína?); puede que quiera asegurarse de que Ud. tiene ciertas cualidades o habilidades; puede que quiera tomar alguna decisión acerca de lo que Ud. describe.

Antes de escribir, piense en el contexto de lo que hace: ¿Para quién escribe? ¿Por qué va a leer esta persona lo que Ud. escribe? ¿Qué información busca? ¿Qué preguntas se va a hacer al respecto?

- Ahora, complete la segunda parte del plan de redacción en su *Cuaderno de práctica.*

3. Los detalles

- Escoja los detalles que mejor se presten para lograr la meta que Ud. ha identificado. Haga una lista de detalles sobre todo lo que recuerde. Luego, elimine aquéllos que no contribuyan a producir el tono que Ud. busca ni a mantener la descripción.

- Ordene los detalles lógicamente, de acuerdo con la organización (espacial, temporal, etcétera) que Ud. prefiera.

- Ahora, complete la tercera parte del plan de redacción en su *Cuaderno de práctica.*

Refiriéndose a su plan con frecuencia, escriba el borrador de su descripción.

Antes de empezar, recuerde que aunque ya tenga un plan que guiará la redacción, lo común es que un escritor cambie y agregue nuevas ideas al momento de escribir. Por eso se le recomienda que si surgen nuevos temas o nuevas ideas mientras escribe, no los elimine por completo. Puede incluirlos y después, al revisar el borrador, puede seleccionar solamente las ideas que mejor contribuyan al desarrollo del tema del escrito.

También es importante enfatizar que, en algunos casos, al escribir un escritor puede —sin proponérselo— apartarse poco a poco del tema y del enfoque que había preparado. Cuando esto sucede, el escritor tiene dos opciones: puede empezar su redacción de nuevo utilizando su plan de redacción o puede empezar un nuevo plan, cambiando el tema, el propósito y el enfoque de su escrito.

> ─ *Piénsalo...* ─────────────────────────────
>
> Recuerda que el borrador no es sino una versión temprana y preliminar de tu
> escrito, así que no tienes que preocuparte todavía por la perfección. Trata de
> incluir todos los puntos identificados en tu plan de redacción, pero no te preo-
> cupes por el vocabulario ni por la gramática. Si no sabes o no recuerdas una
> palabra o expresión en español, introduce un comodín (hay una explicación
> de esta técnica en la Primera etapa del Capítulo 3) o escríbela en inglés y
> sigue redactando.
>
> Trata de empezar tu descripción con una oración que identifique el tema
> y que incluya detalles que capten el interés de tus lectores. Escribe, por ejem-
> plo, «Mi tía Julia es la mujer más hablantina del estado de Nevada.» Luego,
> utiliza los demás detalles e ideas que generaste y organizaste para desarrollar
> tu descripción.

EL PLAN DE REVISION: ACTIVIDADES CON GRUPOS DE CONSULTA

Revisar un escrito quiere decir hacer cambios que mejoran el escrito en
su totalidad. Quiere decir eliminar ideas, reorganizar detalles, añadir
ideas que faltan y producir una nueva versión que frecuentemente se
parece muy poco al primer borrador. Al escribir un borrador, se trabaja a
veces rápidamente ya que se quiere captar las ideas antes de que éstas se
escapen. Con frecuencia se omite algo importante o se incluyen detalles
que poco aportan al propósito principal del escrito. Revisar, entonces,
quiere decir volver a conceptualizar el escrito en su totalidad.

La redacción es una experiencia solitaria; hay actividades de grupo para
generar ideas y explorar temas, pero cuando llega el momento de transferir
las ideas a la página, el escritor trabaja solo. Sin embargo, como cualquier
acto comunicativo, la redacción implica un intercambio con otra persona.
Al compartir el borrador con un amigo o compañero de clase, se tiene la
oportunidad de saber qué impacto tiene un escrito desde la perspectiva de
otra persona. Este «otro» examina el escrito objetivamente para determinar si ha logrado comunicar lo que inicialmente se proponía. Las opiniones francas y directas de un lector-compañero son una guía importante
y valiosa. Al mismo tiempo, el acto de pedir opiniones y sugerencias no
significa que el escritor haya renunciado el control de su propio texto. El
lector-compañero puede hacer sugerencias, pero sólo el escritor puede
decidir cuáles va a aceptar —y de qué forma las utilizará— y cuáles no.

Modelos del proceso

1. Observación. Jake Andrews es estudiante en una clase de composición. La profesora le ha dado como tarea que redacte una descripción
   de sí mismo. A continuación presentamos su experiencia al seguir las
   varias etapas del proceso de la redacción. Examine la experiencia de
   Jake y luego haga el análisis de la segunda parte de esta actividad.

La prerredacción

- Tema: Autorretrato

- Propósito y lector: La profesora de español le ha pedido a cada alumno que escriba una breve carta presentándose a sus compañeros de clase. La carta también servirá para que los demás se interesen en conocerlo mejor.

- Generación de ideas: Para comenzar su autorretrato, Jake hizo el siguiente mapa semántico.

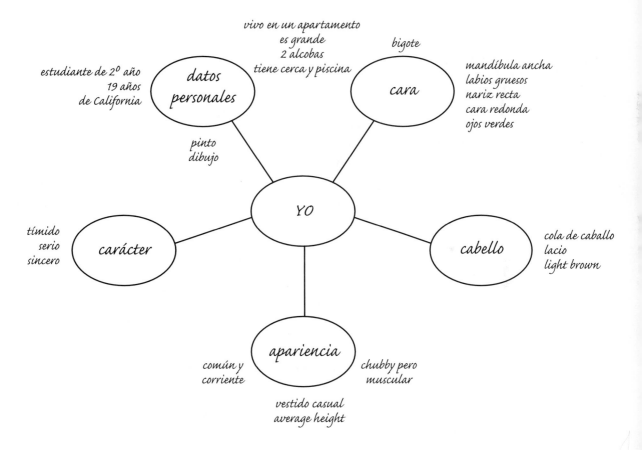

Piénsalo…

Nota que Jake usó tanto el inglés como el español para apuntar sus primeras ideas. Después buscará el vocabulario necesario para redactar su descripción. En esta primera etapa, es mejor no detenerte a buscar palabras en el diccionario porque muchas veces eso te puede distraer de las ideas sobre lo que quieres comunicar.

La redacción

- Borrador (primera versión del escrito): Basándose en las ideas generadas anteriormente, Jake hizo el siguiente borrador de su autorretrato. Dejó un margen amplio a la derecha para los comentarios de su profesora.

Estimados compañeros de clase:

Quiero presentarme a Uds. Me llamo Jake Andrews. Soy estudiante de segundo año en esta universidad. Me especializo en estudios latinoamericanos, y mi ambición es llegar a hablar y escribir el español perfectamente.

Soy un joven de estatura mediana, de cabello castaño claro. Es lacio y largo. Uso cola de caballo. Tengo ojos verdes, cara redonda, mandíbula ancha y labios gruesos. Uso bigote. Generalmente, me visto de forma desenfadada.

Estoy seguro de que después de conocerme un poco, Uds. se darán cuenta de que soy agradable y sincero, aunque también un poco tímido.

Al terminar el borrador, Jake apuntó estos comentarios en su cuaderno.

---

sentí que me faltaba mucho vocabulario. Por ejemplo, no supe cómo describir la forma en que me visto. Creo que en mi mapa semántico me concentré demasiado en lo físico; no dediqué suficiente atención a mi personalidad. Mis compañeros sabrán identificarme pero a lo mejor no van a querer saber más de mí. Al escribir, primero redacté algunas oraciones en inglés y luego las traduje al español. Creo que se nota que son traducciones. No me suenan muy españolas.

La revisión

- La colaboración con los compañeros: Antes de entregarle su texto a la profesora, Jake decidió mostrarle el borrador a un compañero, quien le hizo los siguientes comentarios.

Estimados compañeros de clase:

Quiero presentarme a Uds. Me llamo Jake Andrews. Soy estudiante de segundo año en esta universidad. Me especializo en estudios latinoamericanos, y mi ambición es llegar a hablar y escribir el español perfectamente.

Soy un joven de estatura mediana, de cabello castaño claro. Es lacio y largo. Uso cola de caballo. Tengo ojos verdes, cara redonda, mandíbula ancha y labios gruesos. Uso bigote. Generalmente, me visto de forma desenfadada.

Estoy seguro de que después de conocerme un poco, Uds. se darán cuenta de que soy agradable y sincero, aunque también un poco tímido.

• ¿Por qué?

• Lo físico de tu persona está a la vista muy claro: —¡¡puedo verte!! Pero. . . no sé si me interesa conocerte mejor. Necesito más información sobre tu persona: ¿Tienes pasatiempos? ¿talentos especiales?

• ¡Ajá! ¿Símbolo de rebeldía bajo la timidez?

• ¿Puedes demostrarme esto de alguna manera en tu descripción? Me lo dices, pero las acciones hablan más que las palabras. . . ¿Me puedes dar un ejemplo específico? ¿alguna anécdota?

- **Segundo borrador:** Después de considerar los comentarios de su lector-compañero y de volver a pensar en la tarea, Jake modificó su carta como se ve en la próxima página.

Estimados compañeros de clase:

Quiero presentarme a Uds. Me llamo Jake Andrews y soy estudiante de segundo año en esta universidad.

«Soy estudiante» es la respuesta que sale primero cuando alguien me pregunta: «¿Quién eres?» Pero al igual que muchos de Uds., tengo otras respuestas también. Soy lector ávido de novelas policíacas. Soy hermano —entre seis, el único varón, lo cual en sí es un tema para otro día. Soy un atleta entusiasta. También soy artista; me gusta pintar y dibujar; prefiero los retratos a la naturaleza muerta o al paisaje. En mis cuadernos de clase (para ilustrar mis apuntes brillantes y perspicaces, claro) siempre hago garabatos y caricaturas. En un grupo prefiero escuchar en vez de hablar; en una fiesta, escuchar en vez de bailar. Ahora, a lo mejor, ya no necesito confesar que soy un poco tímido. Gracias a Dios, no uso gafas.

Soy de estatura mediana, de cabello castaño claro. Uso cola de caballo y bigote. Generalmente, me visto de forma desenfadada.

Me especializo en estudios latinoamericanos, y mi ambición —todavía no sé por qué— es llegar a hablar y escribir el español perfectamente. Soy serio con respecto a mis estudios, es cierto, pero no soy empollón. Me gusta llegar a conocer a nuevas personas y paso la mayoría de mi tiempo libre con mis amistades. ¡Me ilusiona mucho pensar que en este momento quizás un nuevo amigo lea esta carta!

Jake Andrews

2. **Análisis de texto.** La clase debe dividirse en grupos de tres o cuatro estudiantes y leer de nuevo los comentarios que le hizo a Jake su lector-compañero.

   - Según esa persona, ¿cuáles son los puntos fuertes y cuáles son los puntos débiles de la primera versión? ¿Están todos de acuerdo? ¿Qué otras sugerencias le habrían hecho a Jake?

   - ¿Incorporó Jake todas las sugerencias que le hizo su lector-compañero? ¿Hizo cambios no indicados por éste?

   - En la opinión del grupo, ¿es más efectivo el segundo borrador? Expliquen.

- En su opinión, ¿ha hecho una buena lectura del texto de Jake su lector-compañero? ¿Por qué sí o por qué no? ¿Le harían Uds. algunas sugerencias con respecto a su técnica de lector-compañero?

Compartan su análisis con los demás grupos de la clase. ¿Hay mucha diferencia de opiniones?

Práctica con grupos de consulta[4]

Leer y analizar. Cada estudiante debe leer las dos descripciones a continuación y apuntar todas sus notas y respuestas a las preguntas. Se debe contestar la primera pregunta antes de leer cada texto.

Texto A: «Julio Pastor»

1. El texto es una carta de recomendación para un individuo que busca un puesto de profesor en una escuela secundaria. Identifique tres o cuatro preguntas acerca del tema cuyas respuestas a Ud. le gustaría encontrar en el texto. Después, siga con el análisis.

Texto A: Julio Pastor

Julio Pastor es un hombre de buen carácter. Viene de una famila estable. Vive en Lansing con su esposa, Marta, y sus dos hijos, Luisa y Pedro. Marta es profesora de francés. Luisa asiste a Bryn Mawr, una universidad pequeña cerca de Filadelfia; es presidenta de su clase. Pedro, el mayor, trabaja como telefonista para el 911. Las actividades favoritas de Julio son cocinar y cantar. También es voluntario de la escuadra de ambulancia local. Julio sería una valiosa adición al profesorado de su escuela.

Análisis

2. ¿Qué tal acierta el escritor en contestar sus preguntas? ¿Contesta todas?

3. ¿Cuál es la idea principal que el escritor intenta expresar en este borrador?

4. ¿Se relaciona toda la información directamente con la idea principal? Si no, ¿qué parte(s) no viene(n) al caso?

5. ¿Hay partes en las cuales le gustaría a Ud. tener más información (explicación, ejemplos, detalles)?

6. ¿Hay partes del texto en que de repente Ud. se encuentre «perdido/a»?

7. ¿Captó su interés la introducción de manera que Ud. quisiera seguir leyendo?

8. ¿Qué parte(s) del borrador le gusta(n) más?

---

[4]En los Capítulos 1 y 2 se harán las actividades con grupos de consulta basándose en dos textos que están incluidos en el capítulo. En los demás capítulos se incluirá sólo un texto; Uds. pueden hacer las prácticas de este tipo basándose en el texto incluido o en los borradores que han escrito otros estudiantes de la clase.

Texto B: «Nuevo México, tierra de encanto»

1. El texto es una descripción publicitaria para atraer turistas a Nuevo México. Identifique tres o cuatro preguntas acerca del tema cuyas respuestas a Ud. le gustaría encontrar en el texto. Después, siga con el análisis.

Texto B: Nuevo México, tierra de encanto

Nuevo México es un estado muy atractivo para los visitantes, tanto por su gran variedad de paisajes como por las diferentes culturas que conviven allí.

El Valle del Río Grande se extiende de norte a sur, y es tierra fértil para la agricultura. El desierto de Chihuahua cubre parte importante del territorio, pero también hay grandes extensiones de terreno montañoso, con bosques de pinos, lagos y abundante vida silvestre. Más de la mitad de la tierra del estado está formada por bosques y parques estatales y federales que ofrecen muchas oportunidades de recreo en todas la épocas del año. Aquí se encuentran las cavernas de Carlsbad, que están entre las más grandes y bellas del mundo.

La presencia indígena, hispana y angloamericana puede verse por todas partes. Santa Fe, la capital del estado, es conocida tanto por su música folclórica indígena, hispana y del oeste como por su temporada de ópera. Del mismo modo, las artesanías y demás expresiones del arte y de la cultura son un reflejo de la diversidad que caracteriza a Nuevo México.

Cuando el visitante se va de Nuevo México se lleva imágenes inolvidables de esta tierra y de su gente.

Análisis

2. ¿Qué tal acierta el escritor en contestar sus preguntas? ¿Contesta todas?

3. ¿Cuál es la idea principal que el escritor intenta expresar en este borrador?

4. ¿Se relaciona toda la información directamente con la idea principal? Si no, ¿qué parte(s) no viene(n) al caso?

5. ¿Hay partes en las cuales le gustaría a Ud. tener más información (explicación, ejemplos, detalles)?

6. ¿Hay partes del texto en que de repente Ud. se encuentre «perdido/a»?

7. ¿Captó su interés la introducción de manera que Ud. quisiera seguir leyendo?

8. ¿Qué parte(s) del borrador le gusta(n) más?

Consultar y recomendar. La clase debe dividirse en grupos de tres o cuatro estudiantes. La mitad de los grupos comentará el Texto A y la otra mitad comentará el Texto B. Los miembros de cada grupo deben compartir entre sí su análisis del texto asignado, discutiendo la diferencia de opiniones que pueda haber. Después de llegar a un acuerdo mutuo, cada grupo debe formular un plan de revisión para su texto basándose en su análisis.[5] Presenten su plan al resto de la clase y prepárense para justificar sus sugerencias.

PLAN DE REVISION: LA DESCRIPCION [*NOMBRE DEL TEXTO*]

1. Comentarios positivos sobre el texto
2. La idea principal del texto
   Los lectores quieren saber lo siguiente con respecto a este tema
3. Detalles que necesitan agregarse, reorganizarse o cambiarse
4. Otros cambios que se recomiendan

Formular un plan de revisión resulta particularmente útil cuando se hace el trabajo de consulta en grupos, como se acaba de hacer en la actividad anterior. Hay otra técnica para guiar la revisión de un texto, que se puede hacer sin compañeros. La técnica de una lista de control, que se describe en la próxima página, es fácil de utilizar por cuenta propia.

Piénsalo...

Y ¿qué hacer si el lector dice que hay que incluir más información o si no le resulta clara la relación entre la idea principal y los detalles incluidos? Lo primero, claro, es aceptar los comentarios con una mente abierta. Recuerda que la revisión casi siempre implica la reformulación de varias (o muchas) partes de un escrito. Lo que le pasó a Jake es típico, y es un buen ejemplo del carácter no lineal del proceso de la redacción: uno avanza, retrocede un poco, empieza nuevas exploraciones y vuelve a avanzar. Aun los escritores expertos te dirán que sus textos no llegaron a su forma final sin pasar por varias formas preliminares.

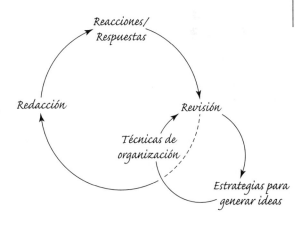

---

[5]The **planes de revisión** that appear in the textbook are only models; you should complete the blank **planes de revisión** in Appendix B of the **Cuaderno de práctica**. Those pages can then be torn out and given to the person whose text you reviewed.

TECNICA DE UNA LISTA DE CONTROL

Aunque suele ser más difícil elaborar un plan de revisión para el trabajo de uno mismo que elaborar uno para el escrito de otra persona, los pasos que hay que seguir son los mismos. La práctica con grupos de consulta le ayudará a desarrollar las capacidades analíticas y críticas necesarias.

Otra estrategia para ayudarle a leer su propio texto objetivamente consiste en considerar una serie de preguntas preparadas para evaluar diferentes tipos de textos. El escritor revisa los elementos y características de su texto respondiendo a las preguntas de la lista de control.

Mediante sus respuestas a las preguntas, revise el borrador de la descripción que Ud. ya escribió.

LISTA DE CONTROL PARA LA DESCRIPCION
☐ ¿Cuál es la meta o el propósito de la descripción?
☐ ¿Qué describe específicamente mi composición?
☐ ¿Qué impresión quiero dejar en el lector?
☐ ¿Qué detalles incluí en la descripción? ¿Cómo contribuye cada detalle a lograr lo que me propongo?
☐ ¿Hay en mi composición algún detalle que no contribuya lo suficiente a crear la impresión que quiero dejar?
☐ ¿Qué preguntas puede hacerse el lector con respecto al tema de que escribo? ¿Las he contestado todas?
☐ ¿Qué detalle escogí para terminar mi descripción? ¿Por qué lo escogí?
☐ ¿Utilicé un vocabulario claro y preciso, o utilicé términos generales y abstractos que no captan la esencia de lo que quiero describir?

Tercera etapa: La revisión de la forma y la preparación de la versión final

Al llegar a esta etapa se supone que el contenido y la organización de un escrito han pasado por una revisión rigurosa y que el escritor está satisfecho con ellos. Ha llegado el momento de poner atención a las cuestiones de la forma. En esta última etapa, Ud. tendrá la oportunidad de

En el *Cuaderno de práctica* hay actividades para practicar los aspectos gramaticales y el vocabulario presentados en los pasos a continuación.

- repasar los verbos **ser** y **estar**
- pulir la forma de su escrito, repasando sistemáticamente la gramática, el vocabulario y la ortografía
- redactar una versión final de la tarea para entregar

Esta revisión le será más fácil si la emprende por pasos; en cada paso se enfoca un solo aspecto de la forma.

PRIMER PASO   REVISION DE LOS ASPECTOS GRAMATICALES: *SER/ESTAR*

Ser y *estar:* Usos de mayor frecuencia

Usos en que el juicio se basa en la estructura gramatical

En ciertos casos, el uso de **ser** o **estar** depende únicamente de la estructura gramatical de la oración. Para decidir cuál de los dos verbos se ha de usar, se analiza el predicado (lo que generalmente se encuentra a la derecha del verbo en una oración declarativa).

SUJETO	VERBO: **ser**	PREDICADO: UN SUSTANTIVO SOLO O MODIFICADO
Juan	**es**	artista.
Luisa	**era**	mi fiel amiga.
		PREDICADO: UN ADVERBIO DE TIEMPO
La fiesta	**es**	a las ocho.
Las clases	**fueron**	por la mañana.

SUJETO	VERBO: **estar**	PREDICADO: UN GERUNDIO
Elena	**está**	cantando.
Mis hermanos	**estaban**	llorando mucho.

En los casos anteriores note que, si el predicado puede clasificarse entre uno de estos tres grupos (sustantivo, adverbio de tiempo o gerundio), no es necesario analizar el significado de la oración para escoger correctamente entre **ser** o **estar.**

Usos en que el juicio se basa en el significado de la oración

En algunos casos es necesario analizar el significado de la oración para elegir correctamente entre los dos verbos. Esto sucede a menudo cuando el predicado es un adverbio de lugar o un adjetivo.

Cuando el predicado es un adverbio de lugar, se usa **ser** si el sujeto puede concebirse como un evento; de no ser un evento, se usa **estar.**

SUJETO: EVENTO	VERBO: **ser**	PREDICADO: UN ADVERBIO DE LUGAR
La fiesta	**es**	en la casa de Pedro.
El desayuno	**fue**	en el salón grande.

SUJETO: NO EVENTO	VERBO: **estar**	PREDICADO: UN ADVERBIO DE LUGAR
María	**estaba**	en el rancho.
La biblioteca	**está**	cerca del parque.

Cuando el predicado es un adjetivo, se utiliza **ser** si el adjetivo (o frase adjetival) sirve para clasificar al sujeto, es decir, si el adjetivo se refiere a una característica inherente que explica a qué clase pertenece el sustantivo. Por otro lado, se utiliza **estar** si el adjetivo comenta sobre el estado o situación en que se encuentra el sujeto.

SUJETO	VERBO: **ser**	PREDICADO: UN ADJETIVO QUE CLASIFICA AL SUSTANTIVO
Marta	**es**	bonita. (*Es de la clase de mujeres bonitas.*)
Pedro	**es**	católico. (*Es de la clase de personas de religión católica.*)
Los guantes	**son**	de cuero. (*Frase adjetival que describe la clase de guantes.*)

SUJETO	VERBO: estar	PREDICADO: UN ADJETIVO QUE COMENTA SOBRE EL ESTADO EN QUE SE ENCUENTRA EL SUJETO
Estela	**está**	enojada. (*Se encuentra en ese estado.*)
La leche	**está**	fría. (*Se encuentra en esa condición.*)
Amada	**está**	de luto. (*Frase adjetival que comenta sobre el estado en que se encuentra.*)

Usos de *ser* y *estar* con adjetivos

Muchos adjetivos suelen usarse con uno u otro verbo: indican de por sí o una clasificación o un estado. El tamaño, la forma, el material y otros rasgos físicos, por ejemplo, suelen expresarse con **ser** porque se consideran clasificaciones; señalan características mediante las cuales se puede identificar y definir a una persona u objeto. Los estados de ánimo y de salud y la posición física se expresan con **estar** porque estos adjetivos por lo general describen la condición o el estado en que se encuentra la persona u objeto.

Por otro lado, hay varios adjetivos que pueden usarse con ambos verbos. En estos casos el significado del mensaje cambia de una clasificación a una descripción de estado según el verbo que se use.

SUJETO	**ser/estar**	SIGNIFICADO
Estas manzanas	**son** verdes.	Clasificación (*Son de la clase de manzanas verdes.*)
Estas manzanas	**están** verdes.	Condición, estado (*Se implica que este color no es el que caracteriza a estas manzanas.*)
Violeta	**es** alegre.	Clasificación (*Tiene una disposición alegre; es ese tipo de persona.*)
Violeta	**está** alegre.	Condición, estado (*Acaba de ocurrir algo que la ha puesto de este humor.*)

Cuando un adjetivo puede usarse con ambos verbos, el uso de **ser** indica que el atributo se acepta como una característica objetiva e intrínseca del sujeto. Por otro lado, el uso de **estar** puede indicar que la característica se percibe subjetivamente: no forma parte del *ser* del sujeto, sino de su *condición* en determinado momento o en determinada circunstancia. En inglés se puede expresar esta diferencia de percepción por medio de los contrastes en la tabla de la próxima página.

INGLES	SIGNIFICADO	ESPAÑOL
*This coffee **is** good.*	Clasificación (*característica intrínseca, objetiva*)	Este café **es** bueno.
*This coffee **tastes** good.*	Condición, estado (*percepción subjetiva*)	Este café **está** bueno.
*Mr. Carlo **is** old.*	Clasificación (*característica objetiva*)	El Sr. Carlo **es** viejo.
*Mr. Carlo **looks** old.*	Condición, estado (*percepción subjetiva*)	El Sr. Carlo **está** viejo.
*The prices **are** high.*	Clasificación (*característica intrínseca, objetiva*)	Los precios **son** altos.
*The prices **seem** high.*	Condición, estado (*percepción subjetiva*)	Los precios **están** altos.

SEGUNDO PASO   REVISION DEL VOCABULARIO Y DE LA EXPRESION

Después de revisar la gramática, lea el escrito de nuevo, con ojo crítico particularmente en el vocabulario. En el ***Cuaderno de práctica*** hay listas de vocabulario útil para hacer una descripción. Consúltelas y haga las actividades correspondientes antes de revisar su escrito.

TERCER PASO   REVISION DE LA ORTOGRAFIA

Depués de revisar la gramática y el vocabulario, repase su escrito, buscando los posibles errores de acentuación y de ortografía.

CUARTO PASO   PREPARACION DE LA VERSION FINAL

Escriba una nueva versión de su trabajo ya con las correcciones y los cambios necesarios. Para muchos de Uds., éste es el momento de pedirle a su lector-compañero que le eche una última ojeada al texto, buscando esta vez errores en la gramática o en la expresión que Uds. no hayan identificado en su propia lectura.

Piénsalo...

Si quieres una última lectura de tu trabajo, tienes que indicarle al lector-compañero precisamente lo que quieres que busque en tu escrito. Hazle una lista de los puntos gramaticales (usos de **ser**, usos de **estar**, concordancia de adjetivos, vocabulario vivo y variado) y pídele que lea tu texto varias veces. Como regla general, es bueno hacer una lectura para cada punto gramatical.

Como se vio antes con el trabajo de consulta en grupos, no tienes que aceptar todos los cambios o correcciones que tu lector-compañero te sugiera, pero sí vale la pena ponerles atención.

Capítulo 2
La narración

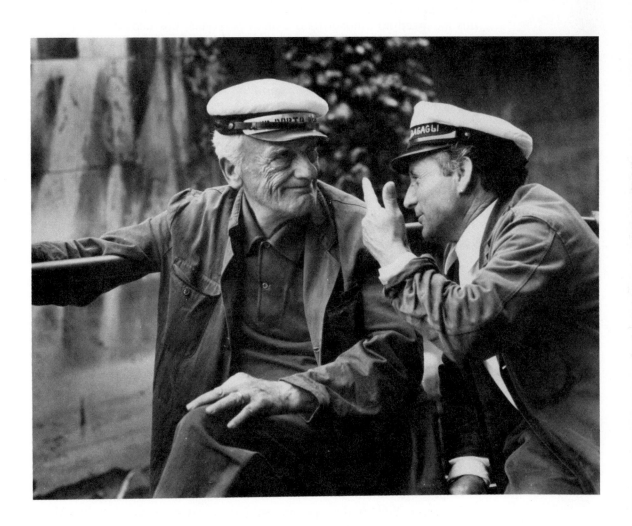

Orientación

LA NARRACION

La narración cuenta un cuento, narra un suceso; es decir, presenta una secuencia de acontecimientos, ya sean ficticios o verdaderos. Al escribir una narración, básicamente se habla de algo que ocurrió o que nos ha sucedido a nosotros o a otras personas. Los usos de la narración son muchos, así como los contextos en que se usa: hacemos una narración para recordar lo esencial del argumento de un cuento o de una novela; con una narración podemos divertir al recrear tanto la acción como la emoción de un momento importante; una narración, en forma de un relato biográfico, puede usarse tanto para explicar las acciones presentes o pasadas de un individuo como para anticipar sus acciones futuras.

Las partes de la narración

En general, cualquier narración puede dividirse en tres partes: **la presentación** de la situación, en donde se establecen los hechos en que se basa la acción; **la complicación,** en donde se presenta la acción principal y las tensiones que la rodean; y **el desenlace** o **la resolución,** que, como su nombre lo indica, presenta la resolución de las tensiones.

La araña

Presentación: Ya estaba oscuro cuando subí la escalera. Al entrar al cuarto encendí la luz y me desvestí rápidamente. Estaba cansada. Había trabajado todo el día y mi cuerpo me pedía descanso. Apagué la luz y me metí en la cama, subiéndome las cobijas hasta la nariz.

Complicación: Al moverme para acomodarme mejor, sentí unas cosquillas en la cara y me quedé paralizada. ¿Sería una araña? Sin querer me estremecí. No quería moverme. Traté de quedarme inmóvil, casi sin respirar. Pero algo se movía. ¿Qué hacer? ¿Gritar? ¿Darme un golpe en la cara?

Desenlace: Por fin, desesperada, salté de la cama y encendí la luz. Me sacudí el camisón y el cabello, pero no encontré nada. Apresuradamente me dirigí de nuevo a la cama. Quería encontrar el animal y matarlo antes de que se me escapara. Sacudí la sábana, luego las cobijas y por último la almohada. Entonces se solucionó el misterio: de un pequeño agujero de la almohada salieron flotando plumas y más plumas. Mi araña imaginaria era una pluma.

El punto de vista y la perspectiva

Una narración puede escribirse desde varios puntos de vista. Por ejemplo, generalmente se escribe en tercera persona cuando se le cuenta a otro algo que ha sucedido. Pero si el narrador cuenta algo que le ha sucedido a él mismo, lo más usual es utilizar la primera persona.

Por ejemplo, para hablar de lo que le sucedió a un amigo se escribiría:

> Juan se levantó tarde ese día. Se vistió rápidamente. No desayunó. Sabía que faltaban exactamente siete minutos para que comenzara el examen. Mentalmente calculó lo que debía hacer: tenía dos minutos para llegar a la universidad, un minuto para estacionar el auto, tres minutos para llegar al edificio y un minuto para llegar al salón de clase.
>
> Al llegar vio a don Mauro. Como de costumbre, el profesor esperaba reloj en mano. El joven vaciló un instante. El viejo lo miró un segundo y, sin decir nada, cerró la puerta.

En este caso, la narración está escrita en tercera persona, pues se habla de Juan y del profesor: en otras palabras, de *ellos*. El mismo caso podría contarse en primera persona, desde la perspectiva de Juan, el protagonista de los hechos.

> Me levanté tarde ese día. Me vestí rápidamente. No desayuné. Sabía que faltaban exactamente siete minutos para que comenzara el examen. Mentalmente calculé lo que debía hacer: tenía dos minutos para llegar a la universidad, un minuto para estacionar el auto, tres minutos para llegar al edificio y un minuto para llegar al salón de clase.
>
> Al llegar vi a don Mauro. Como de costumbre, esperaba reloj en mano. Vacilé un instante. Me miró un segundo y, sin decir nada, cerró la puerta.

Como la narración está escrita aquí en primera persona, se omiten algunos detalles que se incluyeron en la narración en tercera persona. Por ejemplo, ya que no es necesario distinguir entre dos protagonistas masculinos, se eliminan las frases descriptivas como *el joven* y *el viejo*. Las dos narraciones, aunque similares, no son idénticas.

La descripción en la narración

Como Ud. ya sabe, la descripción pinta un cuadro de una persona, un objeto o un lugar. La narración, en cambio, cuenta un suceso; habla de algo ocurrido. Es posible hacer descripciones que no narran y narraciones que no contienen descripción alguna, pero lo más común es unir las dos. La descripción pinta un cuadro dentro del cual se realiza la acción; presenta a los personajes, su personalidad y sus motivaciones al igual que su aspecto físico. El narrador se vale de la descripción de la escena tanto como de la de los personajes para crear ciertas expectaciones en el lector.

A veces el narrador decide confirmar estas expectaciones; otras veces prefiere sorprender al lector con desenlaces inesperados.

Lea la versión A de esta narración. Luego note la impresión que deja cuando se utiliza la descripción en la versión B.

Versión A

Un día la madre mandó a su hijita a que le llevara una cesta de comida a su abuela enferma. Le advirtió a la niña que no se desviara de la senda. La niña tomó la cesta y se puso en camino. Pronto se distrajo con las muchas flores que crecían al lado del sendero.

Hacía tiempo que el lobo venía observando a la niña sin que ella lo percibiera. Esta vez, al verla, corrió a la casa de la abuela, forzó la puerta y devoró a la anciana. Se puso el camisón y el gorro de la difunta y se acostó en la cama para esperar la llegada de su víctima.

Versión B

En una pequeña casa al lado del bosque vivía una mujer joven y su hijita de seis años. El nombre de la niña era Carolina pero en realidad nadie la llamaba así. Todo el mundo la conocía por «Caperucita Roja» por la capa con caperuza roja que solía llevar. Era una niña dulce y alegre a quien le encantaba jugar en los amplios prados que rodeaban su hogar.

Un día de mucho sol la madre se enteró de que la abuela, cuya casa quedaba a cierta distancia dentro del bosque, se había enfermado. Decidió mandar a su hijita a que le llevara una cesta de comida. Abrochándole la capa roja, le advirtió a la niña que no se desviara de la senda, ya que por el bosque andaban animales feroces. Asintiendo con la cabeza, la niña tomó la cesta y se puso en camino. A pesar de la advertencia de su mamá, pronto se distrajo con las muchas flores que crecían al lado del sendero.

Vivía en el bosque un terrible lobo negro, con enormes dientes afilados y garras crueles. Hacía tiempo que el lobo venía observando a la niña sin que ella lo percibiera. Dentro de su mente ya se había formado un plan malévolo. Esta vez, al ver a la niña, corrió a la casa de la abuela, forzó la puerta y devoró a la anciana en un abrir y cerrar de ojos. Para disfrazarse, se puso el camisón y el gorro de la difunta y, carcajeándose con anticipación, se acostó en la cama para esperar la llegada de su víctima.

El propósito

En una narración, al igual que en una descripción, lo esencial es seleccionar aquellos detalles que ayuden a crear el efecto que se desea. Es decir, la selección de detalles depende del propósito del escritor. La narración puede tener varios propósitos. Uno de los más frecuentes es
también el más simple y directo: entretener al lector, captar su interés y
hasta crear en él cierta anticipación. La narración con este propósito es,
en esencia, una de las actividades lingüísticas más antiguas: es una historia que alguien le cuenta a otra persona. El texto sobre un encuentro con
una «araña» es un ejemplo de este tipo de texto. ¿Cómo ha organizado la
información la escritora para crear un poco de tensión o anticipación?
Además de incluir detalles que contestan la pregunta «¿Qué pasó?», ¿qué
otras preguntas del lector ha tratado la escritora de contestar en su narración? ¿Dónde nota Ud. detalles o palabras dramáticas?

   El poder de una historia memorable hace que la narración muchas
veces tenga propósitos más profundos: la fábulas de Esopo y las parábo-
las bíblicas, por ejemplo, enseñan al mismo tiempo que entretienen.
Otras veces el propósito de la narración puede ser informar: el escritor
quiere referirse con claridad al lector cierta sucesión de acontecimientos.
Quiere que éste comprenda lo que pasó y al mismo tiempo el por qué
de lo que pasó. La narración que forma parte de una reseña de una
obra de teatro y la narración que ofrece ejemplos vivos de las cualidades
del carácter de un individuo son narraciones de este tipo. Note que,
a diferencia de los casos anteriormente mencionados, en estos últimos
es común que la narración esté incluida como parte de un texto más
grande. El siguiente texto es un ejemplo de una narración informativa.

El fantasma de la ópera

El fantasma de la ópera es una obra musical que acaba de estrenarse
en Broadway. Esta versión de *El fantasma* es un arreglo moderno de
una obra muy conocida y muy vieja. La versión musical presenta, sin
embargo, algo nuevo. Tuvo un éxito fabuloso en Londres y se espera
que lo tenga también en Nueva York.

   El argumento de la obra es sencillo: el fantasma (un genio musical
que lleva una cicatriz horrorosa en el rostro) se enamora de Cristine,
una joven cantante. Le ayuda a convertirse en la estrella musical del
momento. Impresionado por su belleza y talento, Raoul, un hombre
guapo y apuesto, también se enamora de ella. Pronto se descubre que
ese amor es mutuo: Cristine ama a Raoul. El fantasma, herido profundamente en sus sentimientos, amenaza de muerte al galán. Cristine
ofrece al fantasma entregársele con tal de que deje libre a su amado.
El fantasma, comprendiendo que él es para ella sólo un ser grotesco,

rechaza su oferta. Al terminar la obra, el fantasma queda solo, pero existe la esperanza de que llegue a encontrar el amor que desea.

Visto superficialmente, el argumento es típico de las tragicomedias de otro siglo. Sin embargo, la actuación del fantasma (el actor inglés Michael Crawford), la música de Andrew Lloyd Webber, la letra de Charles Hart y la escenificación en su totalidad son sencillamente estupendas. Es una obra que merece los aplausos que ha recibido y que seguirá recibiendo.

Tarea

En este capítulo, Ud. va a redactar una narración sobre algún incidente que le interese o que tenga mucha importancia para Ud.

Primera etapa: Antes de redactar

En esta primera parte del capítulo, Ud. tendrá la oportunidad de

- explorar ideas relacionadas con varios temas que se prestan a la narración

- experimentar con varias técnicas de prerredacción para luego elegir el tema de su narración

  - explorar varios formatos en los que la narración figura de manera natural

  - definir el propósito de su escrito

  - identificar las necesidades del lector a quien Ud. escribe

EN SU CUADERNO...

apunte sus reflexiones relacionadas con el tema del capítulo. Piense en un acontecimiento o incidente que le haya impresionado mucho: algo que le haya pasado a Ud. o que Ud. haya presenciado o imaginado.

LA GENERACION Y RECOLECCION DE IDEAS

Al pensar en un cuento, muchos inmediatamente pensamos en la literatura, la cual representa un modelo bastante difícil de imitar. Pero en realidad todos contamos cuentos. A nuestros conocidos y familiares les contamos cuentos sobre incidentes cómicos, tristes o de miedo que nos han pasado, inventamos historias para entretener al hermanito o para despistar al profesor con respecto al trabajo tardío y relatamos anécdotas para aclarar un punto importante en un debate. Narrar es una de las actividades lingüísticas más básicas.

> **Piénsalo...**
>
> No olvides que para comenzar puedes escribir palabras sueltas, frases u oraciones —lo que te venga a la mente— al recordar el incidente y el impacto que tuvo en tu vida. No te preocupes por la forma; utiliza el inglés si es necesario.

Actividad A.   Observación y comentario

Divídanse en grupos de tres o cuatro estudiantes y comenten entre sí los cuentos presentados en los dibujos de esta página y la próxima.

1.   ¿Quiénes son los protagonistas? ¿Cómo son y qué cualidades tienen? ¿Qué ocurre en la historia? ¿Cuál es la complicación? ¿Cómo se resuelve?

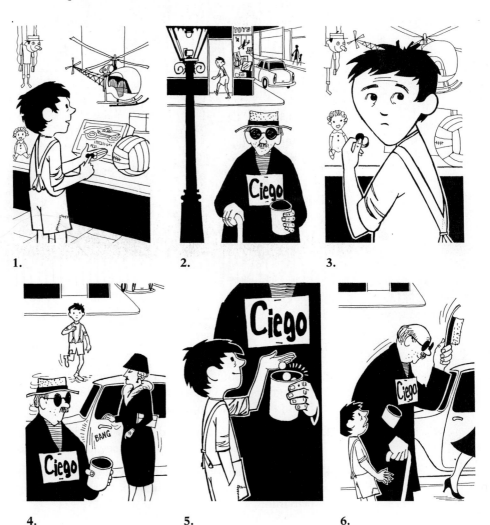

1.

2.

3.

4.

5.

6.

2. ¿Cómo comunica el artista información sobre la personalidad de los protagonistas? ¿Qué vocabulario puede usarse para transmitir la misma información en un narración escrita?

3. ¿Creen Uds. que alguna de estas historias podría usarse para enseñar una lección moral? ¿Cuál sería la moraleja?

4. ¿Han presenciado Uds. alguna vez un incidente semejante al que se narra en una de estas historias? ¿Han participado en uno? Descríbanlo.

Actividad B.   La libre asociación y la lluvia de ideas

1. Mire la siguiente lista y en dos o tres minutos trate de pensar en algo para cada categoría.

EN SU CUADERNO...

use la redacción libre para explorar el recuerdo de un incidente que esta actividad le ha traído a la memoria. Véase la página 7 para más información.

- un momento en el que Ud. se sintió muy enojado/a

- un momento en el que se sintió muy orgulloso/a de sí mismo/a

- un momento en el que se sintió muy orgulloso/a de un amigo o pariente

- una experiencia que cambió su vida

- un veraneo muy especial

- un incidente cómico o serio que tiene como protagonista un animal

- un incidente para el que Ud. necesitó dar una buena excusa

- un incidente con un buen samaritano

2. Utilizando las categorías indicadas a continuación, organice los incidentes en la tabla de ideas en su *Cuaderno de práctica.*

TABLA DE IDEAS	
Incidentes en los que yo fui...	
protagonista	*observador(a)*[1]

Piénsalo...

Al trabajar en las actividades de este capítulo, cuando se te ocurren ideas que podrían servir de tema para una composición, agrégalas a tu tabla de ideas en el *Cuaderno de práctica.*

Actividad C.   La libre asociación y el mapa semántico

1. Trabajando con un compañero / una compañera, comenten las oraciones de la siguiente lista. ¿Qué les recuerda cada una?

- El día que (me examiné para obtener la licencia de conducir, mi perro se encontró con una mofeta, me pusieron frenillos [*braces*] en los dientes, se me rompió la pierna, llegué a la universidad por primera vez, ...).

---

[1]Es decir, Ud. presenció el incidente personalmente, o se lo contó un amigo o pariente o se enteró del incidente por la televisión, la radio o el periódico.

- La primera vez que (salí con un chico / una chica, trabajé de niñero/a, ...).

- Cómo aprendí a (patinar en línea, andar en bicicleta, manejar la computadora, bailar, ...).

- El día que conocí a (mi mejor amigo/a, mi novio/a, ...).

- Desde ese involvidable día, nunca (llego tarde, me acuesto sin revisar bien la cama, tengo miedo de decir lo que pienso, ...).

- Una persona a quien admiro mucho es... porque...

Piénsalo...

¿Has pasado por la misma experiencia que Carlitos alguna vez? La narración generalmente incluye una secuencia de acontecimientos que contesta la pregunta: «¿Qué ocurrió?» Pero recuerda que narrar no es simplemente hacer una lista cronológica de sucesos. También puede incluirse información descriptiva: ¿Dónde ocurrió? ¿Cuándo? ¿Por qué ocurrió? ¿Con quién estabas? ¿Qué impacto o consecuencias tuvo? Empieza con los sucesos, pero no te pares ahí. Elabora tu texto con datos descriptivos.

> **Piénsalo...**
>
> Aun los temas que parecen pedir una descripción (como el último de la lista de la página anterior) pueden prestarse a la narración. Por ejemplo, con respecto al individuo a quien admiras mucho, ¿por qué lo admiras? ¿Qué ha hecho o qué sabe hacer que te inspira admiración? ¡Cuéntamelo!

2. Refiriéndose a su tabla de ideas en el ***Cuaderno de práctica,*** cada uno de Uds. debe escoger por lo menos un tema. Utilice la técnica del mapa semántico para explorar el tema en más detalle, usando la siguiente plantilla como modelo.

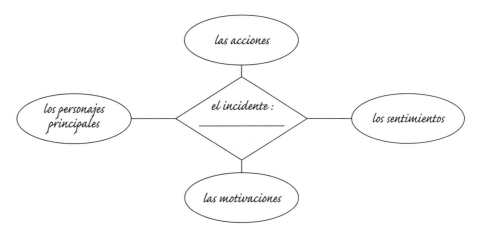

Actividad D. La lectura

Laura escribió una narración acerca de un viaje que hizo un verano con su madre y su hermano menor. Al leer esta narración, ¿puede Ud. identificar una idea principal? ¿Cuál es?

El viaje

*M*i mamá tuvo la brillante idea de que fuéramos a Europa sin gastar mucho dinero.

—Es muy fácil —insistió—. Es cuestión de alquilar un automóvil en Alemania y de ahí iremos adonde queramos.

Había descubierto el libro *Europe on $20 a Day* y estaba segura de que podríamos hacer el viaje ella, mi hermano y yo muy económicamente.

—El chiste es quedarse en las pensiones, comprar queso y pan para comer al lado del camino y sólo hacer una comida pesada al día. Lo más caro serán los pasajes de avión.

Mi hermano y yo tratamos de disuadirla.

¿Por qué no vamos en una excursión?

—Porque es muy caro —respondió impaciente—. Y además viajar a lo pobre es una aventura.

Todo quedó decidido. No había más que decir. Saldríamos en julio de Nueva York rumbo a Frankfurt. Pasaríamos tres semanas en Europa viajando en un pequeño automóvil de alquiler.

¡Y qué aventura fue! Alquilamos el auto, pero resultó que al agente de viajes con quien hicimos la reservación se le olvidó decirnos que en Europa todos los autos económicos de alquiler tienen transmisión estándar. Mi mamá desafortunadamente rara vez había manejado un automóvil de cambios. Poco le pudimos ayudar mi hermano y yo. A los dieciséis años, él era todavía menor de edad; y yo, a los diecinueve, apenas si había aprendido a conducir.

Por dos semanas, mi hermano y yo rezamos y temblamos mientras mi mamá se equivocaba al hacer los cambios, rechinaban los frenos y por fin seguía adelante. Cuando nos veía desalentados nos decía:

—Ya verán como al pasar el tiempo tendremos muy bonitos recuerdos de este viaje.

Y así fue. Viajamos por los autobanes alemanes, fuimos a Suiza y pasamos cinco días en París. Nos perdimos muchas veces, dormimos en el auto una noche en que no encontramos alojamiento y con frecuencia cenamos queso y pan. Las pensiones no tenían ascensor y nuestras maletas pesaban una tonelada. Los cuartos no tenían baño.

Sin embargo, lo desagradable lo recuerdo poco. Lo que sí recuerdo es la puesta de sol que vimos en Versalles, la carretera a Berlín, el castillo del rey Ludwig en Bavaria y los miles de momentos de risa y felicidad que pasamos juntos. Fue un viaje extraordinario. Vimos muchas cosas, sacamos muchas fotos y yo aprendí, de mi mamá, lo que es ser valiente, ser atrevida y creer que todo es posible.

*Note que Laura incluye el diálogo en su narración, lo cual le da un tono más realista y vivo. En el **Cuaderno de práctica** hay una lista de verbos para reportar el diálogo y actividades relacionadas con el uso del diálogo en la narración.*

1. En su relato, Laura no sólo revela detalles acerca del viaje por Europa; también le da al lector mucha información acerca de la familia de ella. ¿Qué técnicas utiliza Laura para ayudarle al lector a conocer a su familia?

2. Identifique las tres partes de la narración: la introducción, la complicación y el desenlace.

3. ¿Cuál es el propósito de esta narración? ¿Cuáles son las partes de la historia que más contribuyen a llevar a cabo este propósito?

4. ¿Cree Ud. que «El viaje» es un buen título para este escrito? ¿Por que sí o por qué no?

Enfoque

- Repase su tabla de ideas en el *Cuaderno de práctica* y los apuntes de las actividades que Ud. ha hecho hasta este punto.

- Escoja un tema que le interesa personalmente.

- En su *Cuaderno,* haga un mapa semántico de los aspectos del tema que le parecen interesantes e importantes. Aquí hay varias preguntas que considerar. (¡Ojo! Algunas de las preguntas se aplican mejor a ciertos termas que a otros.)

Tema:	El día que _____
	(algo pasó)
	Detalles que pueden incluirse
Situación:	¿Qué día era?
	¿Dónde estaba Ud.?
	¿Por qué recuerda Ud. el incidente / el día?
	¿Qué estaba haciendo Ud.?
	¿Con quién(es) estaba?
Complicación:	¿Qué ocurrió primero/después?
	¿Por qué ocurrió?
	¿Por qué fue éste un suceso poco común?
Resolución/ Desenlace:	¿Qué pasó como resultado de la complicación?
	¿Qué efecto tuvo lo ocurrido en Ud.?
	¿Qué cambió como resultado de la acción?

TECNICAS DE ORGANIZACION Y EXPRESION

Pensando en el lector: El propósito

Como se vio antes con la descripción, escribir sobre un tema no significa catalogar minuciosamente todos los datos posibles. El escritor tiene que adaptar la información según su propio propósito y también según el propósito de su lector anticipado.

Actividad A.   El propósito del lector: Saber qué incluir y qué dejar fuera

Roberto, un estudiante norteamericano típico, recibió una beca para estudiar en Lima, Perú. La pequeña historia que se ve en la sucesión de dibujos a continuación resume varias de las experiencias que tuvo durante un fin de semana en que hizo una excursión para visitar las ruinas de Machu Picchu. Al volver a Lima, Roberto escribe sobre esas experiencias. Trabajando con un compañero / una compañera de clase, determinen el impacto del lector en cada uno de los casos a continuación; identifiquen por lo menos cinco preguntas que éste tendrá. ¿Cómo ha afectado éste la selección de detalles?

*La narración se puede hacer en cualquier tiempo verbal, pero lo más común es utilizar los tiempos pasados, en particular el pretérito y el imperfecto. El repaso de la gramática de este capítulo trata los tiempos pasados. Hay actividades para practicar estos tiempos en el **Cuaderno de práctica.***

1. Roberto escribe un informe sobre sus actividades del fin de semana para su clase de español. ¿Cuál es el propósito del profesor de Roberto al leer su informe? ¿Qué querrá saber el profesor sobre su fin de semana? ¿Por qué? ¿Qué preguntas se hará?

2. Roberto escribe una carta sobre su fin de semana; el destinatario (la persona a quien escribe) es un amigo íntimo en los Estados Unidos. ¿Qué querrá saber el amigo de Roberto sobre su fin de semana? ¿Por qué? ¿Qué preguntas se hará?

3. Roberto escribe una carta a American Express en la cual pide una nueva tarjeta. ¿Qué querrá saber American Express sobre su fin de semana? ¿Por qué? ¿Qué preguntas se hará?

EN SU CUADERNO...

explore los recuerdos que Ud. tiene de algo memorable que hizo con un grupo de parientes o amigos: una excursión, una actividad, una ceremonia. ¿Tiene elementos sorprendentes? No se olvide de anotar las ideas que salgan de esta actividad en su tabla de ideas.

Actividad B. El propósito del escritor: Saber qué incluir y qué dejar fuera

Mire la historia representada en la siguiente tira cómica. Trabajando con un compañero / una compañera, analicen las dos historias que Felipe le cuenta a Mafalda acerca de lo que él hizo en el verano. Narren brevemente cada historia. ¿En qué son semejantes y en qué son distintas? ¿Cuál podría ser la razón de estas diferencias?

EN SU CUADERNO...

utilizando algunas de las técnicas indicadas en la Actividad C, vuelva al tema que Ud. ha escogido y elabórelo con más detalles.

Actividad C. El lenguaje y la selección de detalles

Trabajando con dos o tres compañeros, hagan descripciones para dar más sustancia a las siguientes narraciones. Utilicen descripciones de personas, del ambiente que rodea la acción o de los sentimientos de los protagonistas según se indica.

1. Oí sonar el teléfono. Subí a mi cuarto. Prendí la luz. Cerré la ventana. Contesté el teléfono. Sentí que unos ojos me miraban desde el edificio de enfrente.

EN SU CUADERNO...

vuelva al tema que Ud. escogió antes. ¿Cuál es su propósito como escritor: entretener, informar, convencer, persuadir, expresar sentimientos o emociones? ¿Para quién escribe Ud.? ¿Cuál es el propósito del lector? ¿Por qué lee su escrito? ¿Qué busca?

   a. Hagan una descripción del ambiente (hacía frío, calor, viento; llovía, brillaba el sol, etcétera).
   b. Hagan una descripción del estado mental y físico del protagonista.

2. El hombre abrió la puerta. Se dejó caer en el sofá. Levantó el periódico. Leyó por unos segundos. Dejó caer el periódico. Cerró los ojos.
   a. Hagan una descripción física del protagonista.
   b. Hagan una descripción del estado mental y físico del protagonista (venía cansado, deprimido, ansioso; se sentía mal, triste, preocupado, etcétera).

3. Juan es el hermano de Patricia. Los dos llegaron juntos a la fiesta. Pronto se les acercó Francisco, también conocido como El Oso. Patricia quiso quedarse ahí con El Oso, pero Juan la cogió del brazo y se la llevó a casa.
   a. Hagan una descripción física de los personajes.
   b. Hagan una descripción del ambiente.

Estrategias del escritor: Punto de vista y tono

La información descriptiva, junto con los acontecimientos de la narración, le ayudan al lector a comprender el porqué de la historia. Al mismo tiempo, establecen el punto de vista y el tono de la historia, lo cual pone al descubierto los propósitos del narrador.

Punto de vista. Cuando se usa el término **punto de vista,** se habla de la relación del narrador con respecto a lo que narra o describe. En el caso de la descripción, el punto de vista del narrador se refiere generalmente al punto visual desde el cual éste contempla la situación, el lugar o la cosa. Por ejemplo, al describir una casa, su punto de vista puede ser el de un observador que se encuentra directamente enfrente de ella. Sin embargo, la misma casa puede describirse desde otro punto visual: viendo hacia afuera o desde alguno de los pisos de la casa vecina. En este caso, «punto de vista» se refiere a la situación física del narrador en relación con lo que describe.

No obstante, el punto de vista incluye mucho más. No solamente importa en una descripción decidir desde qué perspectiva física se observará un objeto o un lugar, sino que es importante también determinar cuál es la relación del narrador con lo descrito. ¿Lo conoce bien? ¿Lo observa objetivamente? ¿Es algo que le afecta emocionalmente? El punto de vista indica, pues, no sólo la situación física del narrador, sino también su actitud hacia lo que describe.

En la narración, el término **punto de vista** tiene un significado parecido. Aquí se habla, ya no de la relación física que tiene el narrador con lo que describe, sino de su participación or relación con la acción misma. El punto de vista en el género narrativo, entonces, refleja dos aspectos fundamentales: 1) quién es el narrador y 2) cuál es la participación del escritor en la acción.

Como Ud. ya sabe, en general la narración puede escribirse en **primera persona,** o sea, desde la perspectiva de una persona que participa en la acción, o en **tercera persona,** o sea, desde la perspectiva de alguien que sólo cuenta lo que le ha sucedido a otro.

Dentro de estas dos perspectivas generales hay otras posibilidades. La narración en primera persona, por ejemplo, puede contarse desde el punto de vista de un observador que no participa en la acción o puede incluir al narrador como personaje principal.

También existen varias posibilidades al presentar la narración en tercera persona. Por ejemplo, puede contarse un suceso desde un punto de vista omnisciente, o sea, desde una posición en que se conocen los pensamientos y acciones de todos los personajes; o puede narrarse desde un punto de vista limitado dentro del cual el narrador demuestra tener solamente un conocimiento parcial de aquéllos.

Tono. El término **tono** tiene un significado parecido al de la palabra **tono** cuando se habla de **tono de voz.** El tono refleja la actitud emocional que se tiene hacia el tema: uno puede hablar con un tono sarcástico, por ejemplo, o con un tono entusiasta. El tono también varía según la relación que exista entre el que habla y quienes le escuchan: un tono informal es más apropiado para hablar con un amigo que para dirigirse a un desconocido.

Al escribir, el tono se establece por medio del vocabulario que se utiliza (**una mesa pequeña** no es lo mismo que **una mesita**) y también mediante las estructuras gramaticales (el uso de las formas de **tú** para referirse al lector en vez de una presentación impersonal). Como Ud. ya sabe, una misma escena puede describirse en varios tonos, y el tono que se escoge influye en gran parte en la interpretación que el lector dé a lo escrito.

Antes de decidir qué tono ha de emplear, el escritor debe hacerse primero las siguientes preguntas: 1) ¿Cuál es mi actitud hacia lo ocurrido? y 2) ¿A quién se lo cuento?

Actividad A.   Análisis de texto: «El viaje»

Vuelva al texto «El viaje», en las páginas 43–44.

1. ¿Cuál es la perspectiva o el punto de vista de la narradora del cuento? ¿Participa ella en la acción? ¿Es una observadora imparcial? ¿Cómo lo sabe Ud.? ¿Cómo quiere la narradora que el lector reaccione en cuanto al viaje y en cuanto a la familia de ella: de manera positiva o negativa? ¿Qué hay en el texto que lo indica?

2. ¿Cuál es el tono del texto? ¿sarcástico? ¿respetuoso? ¿impersonal? ¿afectuoso? ¿crítico?

Actividad B.   Análisis de texto: «En ruta hacia Chachapoyas»

Es posible escribir una narración sin más, como se ha visto en «La araña», pero es muy frecuente que la narración sea parte de un escrito más largo. En este caso, la narración puede incluirse al estilo de una anécdota que sirve para ilustrar una de las ideas principales del texto. Este sería el propósito de la narración en un texto acerca de un individuo admirado, por ejemplo.

El siguiente artículo fue escrito por una periodista argentina. Léalo con cuidado y luego haga los ejercicios de análisis que lo siguen.

En ruta hacia Chachapoyas

Me sentía fatigada por el largo viaje y aún estaba a mitad de camino. No había aeropuerto en Chachapoyas. El trayecto debía hacerse en tren o en autobús y siempre iban abarrotados de gente. Había comprado un billete de segunda clase para estar más cerca de las gentes que quería entrevistar. Iba a ser un reportaje que reflejara al máximo la realidad de la vida en los Andes. El tren estaba llegando a otra de las muchas estaciones de pueblo por donde pasábamos. Las caras oliváceas de los indígenas se acercaron al tren para abordarlo o para ofrecer sus productos a los viajeros. Un muchacho joven me habló desde el andén.

—¿Un poco de pollo, señora? ¿Quesito fresco?

No me extrañé al oírme llamar señora. Sabía que en estas regiones apartadas la gente no concibe que una mujer joven y soltera viaje sola.

—¿Quesito? ¿Quesito, señora?

Apenas se destacaba su voz entre el ruido en los andenes, los nuevos viajeros que se incorporaban al trayecto y los pitidos del tren. Le sonreí y dije no con la cabeza.

Cerré los ojos y me transporté a mi casa en Buenos Aires. Me sentía en el otro extremo del mundo. ¿Lo estaba? De repente alguien me habló muy cerca.

—¿Hay alguien aquí, señora? ¿Está ocupado el asiento?

La mujer, cargada de canastos y de objetos envueltos en tela trataba de acomodarse junto a mí. Tenía ojos negros y brillantes. Era tal vez de mi edad, de viente a veinticinco años. Y entre sus bolsas y trapos sucios pude distinguir la forma redonda del hijo, que resignado a su suerte, dormía a pesar del bullicio general.

—No, no, está libre, ¿puedo ayudarla?

—Gracias, ya estamos bien...

—¿Va muy lejos?

Sí, señora. Voy pa' Iquitos. Allí vive una hermana y voy a acompañarla porque está enferma. Su marido trabaja en el campo. Tienen cinco hijitos. Yo siempre le dije que no se fuera tan lejos ella sola. Toda la familia vivimos en Arequipa. Y ahora la pobrecita está enferma y sin nadie que la cuide. Yo ya le dije...

El tren seguía serpenteando por las montañas, dejando ver interminables precipicios. Ríos de plata que se perdían en la distancia. Diminutos sembrados de maíz, de papa... Otra vez recordé el viaje en avión desde Buenos Aires a Lima. En el avión no había animales. Allí no se veían niños envueltos en trapos sucios ni este ruido de palabras y llanto, de los rujidos incesantes y ensordecedores del tren hacia su destino. Los pasajeros del jet vivían en otro mundo. Era un mundo de azafatas bien peinadas, cocteles, películas en tecnicolor y compras de lujo. En ese momento sentí verdaderamente y por primera vez la realidad de dos mundos absolutamente aparte que comparten el espacio físico de esta tierra, pero que están separados por eternidades de tiempo. Son los mundos de la existencia infrahumana y del desarrollo, de la ignorancia y del progreso, del pasado y del futuro. Dos experiencias opuestas del concepto de vida, aún hoy, en la década de los ochenta, sin vías de reconciliación.

1. ¿Cuál es el tema de este texto? ¿Qué semejanzas nota Ud. entre el tema de este escrito y el tema de la narración anterior, «El viaje»?

2. ¿Cómo resumiría Ud. en una oración la idea principal del texto? ¿Cuál es el propósito del escrito en su totalidad? ¿Por qué cree Ud. que la periodista ha incluido el cuento dentro del artículo? ¿Para qué sirve el cuento? En su opinión, ¿es una técnica efectiva para llevar a cabo su propósito? ¿Qué otras alternativas tiene la periodista para comunicar la misma idea? ¿Por qué cree Ud. que prefirió usar la narración? ¿Por qué incluye el diálogo? ¿Cambiaría el texto sin diálogo? Explique cómo.

3. ¿Desde qué punto de vista o perspectiva se cuenta la historia? ¿Cómo es el tono del texto? ¿Qué hay en el texto que lo indica?

4. En muchos textos, el tema —y a veces hasta la idea principal— se expresa en el primer párrafo. ¿Para qué sirve el primer párrafo de este texto? ¿Qué información le da al lector? ¿Es importante que esta información se incluya al principio del texto o tiene otras alternativas la escritora? ¿Es posible identificar en el texto una o dos oraciones que contengan la idea principal? ¿Cuáles?

Segunda etapa: La redacción y la revisión de las versiones preliminares

Después de terminar las actividades de prerredacción, Ud. escribirá un borrador de su narración.

Las actividades que se han llevado a cabo en la primera etapa de este capítulo le han dado a Ud. la oportunidad de desarrollar la materia prima para elaborar una narración. En esta segunda parte del capítulo, tendrá la oportunidad de

- crear un plan de redacción para guiar la composición de su escrito
- desarrollar un borrador de su escrito
- experimentar con la técnica de revisión con grupos de consulta
- experimentar con la técnica de una lista de control
- desarrollar un plan de revisión

*Recuerde que hay información acerca de cómo escribir una carta en español en el Apéndice A del **Cuaderno de práctica.***

Tarea

Escriba un texto en forma narrativa que tenga como mínimo unas 150 palabras. Puede ser una simple narración o, si quiere, Ud. puede incorporar el diálogo y otros detalles descriptivos similares al que se usan en el texto «En ruta hacia Chachapoyas». Su historia puede adoptar el formato informal de una historia que le cuenta a un compañero de clase, puede formar parte de una carta o puede ser un reportaje oficial de algún incidente que Ud. haya presenciado.

EL PLAN DE REDACCION: COMO SE ESCRIBE UNA NARRACION

PLAN DE REDACCION: LA NARRACION
1. El tema
2. La idea principal que quiero comunicarle a mi lector
3. Mi propósito como escritor El lector Su propósito al leer Preguntas cuyas respuestas el lector busca en el escrito
4. Los detalles

1. El tema

- Vuelva a examinar sus apuntes de la sección de Enfoque.

- Repase los temas examinados y escoja uno que Ud. recuerde con interés.

- Ahora, complete la primera parte del plan de redacción en su *Cuaderno de práctica.*

2. El propósito y el lector

- Determine por qué Ud. quiere hablar de este tema. ¿Cuál es su propósito?

- ¿Cuál es su actitud hacia el tema? ¿Le da risa? ¿asombro? ¿tristeza? ¿Por qué le parece interesante? ¿Cuál es la reacción que Ud. quiere provocar en su lector? ¿Cuáles son los aspectos del incidente que mejor puedan dar a conocer esta actitud al lector?

- Identifique al lector y el propósito de éste. ¿Por qué va a leer lo que Ud. escribe? ¿Qué información busca? ¿Qué preguntas se va a hacer al respecto?

- Ahora, complete la segunda parte del plan de redacción.

3. Los detalles

- Recuerde y tome apuntes del incidente en su totalidad. Luego, escoja los detalles que mejor se presten para lograr la meta que Ud. ha identificado y elimine aquéllos que no contribuyan a producir el impacto que Ud. busca ni a mantener la narración.

- Determine cómo va a organizar la narración de modo que tenga una presentación, una complicación y una resolución.

- Ahora, complete la tercera parte del plan de redacción.

Refiriéndose a su plan con frecuencia, escriba el borrador de su narración.

Determine qué tono tendrá, es decir, si Ud. va a tratar de crear anticipación o si se propone narrar los sucesos de manera más fría. Determine también la resolución que va a tener su historia y dirija todos los detalles hacia tal resolución.

Recuerde que para esta versión de su narración no debe preocuparse demasiado por cuestiones de la forma, es decir, por el vocabulario y la gramática. Si no sabe o no recuerda una palabra o expresión en español, introduzca un comodín (véase la explicación de esta técnica en la Primera etapa del Capítulo 3) o escríbala en inglés y siga escribiendo.

Trate de incluir en su texto una oración que refleje la impresión que el incidente dejó en Ud. y que Ud. quiere recrear para el lector. Por ejemplo: «No olvidaré jamás el terror que sentí esa noche.»

EL PLAN DE REVISION: ACTIVIDADES CON GRUPOS DE CONSULTA

PLAN DE REVISION: LA NARRACION [*NOMBRE DEL TEXTO*]
1. Comentarios positivos sobre el texto
2. La idea principal del texto   Los lectores quieren saber lo siguiente con respecto a este tema
3. Detalles que necesitan agregarse, reorganizarse o cambiarse
4. Otros cambios que se recomiendan

Leer y analizar. Cada estudiante debe leer los dos textos a continuación y apuntar todas sus notas y respuestas a las preguntas. Se debe contestar la primera pregunta antes de leer cada texto.

Texto A: «Un accidente»

1. Se les ha pedido a los estudiantes de una clase de composición que escriban sobre «una experiencia memorable». Este texto narra un incidente memorable en la vida de una joven —un accidente serio que tuvo en su bicicleta. Identifique tres o cuatro preguntas acerca del tema cuyas respuestas a Ud. le gustaría encontrar en el texto. Después, siga con el análisis.

Texto A: Un accidente

Una tarde iba hacia la universidad en mi nueva bicicleta de diez cambios y tuve un accidente serio. Eran como las seis y media. Estaba preocupada por un trabajo de investigación que hacía en mi clase de biología. Yo venía muy aprisa cuando de repente la rueda de mi bicicleta se metió en un charco. Había llovido el día anterior.

Casi no me acuerdo de lo que pasó en ese momento, porque al caer de la bicicleta me di un golpe en la cabeza. Por suerte mi amigo Martín venía conmigo en su bicicleta. Martín paró y me ayudó. Yo sólo pensaba en mi bicicleta. Quería saber si se había dañado. Llamamos por teléfono a otra amiga mía que llegó y me llevó al hospital en su coche. Allí me atendieron y me di cuenta por fin de que yo había salido mucho más golpeada que mi bicicleta.

Análisis

2. ¿Qué tal acierta el escritor en contestar sus preguntas? ¿Contesta todas?

3. ¿Cuál es la idea principal que el escritor intenta expresar en este borrador?

4. ¿Se relaciona toda la información directamente con la idea principal? Si no, ¿qué parte(s) no viene(n) al caso?

5. ¿Hay partes en las cuales le gustaría a Ud. tener más información (explicación, ejemplos, detalles)?

6. ¿Hay partes en el texto en que de repente Ud. se encuentre «perdido/a»?

7. ¿Captó su interés la introducción de manera que Ud. quisiera seguir leyendo?

8. ¿Qué parte(s) del borrador le gusta(n) más?

Texto B: «El examen»

1. Se les ha pedido a los estudiantes de una clase de composición que escriban sobre «una experiencia memorable». Este texto narra un incidente memorable en la vida de un joven: dormirse durante un examen. Identifique tres o cuatro preguntas acerca del tema cuyas respuestas a Ud. le gustaría encontrar en el texto. Después, siga con el análisis.

Texto B: El examen

Una vez pasé toda la noche estudiando para un examen importante de los que se dan a mediados del semestre. Para un estudiante, estudiar toda la noche no es cosa rara, pero recuerdo esa experiencia vivamente. No solamente por lo que

Análisis

2. ¿Qué tal acierta el escritor en contestar sus preguntas? ¿Contesta todas?

3. ¿Cuál es la idea principal que el escritor intenta expresar en este borrador?

me pasó durante la noche sino también por las consecuencias. A causa de la falta de comunicación con mi compañero de cuarto, no empecé a estudiar hasta las diez de la noche. Luchando con una cafetera que no quería funcionar, una ducha que funcionó demasiado, un gato que quería jugar y amigos que preferían conversar, logré por fin repasar todos mis apuntes y cuadernos. Más tarde esa mañana, cuando el profesor repartió los papeles, creí saber las respuestas a todas las preguntas. Desgraciadamente, por estar tan cansado, me dormí durante el examen —¡sólo pensaba descansar los ojos por unos segundos!— y cuando me desperté, el examen ya no estaba en mi escritorio.

4. ¿Se relaciona toda la información directamente con la idea principal? Si no, ¿qué parte(s) no viene(n) al caso?

5. ¿Hay partes en las cuales le gustaría a Ud. tener más información (explicación, ejemplos, detalles)?

6. ¿Hay partes del texto en que de repente Ud. se encuentre «perdido/a»?

7. ¿Captó su interés la introducción de manera que Ud. quisiera seguir leyendo?

8. ¿Qué parte(s) del borrador le gusta(n) más?

Consultar y recomendar. La clase debe dividirse en grupos de tres o cuatro estudiantes. La mitad de los grupos trabajará con el Texto A y la otra mitad con el Texto B. Los miembros de cada grupo deben compartir su análisis del texto asignado. ¿Hay mucha diferencia de opiniones? Después de llegar a un acuerdo mutuo, cada grupo debe formular un plan de revisión para su texto basándose en sus comentarios. Presenten su plan al resto de la clase y prepárense para justificar sus sugerencias.

TECNICA DE UNA LISTA DE CONTROL

El siguiente proceso de revisión puede aplicarse tanto al escrito de un compañero como a su propia composición. Para utilizar este proceso, Ud. debe examinar el escrito que intenta revisar, contestando cada una de las preguntas de la lista de control.

Basándose en sus respuestas, formule un plan de revisión para el texto.

LISTA DE CONTROL PARA LA NARRACION
☐ ¿Cuál es la meta o el propósito de la narración?
☐ ¿Qué describe específicamente la composición? ¿Cuál es la idea principal del texto?
☐ ¿A quién le escribo? ¿Quién es mi lector y qué quiere saber del tema?
☐ ¿Qué preguntas puede hacerse el lector con respecto al tema de que escribo? ¿Las he contestado todas?
☐ ¿Qué impresión quiero dejar en el lector?

	LISTA DE CONTROL PARA LA NARRACION *(continued)*
☐	¿Hay en la narración una presentación, una complicación y un desenlace?
☐	¿Qué detalles incluí en el texto? ¿Cómo contribuye cada detalle a lograr lo que me propongo?
☐	¿Hay en la composición algún detalle que no contribuya lo suficiente a crear la impresión que quiero dejar?
☐	¿Capta el interés del lector la introducción?
☐	¿Qué detalle escogí para terminar la narración? ¿Por qué lo escogí?
☐	¿Utilicé un vocabulario claro y preciso o utilicé términos generales y abstractos que no captan la esencia de lo que quiero compartir?

Piénsalo...

Como sabes, es importante mantener distintas la revisión del contenido y la revisión de la forma. Hay una lista de control para la revisión de la forma en la próxima página.

Tercera etapa: La revisión de la forma y la preparación de la versión final

Al llegar a esta etapa se supone que el contenido y la organización de un escrito han pasado por una revisión rigurosa y que el escritor está satisfecho con ellos. Ha llegado el momento de poner atención a las cuestiones de la forma. En esta última etapa, Ud. tendrá la oportunidad de

*En el **Cuaderno de práctica** hay actividades para practicar los aspectos gramaticales y el vocabulario presentados en los pasos a continuación.*

- repasar los tiempos pasados en español

- pulir la forma de su escrito, repasando sistemáticamente la gramática, el vocabulario y la ortografía

- redactar una versión final de la tarea para entregar

Esta revisión le será más fácil si la emprende por pasos; en cada paso se enfoca un solo aspecto de la forma. La lista de control a continuación resume las partes que se van a enfocar en esta revisión.

LISTA DE CONTROL: ASPECTOS DE LA FORMA

1. *El uso de **ser** y **estar***

☐ ¿Ha analizado Ud. todo los usos del verbo **ser** que se encuentran en su composición?

☐ ¿Ha analizado todos los usos del verbo **estar**?

2. *El uso del pretérito y del imperfecto*

☐ ¿Ha analizado Ud. todos los usos del pretérito que se encuentran en su composición?

☐ ¿Ha analizado todos los usos del imperfecto de indicativo?

3. *El vocabulario y la expresión*

☐ ¿Ha incluido Ud. vocabulario vivo?

☐ ¿Ha incluido diálogo?

☐ ¿Hay demasiada repetición de las mismas palabras?

4. *La ortografía*

☐ Apunte las palabras dudosas que ha encontrado al revisar su composición.

☐ Apunte los cambios hechos después de consultar un diccionario.

PRIMER PASO   REVISION DE LOS ASPECTOS GRAMATICALES: LOS TIEMPOS PASADOS

Una narración puede escribirse en el tiempo presente o en el pasado. Cuando se escribe en el pasado, los tiempos que se usan con más frecuencia son el pretérito y los tiempos perfectos (el presente perfecto y el pluscuamperfecto) para referirse a acciones terminadas, y el imperfecto simple y el imperfecto progresivo para describir acciones o situaciones que ocurren al ocurrir otras. A continuación se resumen brevemente los usos de mayor frecuencia.

El pretérito y los tiempos perfectos

Estos tres tiempos verbales se refieren a acciones que se completaron en el pasado. El pretérito y el presente perfecto describen acciones que ocurrieron antes de un momento determinado en el presente. El pluscuamperfecto describe una acción que ocurrió antes de un momento en el pasado.

TIEMPO	PUNTO DE REFERENCIA	EJEMPLOS	ANALISIS
PRETERITO	Presente	Ayer **fuimos** al teatro y **vimos** una obra trágica.	*Las dos acciones ocurrieron antes del momento actual.*
PRESENTE PERFECTO	Presente	¿**Ha visto** Ud. esta obra? No **he ido** al teatro recientemente.	*Se habla de acciones que ocurrieron antes del momento actual.*
PLUSCUAM-PERFECTO	Pasado	Ya **habíamos comido** cuando ellos llegaron.	*La acción de llegar ocurrió en el pasado; la acción de comer ocurrió en un momento anterior.*

En la mayoría de los casos, el uso del presente perfecto es igual en español que en inglés: se refiere a una acción que ocurrió antes del momento actual. Como el pretérito también tiene esta función, son frecuentes los casos en que los dos tiempos se sustituyen libremente en ambas lenguas.

¿Ha visto Ud. } esa obra? ¿Has comido } ya?
¿Vio Ud. ¿Comiste

El presente perfecto *no* puede reemplazar al pretérito si la acción se asocia explícitamente con un momento pasado.

En 1941 { fuimos / *hemos ido[2] } a Europa. Me corté / *Me he cortado } el dedo ayer.

Por otro lado, el presente perfecto se usa con mucha frecuencia para indicar que cierta acción anterior tiene alguna importancia o impacto especial en las acciones o las emociones actuales.

¡Qué susto! ¿Por qué **has gritado**? (*El grito tiene un impacto emocional en el presente.*)

Porque me **he cortado** el dedo. (*La acción tiene un impacto actual.*)

¡Levántate! **Ha entrado** el rey. (*Su entrada tiene la importancia especial de motivar la acción actual: levantarse.*)

---

[2]Se emplea el asterisco (*) para señalar una forma defectuosa.

El uso del pretérito y del imperfecto en la narración

Los dos tiempos más comunes en la narración son el pretérito y el imperfecto. En la narración se usan de acuerdo con el siguiente cuadro.

TIEMPO	TIPO DE ACCION
PRETÉRITO	1. Una acción que adelanta la narración 　　**Tocó** la puerta. **Entró. Saludó** a su madre. 2. Una acción limitada en el tiempo 　　**Estudió** toda la noche. 　　**Llamó** mil veces. 3. Un hecho empezado o completado en el pasado (*no* la descripción de una escena) 　　**Cerró** el libro. 　　**Empezó** a llover a las ocho. 　　Se **fue** inmediatamente. 4. Un cambio emocional, físico o mental (*no* la descripción de una condición o un estado) 　　Todos se **alegraron** al oír las noticias. 　　Se **puso** pálido. 　　**Supo** que murió el niño.
IMPERFECTO	1. Una expresión que describe la situación o que pinta el cuadro en el que tiene lugar lo narrado 　　**Era** tarde. **Hacía** mucho frío. 2. Una acción continua interrumpida por otra acción 　　Mientras **cantaba,** llegó mi hermano. 　　**Mirábamos** la televisión cuando sonó el teléfono. 3. Una acción continua o repetida sin límite de tiempo 　　De niña, **trabajaba** en una pequeña tienda. 　　**Ibamos** todos los veranos. 4. La descripción de un estado emocional, físico o mental 　　**Quería** casarme con ella aunque **estaba** gravemente enferma. 　　**Creía** en Dios, pero no **pensaba** en eso. 5. Una acción anticipada desde un punto de vista pasado 　　Al día siguiente **iba** a tener una fiesta. 　　Como **tenía** un examen la próxima semana, no había tiempo para divertirme.

SEGUNDO PASO   REVISION DE LOS ASPECTOS GRAMATICALES YA ESTUDIADOS

Después de revisar los usos de pretérito y del imperfecto, revise los usos de **ser** y **estar.** Si es necesario, repase las reglas incluidas en el capítulo anterior.

TERCER PASO   REVISION DEL VOCABULARIO Y DE LA EXPRESION

Después de revisar la gramática, lea su escrito de nuevo, con ojo crítico particularmente en el vocabulario. En el *Cuaderno de práctica* hay listas de vocabulario útil para hacer una narración. Consúltelas y haga las actividades correspondientes antes de revisar su escrito.

CUARTO PASO   REVISION DE LA ORTOGRAFIA

Después de revisar los aspectos gramaticales y el vocabulario, repase su escrito, buscando los posibles errores de acentuación y de ortografía.

QUINTO PASO   PREPARACION DE LA VERSION FINAL

Escriba una nueva versión de su trabajo ya con las correcciones y los cambios necesarios.

Piénsalo...

Si puedes, pídele a un compañero / una compañera que lea tu texto buscando posibles errores gramaticales o en la expresión. Le puedes facilitar la lectura si le preparas una lista de control, indicando con claridad los puntos de mayor interés.

Capítulo **3**

La exposición (Parte 1)

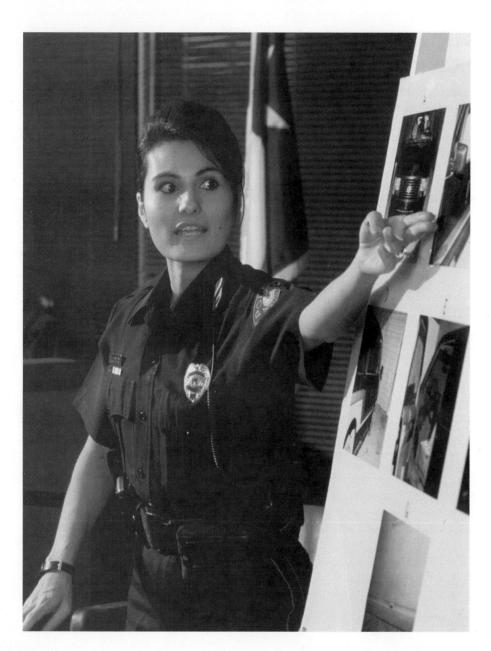

Orientación

LA EXPOSICION (PARTE 1): EL ANALISIS Y LA CLASIFICACION

En la descripción y en la narración, el escritor desea crear una imagen visual o recrear una experiencia personal para el lector. En el contexto académico, sin embargo, la redacción suele tener otros propósitos; por ejemplo: informar, aclarar, explicar, analizar, definir, evaluar, probar, discutir y recomendar. El tipo de redacción que se utiliza para lograr estos propósitos se llama **la exposición.**

La exposición típicamente incluye dos componentes: una **declaración general** (**la tesis**) y **la evidencia específica** para apoyarla.

La computadora en la vida estudiantil

Cada vez más estudiantes universitarios descubren las muchas ventajas de la computadora personal. La mayoría de los estudiantes comienza usando computadoras con un fin específico, como la utilización de un procesador de palabras para la redacción y corrección de tareas escritas. Sin embargo, muchos alumnos descubren que hay programas que permiten trabajos avanzados en áreas tales como diseños gráficos, cálculo y administración de empresas. En realidad casi no hay curso universitario en que no pueda encontrarse alguna aplicación de la computación, y las clases que requieren su uso son cada vez más numerosas.

Pero el estudiante que se familiariza con la computadora personal obtiene, indirectamente, ventajas adicionales. El hecho de trabajar con su propia computadora le sirve al estudiante de entrenamiento para el uso de otros servicios en la universidad, como las búsquedas computarizadas de información y bibliografía. Muchos estudiantes comprueban además que es más fácil encontrar empleo cuando saben utilizar computadoras personales. Finalmente, los hábitos de organización y razonamiento desarrollados al trabajar con una computadora son siempre de gran utilidad.

Como resultado de todos estos factores, nadie duda que la computadora personal tiene un papel importante en la vida estudiantil.

En este texto se trata un **tema** general: las computadoras personales. **La idea principal** (declaración general o tesis) es que las computadoras personales les ofrecen muchas ventajas a los estudiantes universitarios. **El propósito** es informar al lector acerca de estas ventajas, ofreciéndole varios ejemplos concretos.

Al igual que en la narración o en la descripción, el escritor de un texto expositorio puede hablarle a su lector de manera personal e informal, buscando captar su interés con ejemplos divertidos o llamativos. Sin embargo, ya que la exposición es uno de los dos tipos de escritura que se asocian con el contexto académico —el otro es la argumentación, que se estudiará en los Capítulos 5 y 6— lo más típico es que el escritor busque establecer una **perspectiva** objetiva y un **tono** formal.

El texto de la página anterior es un ensayo expositorio que ejemplifica la estructura típica del género: la declaración de la tesis seguida de la evidencia que la apoya. La primera oración declara la tesis. El primer párrafo desarrolla la idea de la importancia de las computadoras con respecto a los cursos académicos; el segundo párrafo describe las otras ventajas de la computadora no relacionadas con tareas académicas determinadas. El último párrafo resume la idea principal con una paráfrasis de la tesis. Este tipo de organización —primero la idea principal y luego ejemplos o datos específicos— es muy común en los textos expositorios.

No obstante, hay varias maneras de organizar la evidencia en un texto expositorio; como se verá en este capítulo, todo depende de cómo se limite y se enfoque el tema, y luego de la manera en que la tesis resuma la información reunida. Por ejemplo, digamos que un estudiante quiere escribir sobre el tema de la Inquisición española. Podría abordar el tema con el propósito de explicar cómo funcionaba esa institución. Para hacerlo, podría utilizar la técnica de **análisis** (la descripción de las partes o los componentes de una entidad) para presentar su información. En este caso haría su enfoque en el personal de la Inquisición, los métodos de ésta y sus procedimientos. Por otra parte, podría parecerle al estudiante más eficaz explicar el funcionamiento de la Inquisición comparándolo con algo que su lector ya conoce. En este caso utilizaría la técnica de **comparación y contraste:** el funcionamiento de la Inquisición española en comparación con el de la Inquisición romana, o el funcionamiento de la Inquisición en comparación con el funcionamiento de la policía secreta de un sistema totalitario.

Pero si al estudiante le interesara no el funcionamiento de la Inquisición sino el efecto que tuvo en la sociedad y la cultura de esa época, para la organización de sus datos podría valerse, entre otras técnicas, de **la clasificación.** La clasificación consiste en enfocar las distintas clases o categorías relacionadas con el tema que se presenta. En este caso, por ejemplo, podría desarrollarse una clasificación del impacto que tuvo la Inquisición en diferentes campos: sociológico, artístico, económico, etcétera. El estudiante también podría examinar el impacto de la Inquisición por medio de **la comparación y el contraste:** por ejemplo, comparar y contrastar el impacto general de la Inquisición española con el de la Inquisición romana, o comparar y contrastar sus efectos verdaderos con los que le han atribuido varios historiadores.

Generar ideas para una exposición sobre la Inquisición puede parecer difícil, ya que el tema es bastante amplio; generar ideas con el objeto de responder a preguntas específicas es mucho más fácil. Por ejemplo, con respecto al tema de la Inquisición, las exposiciones descritas anteriormente responden a preguntas como las siguientes.

- ¿Cómo funcionó la Inquisición?

- ¿Qué impacto tuvo la Inquisición en la sociedad y cultura de su época?

- ¿Cuáles fueron las semejanzas entre la Inquisición española y la Inquisición romana? ¿Cuáles fueron las diferencias?

- ¿Fue tan negativo el impacto de la Inquisición española como lo han presentado a través de la historia?

La exposición, entonces, puede conceptualizarse como la respuesta a una pregunta específica. Tomemos esta vez como ejemplo el tema del *«political correctness»*. Para enfocar el tema y generar ideas, conviene hacer preguntas específicas como las que siguen.

- ¿Qué significa «political correctness»?

- ¿A qué tipos o clases de comportamiento o de pensamiento se refiere?

- ¿Quiénes son los individuos o grupos que más se asocian con el «political correctness»?

- ¿Cuál es el origen del término y del concepto?

- ¿En qué contextos actuales tiene mayor impacto?

- ¿Qué dio origen al concepto de «political correctness»? ¿A qué causa o circunstancia responde?

- ¿Cuáles son las consecuencias de tal concepto?

- ¿En qué es semejante a «los buenos modales»? ¿a la censura? ¿En qué es diferente?

Para poder responder a cada una de las preguntas anteriores, sería necesario que la explicación o presentación enfocara un aspecto diferente en cada caso.

Escribir una exposición, entonces, es conceptualizar un tema de manera que lo escrito logre contestar una pregunta específica. El secreto de escribir una buena exposición reside en escoger un buen tema, saber limitarlo y luego enfocar una pregunta determinada. Veamos en detalle cada uno de estos pasos.

Escoger

El primer paso es escoger un tema global o general: una amplia categoría temática que sea de interés personal. La descripción y la narración implican temas concretos, puesto que pintar un cuadro y recontar un incidente generalmente enfocan lo que se puede ver, oír o tocar. Por otro lado, el tema de una exposición puede ser concreto, pero lo más común es que sea abstracto: una idea o concepto que Ud. va a examinar y explicarle a su lector.

Piénsalo...

Un tema general te ofrece muchas posibilidades de cómo vas a explorar y desarrollar ese tema. Pero si es demasiado genérico, acabarás escribiendo un libro, no un ensayo. Elige algo que te interese (siempre es más fácil escribir sobre algo que encuentras personalmente interesante), un tema sobre el que ya sepas algo o tengas interés en aprender. De este modo, tendrás o la información necesaria para explicarle el tema a tu lector o la motivación para investigar el tema más profundamente.

Limitar

El segundo paso requiere que se limite el tema escogido. Obviamente, si se desea escribir una exposición de unas doscientas cincuenta palabras y se ha escogido un tema muy amplio, ocurrirá una de dos cosas: o la exposición resultará demasiado general y vaga, o el escritor sobrepasará el límite de palabras impuesto.

Limitar un tema global o general consiste en dividirlo en partes, seleccionar una de ellas y limitar más aun la parte seleccionada. Al limitar un tema, primero se piensa en las posibles subdivisiones del mismo y se sigue subdividiendo hasta dar con un tema que parezca encajar entre los límites fijados para la exposición. El cuadro que se incluye en la próxima página ilustra cómo se puede dividir un tema general en aspectos cada vez más limitados y, finalmente, cómo se enfoca un aspecto específico mediante preguntas.

Enfocar

Se enfoca el tema limitado haciendo preguntas específicas para lograr encontrar un aspecto reducido del mismo. Las preguntas sirven para subdividir el tema limitado más todavía. Como paso final, se selecciona una sola pregunta, cuya respuesta dé como resultado una exposición de la extensión deseada. Note que en el cuadro de la próxima página varias de las subdivisiones del tema global «el alcohol» pudieron haberse usado como temas de una exposición de gran extensión.

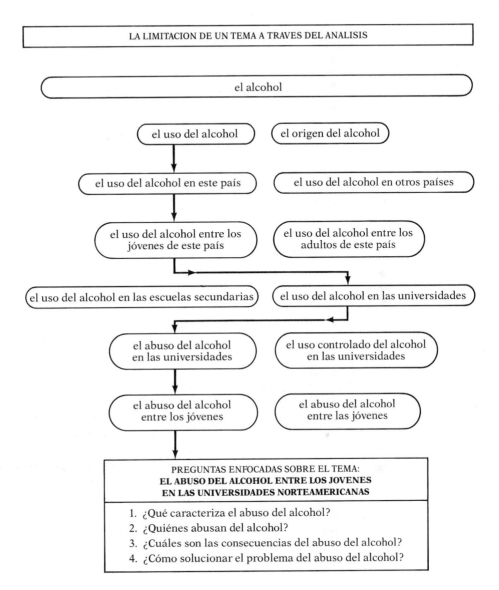

LA LIMITACION DE UN TEMA A TRAVES DEL ANALISIS

el alcohol

el uso del alcohol

el origen del alcohol

el uso del alcohol en este país

el uso del alcohol en otros países

el uso del alcohol entre los jóvenes de este país

el uso del alcohol entre los adultos de este país

el uso del alcohol en las escuelas secundarias

el uso del alcohol en las universidades

el abuso del alcohol en las universidades

el uso controlado del alcohol en las universidades

el abuso del alcohol entre los jóvenes

el abuso del alcohol entre las jóvenes

PREGUNTAS ENFOCADAS SOBRE EL TEMA:
**EL ABUSO DEL ALCOHOL ENTRE LOS JOVENES
EN LAS UNIVERSIDADES NORTEAMERICANAS**

1. ¿Qué caracteriza el abuso del alcohol?
2. ¿Quiénes abusan del alcohol?
3. ¿Cuáles son las consecuencias del abuso del alcohol?
4. ¿Cómo solucionar el problema del abuso del alcohol?

Para enfocar un tema, importa saber hacer preguntas que abarquen los diferentes aspectos del mismo. En los capítulos anteriores Ud. utilizó una serie de preguntas para enfocar la descripción (páginas 8–9) y la narración (página 45). El cuadro que aparece a continuación contiene ejemplos de algunas preguntas de enfoque que pueden utilizarse para captar aspectos de varios tipos de temas que se prestan a la exposición.

PREGUNTAS DE ENFOQUE	TIPO DE TEMA
• ¿Qué es? ¿Cómo se define? • ¿Cómo es? • ¿Para qué sirve? • ¿Dónde se encuentra? • ¿Cuál es su origen? • ¿Qué importancia/impacto tiene? • ¿Cómo se hace?	cosa
• ¿Qué significa? ¿Cuál es su propósito? • ¿Cómo se define? • ¿Por qué es importante/interesante/problemático? • ¿Quiénes comparten/rechazan esta idea? • ¿Qué evidencia apoya/contradice la idea? • ¿Qué ejemplos hay de esta idea? • ¿Qué ideas son semejantes/diferentes a X? • ¿Cuáles son las causas / los efectos de X?	idea

Piénsalo...

Durante el proceso de enfocar un tema, es importante no ser demasiado estricto al juzgar el valor o utilidad de las preguntas de enfoque que te vienen a la mente. Esta actitud puede crear obstáculos mentales que impedirán una exploración cabal del tema. Conviene mejor anotar todas las ideas y asociaciones que te vengan a la mente; luego habrá tiempo para evaluar la lista y eliminar las ideas que no sean útiles. El proceso de hacer una lluvia de ideas o generar ideas se caracteriza por esta simple regla: primero pensar, luego repasar y revisar.

La elaboración de la tesis

Después de haber limitado el tema y enfocado un aspecto específico del mismo, se empiezan las investigaciones y la recolección y examen de los datos. Según lo que revelen estos pasos, se elabora la tesis del ensayo. Generalmente la tesis se escribe como respuesta a una pregunta de enfoque. Por ejemplo, volviendo al texto sobre las computadoras, el escritor habrá empezado con un tema general («las computadores personales»). Luego, lo limitó hasta enfocar sobre los usos de las computadoras entre los estudiantes universitarios. Ahora planteará una pregunta específica —«¿Cuál es el valor de la computadora personal desde la perspectiva del estudiante?»— para guiar su investigación del tema. Según lo que revelen los datos reunidos, su tesis podría tomar una de las siguientes formas.

1. Las computadoras le ofrecen muchas ventajas al estudiante.

2. Las computadoras tienen tantos usos con fines sociales como académicos entre los estudiantes.

3. Hasta ahora las computadoras han afectado muy poco la vida del estudiante típico.

A veces el escritor obtiene la información necesaria para contestar la pregunta de enfoque por medio de varios tipos de investigación, como se puede ver en el ejemplo anterior. En otros casos, el escritor puede recurrir al mismo proceso de la generación de ideas para encontrar algunas que se relacionen con su tesis. Y, al igual que antes, importa controlar la tendencia a ser demasiado estricto durante este proceso: primero pensar, luego repasar y revisar.

Piénsalo...

Algunos escritores prefieren organizar los datos mediante un bosquejo (*outline*) formal, que luego les sirve de guía mientras escriben. Otros empiezan con un plan más esquemático y siguen explorando el tema mientras escriben. En ambos casos, son muy pocos los escritores, incluyendo a los profesionales, cuyos borradores resultan ser idénticos a la versión final. En la gran mayoría de los casos, hay muchos cambios entre la primera y la última versión de una exposición. El proceso de escribir —es decir, de poner por escrito los pensamientos— le ayuda al escritor a descubrir qué es lo que intenta establecer y qué quiere comunicar al respecto.

Según la información y las ideas que ha reunido, el escritor selecciona y organiza los datos para desarrollar su tesis para que, en la versión final de la exposición, se incluyan sólo aquellos detalles que contribuyan a sostener la idea principal.

La exposición con base en el análisis y la clasificación

Como se ha indicado antes, los ensayos expositorios siempre tienen dos partes: la tesis y la evidencia que la apoya. Las preguntas de enfoque representan distintas maneras de dirigir la investigación acerca de un tema; la información que uno busca depende de estas preguntas. Del mismo modo, las preguntas de enfoque pueden sugerir maneras de organizar y presentar la información reunida.

Dos técnicas que se usan con frecuencia en la exposición son el análisis y la clasificación. La exposición analítica, o sea el análisis, tiene como propósito el exponer o presentar un tema por medio del estudio de cada una de sus partes. Por ejemplo, una exposición analítica sobre las flores hablaría de las partes de la flor, es decir, de la raíz, del tallo y de los pétalos. Una exposición analítica sobre la novela hablaría de los personajes, del argumento, del escenario y de los demás elementos que la componen. Analizar significa «distinguir y separar las partes de un todo hasta llegar a conocer sus principios o elementos». Una exposición que utiliza la técnica del análisis, entonces, es la presentación de un objeto, institución, proceso, etcétera, con atención a sus aspectos constitutivos. La exposición que utiliza el análisis contesta la pregunta: «¿De qué partes o elementos se compone la entidad que se presenta?»

En contraste, la clasificación contesta la pregunta: «¿Qué clases existen y cómo se relacionan?» Clasificar es, en su sentido más básico, ordenar o agrupar conceptos o entidades para lograr identificar las características que unen o separan los diferentes grupos. Una exposición sobre las flores, por ejemplo, que tuviera como propósito clasificarlas, hablaría de los diferentes tipos de flores utilizando algún criterio específico para dividirlas en clases. Una exposición clasificatoria sobre la novela latinoamericana quizás presentaría las características de la novela romántica, de la novela realista, de la novela modernista, etcétera.

En resumen, el análisis empieza con *una* entidad y la divide en varias partes según ciertos criterios; en cambio, la clasificación parte de *muchas* entidades y acaba por agruparlas según algún orden específico. El análisis de un poema, por ejemplo, podría hablar del tema, la rima, las imágenes y las metáforas del mismo, mientras que la clasificación de un poema hablaría de poemas épicos, líricos, narrativos, etcétera, y explicaría qué características del poema permiten situarlo dentro de una clase en particular.

Ejecutivos del 2000

Las aspiraciones y las preocupaciones de los jóvenes profesionales han cambiado a lo largo de los años. En estos momentos, a un paso del siglo XXI, lo más importante para ellos ya no es el dinero, el poder o el *status*. En su lugar prefieren la satisfacción en el trabajo, el contacto con la naturaleza y a el acercamiento a todo tipo de actividades culturales. En definitiva, apuestan por la calidad de vida.

Esta es una de las principales conclusiones que se desprenden de un estudio internacional realizado por Sigma Dos en 1996 sobre una muestra de 3.000 profesionales entre 18 y 45 años (de ellos, 525 españoles). En él se aportan datos sobre sus inquietudes, sus sueños, sus preocupaciones sociales y sus prioridades laborales y personales.

Las claves del éxito

Entre los factores más importantes para alcanzar el éxito profesional, los españoles encuestados consideran que el trabajo en equipo, la iniciativa y la inteligencia son determinantes.

—Trabajar en equipo es fundamental, ya que una persona sola no puede conseguir lo que quiere. Yo tengo un equipo que me ayuda mucho. Sin él no tendría nada que hacer —dice Daniel González, jefe de operaciones del almacén central textil de Continente.

Según este informe, casi un tercio de los jóvenes profesionales españoles anteponen la satisfacción laboral a ganar más dinero o al desarrollo de su carrera profesional. Estos datos representan un giro significativo respecto a las prioridades laborales de los años 80, cuando los ejecutivos basaban su éxito profesional y personal en el dinero, el poder y el *status*. «Yo lo que quiero es trabajar a gusto y que valoren mi esfuerzo —cuenta Laura Iglesias, ayudante de dirección en la empresa de obras y finanzas Ayosa—. No compensa en absoluto ganar mucho dinero si no estás satisfecho con tu trabajo».

En cuanto al resto del mundo, los japoneses confiesan que su arma más preciada para conseguir el éxito es el carisma, los alemanes eligen la confianza en uno mismo y los tailandeses creen que lo más importante es el entusiasmo. Los más originales son los italianos, que aseguran que la corrupción es el factor clave para triunfar profesionalmente.

Otra de las aspiraciones de los nuevos profesionales es llegar a crear y dirigir su propia empresa. El deseo de mandar antes de que les manden es muy grande, sobre todo entre los más jóvenes. El motivo de esta decisión suele ser la autonomía personal, ya que a la hora de tener su propio negocio, lo más atractivo es ser su propio jefe, más que llegar a ganar mucho dinero.

Nuria Ruiz de Alegría, con sólo 30 años tiene ya su propia agencia de publicidad. Dice que «siempre quise crear mi empresa. Es bueno trabajar para uno mismo y en lo que a uno le gusta». Miguel Garrido también ha creado ya dos empresas: «Una de mis ilusiones era crear algo, sacar adelante un proyecto y dar empleo a la gente».

Una de las cuestiones que pueden sorprender es que, a pesar de que los profesionales españoles son muy trabajadores, no son dados a utilizar las nuevas tecnologías. Según esta encuesta, patrocinada por Chivas Regal, el 71 por ciento de los jóvenes afirma que apenas utilizan las nuevas tecnologías en el trabajo. Eso sí, el teléfono móvil es el único instrumento que se ha introducido masivamente en la vida laboral española, desbancando a Internet e incluso al propio ordenador.

Según Miguel Garrido, el teléfono móvil ha resultado ser una liberación para el joven empresario «porque te permite estar físicamente en sitios diferentes y realizar cosas antes inimaginables».

Pero también los hay quienes piensan que, a pesar de ser toda una revolución, el móvil no es imprescindible: «Yo no utilizo prácticamente el móvil —comenta Juan Pablo Lázaro, director general de ASM e Infologística y Premio Joven Empresario 1996—. Si yo tengo que marcharme de la empresa, no ocurre absolutamenta nada porque el que todo marche bien no depende sólo de mí. Hay un gran equipo que trabaja para que todo vaya bien».

Culto a la felicidad

El ejercicio físico es una de las opciones elegidas mayoritariamente por los nuevos ejecutivos para eliminar el estrés y mantenerse en forma. Ya en los años 80, comenzaba una fiebre llamada «culto al cuerpo» que ahora, casi 20 años después, está produciendo sus frutos. Cada vez son más españoles que dedican su tiempo libre al deporte, y a ser posible al aire libre, en contacto con la naturaleza. Hay una preocupación general por la salud. El trabajo ya no lo es todo en la vida.

«Hago mucho deporte, sobre todo correr, montar a caballo y esquiar porque me gusta mucho el campo, estar al aire libre —dice Juan Pablo Lázaro—. Es importante vivir experiencias nuevas fuera de casa y del trabajo. Hay muchas cosas hermosas de las que disfrutar y que además no cuestan dinero».

Otra de las preferencias del nuevo ejecutivo a la hora de eliminar tensiones es quedarse tranquilamente en casa, sobre todo los más jóvenes, que son los que más horas dedican a ver la televisión. Salir con los amigos es también una buena forma de desconectar del trabajo. A esta opción se apuntan sobre todo los profesionales británicos, que fieles a su imagen tradicional, afirman invertir su tiempo libre en el pub.

Y a la hora de gastarse el dinero, los jóvenes tienen como prioridad coger las maletas y viajar a lugares exóticos. También les gusta dedicar su salario a comprar ropa de calidad y a cenar en buenos restaurantes. El problema es que el dinero suele irse en otras cosas, como la casa, la familia y los amigos, dejando en un segundo plano los viajes, la ropa y el coche. Para los jóvenes españoles la familia y los amigos son muy importantes.

Una mirada al futuro

Cuando se pregunta a los nuevos profesionales sobre el futuro laboral y social, la mayoría se muestran optimistas, aunque también reconocen que la época actual sigue dominada por la inseguridad, el egoísmo y el culto a la imagen.

Mirando más allá, los jóvenes opinan que en un futuro se producirá un cambio en el entorno laboral, caracterizado por el desarrollo de tareas del trabajo en el hogar en sustitución de la oficina.

Según Miguel Garrido, «el futuro laboral cambiará mucho la próxima década. Las nuevas fórmulas que permiten trabajar desde casa estarán en alza y se trabajará, más que para un sola empresa, para varias».

La encuesta muestra que los expañoles somos los que más esperamos el traslado desde la oficina hasta el hogar, aunque coincidimos con el resto de los países en señalar como tendencia del futuro la inseguridad laboral.

Pero no sólo preocupa a los ejecutivos españoles el futuro laboral. Existen problemas sociales a los que no son ajenos. La pobreza y el hambre, seguidos por la guerra y la violencia en la sociedad, son los temas que más afectan, aunque a los más jóvenes les preocupa también la polución y esperan para la próxima década un mayor respeto por el medio ambiente.

En definitiva, los nuevos ejecutivos han decidido terminar con el modelo de vida imperante durante muchos años, en el cual el trabajo y el dinero eran la base del éxito profesional. Ahora los jóvenes entran en el año 2000 con pie firme buscando la calidad de vida, la ampliación de horizontes y el desarrollo personal. Es un buen comienzo.

┌─ *Piénsalo...* ──┐

El análisis y la clasificación son dos formas diferentes de considerar un mismo tema. El análisis observa el tema de «los jóvenes ejecutivos» y pregunta: «¿Cuáles son los tipos de características que toda esta gente comparte?» La clasificación observa el tema y pregunta: «¿Qué clases de jóvenes ejecutivos hay? ¿Tienen algunos ciertas características mientras que otros tienen otras características y una tercera clase tiene un tercer tipo de características?»

En el repaso de la gramática de este capítulo se comentan las varias formas de la construcción pasiva en español; hay más información y actividades para practicar estas construcciones en el **Cuaderno de práctica.**

EN SU CUADERNO...

repase los tipos de redacción con los que tiene experiencia: cartas, ensayos, apuntes y observaciones informales, poemas o cuentos, evaluaciones de sus clases o de sus profesores. ¿Qué tipo de redacción hace Ud. con más frecuencia? ¿con menos frecuencia? ¿Qué tipo le gusta más? ¿Por qué?

El tema del texto anterior son las cualidades que encarna el «nuevo ejecutivo español». La tesis es que el nuevo ejecutivo, a diferencia de los ejecutivos de hace varios años, se caracteriza más por cualidades que ponen la calidad de vida sobre el dinero, el poder y el *status*. El propósito es informar al lector de las principales conclusiones de un estudio reciente sobre el tema, resumiendo los datos importantes del estudio. Al igual que todo texto expositorio, la estructura de éste incluye dos partes: la declaración de la tesis (en el primer párrafo) y la evidencia que la apoya (siguiendo la declaración).

Este texto se organiza según la técnica del análisis. Es decir, la autora empieza con un tema general —las aspiraciones y preocupaciones que caracterizan a los jóvenes ejecutivos— y después divide estas características en grupos específicos para explicarlos uno por uno.

Aunque en el texto sobre los jóvenes ejecutivos se encuentra alguna frase en la primera persona del plural («los españoles somos»), la escritora desarrolla su tema no como quien expresa una opinión o una experiencia personal, sino como quien presenta información objetiva, basada en hechos. En este texto se pueden encontrar tres técnicas que ayudan a establecer el tono formal y objetivo. Primero, hablar en tercera persona en vez de primera persona: «los españoles anteponen... », «el joven profesional no desea... », «los jóvenes se muestran optimistas... ». Segundo, reportar la información acompañada de números y porcentajes: «un tercio de los jóvenes... », «el 71 por ciento de los jóvenes... ». Tercero, recurrir a construcciones pasivas o impersonales. O sea que en vez de escribir «yo pienso que... » o «en mi opinión... », la autora observa que «las conclusiones se desprenden de» un estudio y que en el estudio «se aportan datos».

Tarea

En este capítulo, Ud. va a redactar un ensayo expositorio sobre un tema que sea de interés para Ud. La evidencia que incluya para apoyar la tesis de su exposición debe organizarse según la técnica del análisis o de la clasificación.

Piénsalo...

Escribir es difícil cuando uno tiene que escribir algo y no tiene nada que decir. Pero igualmente difícil puede ser tener que escribir algo y tener demasiadas cosas que decir. ¿Por dónde empezar? ¿Cómo enfocar el tema? ¿Cómo organizar la información? En este capítulo vas a aprender varias técnicas que te ayudarán a resolver dilemas como éstos.

Primera etapa: Antes de redactar

 En esta primera parte del capítulo, Ud. tendrá la oportunidad de

- explorar ideas relacionadas con varios temas que se prestan a la exposición

- experimentar con varias técnicas de organización para luego determinar cómo va a presentar la tesis y la evidencia que la apoya

- experimentar con varias técnicas de prerredacción para eligir el tema y la técnica de organización

- definir el propósito de su escrito

- identificar las necesidades del lector a quien Ud. escribe

LA GENERACION Y RECOLECCION DE IDEAS

Para escribir un ensayo expositorio —no importa si se organiza como un análisis o como una clasificación— el escritor tiene que escoger un tema, limitarlo y luego enfocarlo. Cada uno de estos pasos le ofrece oportunidades para generar y explorar ideas.

Actividad A.   La lluvia de ideas

Cada uno de los temas de la tabla a continuación puede examinarse desde la perspectiva de la clasificación o del análisis. Trabajando con dos o tres compañeros de clase, escojan un tema de cada grupo (A, B o C). Hagan dos lluvias de ideas para cada tema escogido, para crear preguntas de enfoque: hagan una de las lluvias de ideas desde la perspectiva del análisis y la otra desde la perspectiva de la clasificación. Cuatro o cinco minutos después, pasen al tema del grupo B. Repitan el ejercicio: escojan un tema y hagan dos lluvias de ideas para crear preguntas de enfoque: una desde la perspectiva del análisis y la otra desde la perspectiva de la clasificación. Después de cuatro o cinco minutos, pasen al grupo C y repitan el ejercicio una vez más. Una persona de cada grupo debe servir de secretario/a para apuntar las preguntas sugeridas.

	TEMAS (MEMORABLES, TERRIBLES, DIVERTIDOS, PERFECTOS,...)	ANALISIS: LAS CARACTERISTICAS DE...	CLASIFICACION: LAS DISTINTAS CLASES DE...
A	*Las experiencias* • el amor • la amistad • un empleo • la universidad • una fiesta		
B	*Los fenómenos* • la música • las dependencias • la comunicación • la tecnología • una historia		
C	*La gente* • los maestros / los profesores • los actores / los músicos • los atletas • los líderes / los héroes • los animales domésticos		

Resuman los resultados de su trabajo en la tabla de ideas que está en su *Cuaderno de práctica.* Escriban los tres temas generales que escogieron; identifiquen para cada tema dos preguntas de enfoque que les parecen posibles puntos de partida para un ensayo expositorio.

TABLA DE IDEAS		
Tema general	*Pregunta #1*	*Pregunta #2*

Piénsalo...

Al trabajar en las actividades de este capítulo, cuando se te ocurran ideas que podrían servir de tema para una composición, agrégalas a tu tabla de ideas en el ***Cuaderno de práctica.***

Actividad B. La redacción libre

1. Escoja uno de los temas que ha apuntado en su tabla de ideas y una de las preguntas de enfoque indicadas en la tabla para este tema.

2. En su ***Cuaderno,*** escriba sobre el tema escogido por cinco minutos sin parar.

3. Examine lo que acaba de escribir. ¿Cuál parece ser la idea principal de sus observaciones? Resuma en una oración la idea principal.

4. Agregue esta idea a la tabla de ideas en su ***Cuaderno de práctica***.

Piénsalo...

Uno de los propósitos de la redacción libre es desarrollar la facilidad de expresión al igual que la autoconfianza. Como te lo he dicho antes en este texto, te repito que no te preocupes por los errores de la forma, que no te apresures a revisar lo que escribes, que no dudes de tus capacidades como escritor... Muchos «no», ¿verdad? A continuación te hago algunas sugerencias más constructivas, cosas que sí puedes hacer para ayudarte a comunicarte por escrito aun —o quizás especialmente— cuando confrontas ciertas dificultades.

Primero, recuerda que tanto los escritores con mucha experiencia como los principiantes pueden encontrar dificultades al tratar de comunicar sus ideas por escrito. Lo que suele distinguir a los unos de los otros es la manera en que manejan estas dificultades. Las investigaciones sobre el proceso de la redacción indican que los escritores inexpertos utilizan estrategias ineficientes e incluso contraproducentes para escribir, las cuales en efecto intensifican sus problemas. Por ejemplo, los escritores con poca experiencia tienden a abordar la tarea de escribir con una actitud perfeccionista; insisten en «hacerlo bien de una vez». Estos escritores muchas veces pasan tanto tiempo tratando de encontrar la palabra precisa, redactando y volviendo a redactar cada oración, que terminan abandonándolo todo. Para los que escriben en una lengua extranjera, la sensación de que no saben suficientemente bien el idioma o de que carecen del vocabulario adecuado para escribir bien puede ser muy intensa. No obstante, *el preocuparse por la corrección gramatical, por cosas como si se usa o no la palabra exacta, es de poca utilidad en las primeras etapas del proceso de redacción.* De hecho, cuando los escritores se concentran demasiado en la forma de lo escrito, con frecuencia pierden el hilo de lo que realmente quieren decir.

Estas son algunas estrategias que pueden ayudarte a manejar las dificultades que se te presenten al intentar expresar lo que piensas.

1. ***La redacción de un texto bilingüe.*** Si mientras estás escribiendo no encuentras la palabra o expresión en español que quieres, es preferible utilizar el inglés en vez de detenerte a buscar la palabra en un diccionario. Lo más importante es dejar fluir las ideas. Siempre es posible corregir y cambiar una palabra inglesa al terminar de escribir, pero no es tan fácil volver a captar una idea que se te ha escapado de la mente mientras buscas el diccionario.

2. ***El uso de los comodines.*** Cuando estás escribiendo y la palabra *exacta* se te escapa, conviene utilizar un «comodín». Un comodín, en la redacción, es una palabra que no encaja perfectamente o que no expresa precisamente lo que se quiere, pero que por el momento puede servir de relleno. A veces un comodín puede ser una sola palabra («cosa»), pero también puede ser una frase que te recuerde incluir algo que falta, por ejemplo, «aquí necesito un ejemplo específico». El comodín llena el vacío en la oración o en el párrafo y te permite seguir escribiendo sin interrumpir el curso de tus ideas. Y, claro está, la redacción se puede pulir más tarde.

3. ***La redacción de las ideas en el orden en que se te ocurren.*** Cuando no se te ocurre una introducción satisfactoria para tu escrito y sin embargo tienes varias ideas para el párrafo siguiente, conviene que empieces allí en vez de esperar a que te llegue la inspiración para el encabezamiento. Si mientras trabajas en la conclusión se te ocurren ideas para una introducción de gran impacto, conviene anotar estas ideas cuanto antes, quizás solamente como notas en el margen, y luego continuar escribiendo. No debes descartar una buena idea sólo porque no es oportuna.

Actividad C.   La lectura

El texto a continuación explora el fenómeno de las dependencias. Como toda exposición, pretende contestar una pregunta determinada al respecto. ¿Puede Ud. identificar cuál es esa pregunta?

Usted puede ser un adicto... aunque no tome drogas

«*L*o confieso. He sido una adicta a la comida. Recuerdo que vaciaba el frigorífico en un abrir y cerrar de ojos. Cuando notaba que no podía comer más me entraba una angustia terrible. Iba al lavabo, me metía los dedos en la garganta, devolvía y empezaba a comer de nuevo. A los 36 años toqué fondo y acudí a una terapia de grupo. Ahora estoy completamente recuperada.» La actriz Jane Fonda describió así los síntomas de una enfermedad que padeció durante 23 años: la bulimia. Quien la sufre no puede parar de ingerir alimentos, si lo hace entra en un estado de ansiedad que sólo se aplaca al abrir de nuevo la nevera. Cuando su estómago está a punto de explotar, el enfermo vomita y continúa comiendo.

Pero, ¿puede algo tan inofensivo como unos calamares en su tinta o la tortilla de patatas crear adicción? ¿O es una maquinación de psicólogos modernos con ganas de dar el golpe proponiendo nuevas y extravagantes teorías? Los expertos aseguran que no sólo la comida, también el juego, el trabajo, las compras, el sexo, etcétera son capaces de enganchar a algunas personas como los estupefacientes atrapan a los toxicómanos. Como éstos, aquellas personas padecen síndrome de abstinencia y entran en un círculo vicioso del que creen imposible escapar.

Joaquín vivió ese infierno. Durante nueve años fue cliente asiduo del Casino de Madrid: «Lo mío era la ruleta. No podía dejarla. Me daba igual ganar o perder, lo importante era apostar. Con el tiempo la adicción fue creciendo. La tenía metida en la sangre. Todos los primeros de mes, cuando me ingresaban la nómina, corría al casino a gastarme el sueldo. Me endeudé hasta las cejas y los problemas familiares que tenía eran tremendos. Hice sufrir a mucha gente. Ahora que llevo dos años sin jugar me doy cuenta de lo bajo que llegué a caer».

Joaquín pertenece a ese afortunado 30 por ciento de ludópatas que ha conseguido superar su adicción. Ahora colabora con la asociación madrileña Amagger, donde ayuda desinteresadamente a otros jugadores a luchar contra la ludopatía. Allí acuden los enfermos, normalmente acompañados por sus familiares, y cuentan sus problemas en una terapia de grupo. «Lo importante es que el jugador se dé cuenta de que hay otras personas en su situación, que se desahogue y se sienta comprendido», comenta Joaquín. Sin embargo, aunque estos adictos consigan superar su dependencia, están condenados a vivir apartados del juego. Joaquín, por ejemplo, está completamente recuperado pero, cuando se le pregunta qué es lo que más le gusta hacer en la vida, dice tajante: «Jugar. No lo hago porque sé que me destruye, pero daría cualquier cosa por volver a un casino.»

En 1991 los españoles nos gastamos en lotería, casinos, bingos y máquinas tragaperras la friolera de tres billones de pesetas, una cantidad similar al presupuesto del Ministerio de Sanidad. Los expertos calculan que en nuestro país un millón de personas juega de forma regular, aunque no se sabe cuántos de ellos están realmente enfermos. La Asociación Americana de Psiquiatría reconoce que la ludopatía es un trastorno de tipo adictivo, como el alcoholismo. Y, al igual que muchos bebedores habituales no acaban esclavos de la botella, tampoco todos los que acuden al casino, compran la bonoloto o echan unas monedas en una de las 260.000 tragaperras que hay repartidas por España terminan convirtiéndose en ludópatas.

Pero no sólo el juego, son muchas las actividades que crean adicción. Ya el médico suizo Teofrasto Paracelso afirmó en la Edad Media: «Todos los comportamientos pueden convertirse en una droga». En 1936 el médico vienés Erns Gabriel, en su obra *Nueve tipos de dependencia*, señaló que la cleptomanía y la piromanía eran impulsos patológicos incontrolables. También la ludopatía era conocida por la medicina, y en los últimos años han surgido otras nuevas, como la adicción a los videojuegos o las compras.

Sin embargo, aunque los expertos reconocen la existencia de estas dependencias, no acaban de ponerse de acuerdo sobre por qué algunas personas se enganchan al juego, al sexo o a cualquier otro tipo de actividad. Para los médicos, esta clase de comportamientos compulsivos es producto de una neurosis; los psicoanalistas, en cambio, buscan la causa en la infancia del paciente, y los psicólogos hablan de falta de autocontrol. El psiquiatra Juan Antonio Vallejo Nágera afirmaba que estos enfermos son personas incapaces de dominar sus impulsos. Opinión que comparte la psicóloga Carmen Serrat Cuenca, directora del departamento de Clínica de Grupo Luria. Para ella, los ludópatas, pirómanos o cleptómanos no tienen capacidad de autocontrol: «El ser humano necesita alcanzar un nivel de satisfacción en la vida. Normalmente, éste se obtiene repartido en diversas actividades: el trabajo, el sexo, la comida... Sin embargo, cuando la persona se siente frustrada en alguna o muchas de estas facetas, entonces centra toda su atención en una sola. También fomenta este tipo de comportamientos adictivos la sociedad actual, que prima el éxito y el dinero rápido. Así ocurre, sobre todo, en el caso de los adictos al trabajo».

Juan, un abogado de 51 años, lleva dos meses acudiendo a un psicólogo. «Durante años he trabajado más de 15 horas diarias sin descanso. Los fines de semana me llevaba documentos a casa para estudiarlos y, hasta cuando estaba de vacaciones, me pasaba todo el día pegado al teléfono dando instrucciones a mis colaboradores. Hace unos meses quebró la empresa en la que trabajaba. Fue un desastre. Estaba sin empleo y no sabía qué hacer con mi vida. Sentí un vacío terrible y me volví agresivo, incluso con mis hijos». Juan es un *workaholic*. Y como la de todos los que padecen esta adicción al trabajo, su personalidad, según los especialistas, corresponde al llamado patrón A: un sujeto con excesivo afán de éxito, que necesita obtener los resultados de sus acciones de manera inmediata, perfeccionista. «La mayoría de estos pacientes están estresados, inquietos e insatisfechos. Su obsesión por el trabajo los aísla de la familia y de los amigos. Además, como no descansan lo suficiente, empiezan a rendir menos en su puesto laboral. Algunas personas jamás se dan cuenta de que están enfermas. A otras, la jubilación o el paro les abre los ojos», comenta Carmen Serrat Cuenca.

Pero, ¿dónde está la frontera entre un comportamiento normal y el adictivo? El psicólogo alemán Werner Gross ha establecido cuatro rasgos que caracterizan a estos enfermos:

1. El paciente pierde el control cuando desarrolla una actividad determinada.

2. Sufre síndrome de abstinencia si no puede practicarla.

3. Su dependencia es cada vez más fuerte.

4. El enfermo no siente interés por lo que le rodea; sólo por el objeto de su adicción.

Cuando se dan estos cuatro puntos, para Gross no hay lugar a dudas, estamos ante un adicto. Otros psicólogos, en cambio, hacen hincapié en las consecuencias negativas y autodestructivas de la dependencia. «Lo que diferencia al hábito de la adicción es que la segunda tiene efectos peligrosos para el sujeto», comenta el psicólogo

Peter Púrpura, que atiende en su consulta de Nueva York. «Cuando un placer pone en riesgo tu vida, hay que empezar a hablar de adicción».

Y es que son precisamente las actividades placenteras las que crean dependencia. Pero, ¿en qué consiste ese placer? ¿Por qué disfrutamos ante una consola de videojuegos o sentimos algo parecido a una borrachera cuando estamos en tensión? Los investigadores apuntan una interesante teoría. En 1975 se descubrió que nuestro tejido cerebral segrega una hormona muy especial, la endorfina, que tiene un efecto euforizante, similar al que generan los opiáceos.

Se ha comprobado que este estimulante natural, segregado por el propio organismo, entra en acción cuando el sujeto se enfrenta a determinadas situaciones que le resultan estresantes como, por ejemplo, el juego. Así, frente a la ruleta, sentimos una euforia similar a la que experimenta un cocainómano tras esnifar una raya: aumento de la sudoración, de las pulsaciones... Si los adictos a determinados comportamientos producen mayor cantidad de estas endorfinas es algo que aún está por investigar, pero estas hormonas han abierto un nuevo e interesante campo de estudio.

Uno de los principales problemas que presentan estas adicciones es que el enfermo no suele pedir ayuda médica, hasta que ya es demasiado tarde. Al principio rechazan la terapia y niegan sistemáticamente estar enganchados. Sus familiares tampoco advierten pronto la enfermedad, ya que actúan clandestinamente: los ludópatas se escapan del trabajo para jugar, los bulímicos atracan la nevera por las noches y los adictos a los videojuegos se encierran en su cuarto para que nadie les moleste. No obstante, aunque su droga no es una sustancia prohibida, como la heroína, estos enfermos padecen un síndrome de abstinencia similar al que sufren los toxicómanos: depresiones, angustia y dolores físicos.

Terapias de grupo, tratamientos farmacológicos y el diván de un psicoanalista son algunas de las alternativas que proponen los especialistas para la curación de estas adicciones. Sin embargo, el porcentaje de éxitos es reducido: ronda el 30 por ciento. En algunos pacientes, como los cleptómanos, se busca la abstinencia total; en otros, un consumo controlado. Pero siempre el paso fundamental para superar cualquier dependencia es que el enfermo tome conciencia de su situación y decida curarse; que una mañana se levante y exclame como un *croupier* ante la ruleta: «No va más».

Mar Cohnen

EN SU CUADERNO. . .

explore más el tema de los comportamientos «normales» que pueden convertirse en drogas. Haga una lista de estos comportamientos (ir de compras, comer dulces, hacer ejercicio, navegar la red mundial, etcétera). Después, examine la lista para llegar a una manera de clasificar las actividades (¿Cuáles de verdad pueden convertirse en drogas? ¿Cuáles son peligrosas para hombres y cuáles para mujeres?) o de analizarlas (¿Cuáles son sus características principales? ¿Cuáles son las características de las personas que suelen «consumir» estas «sustancias»?).

1. ¿Cuál es la pregunta central que el texto anterior busca contestar? ¿Cuál es la tesis?

2. El propósito de esta exposición es informar. ¿Cuáles son los datos específicos que incluye para apoyar la tesis?

3. ¿Cómo se organizan los datos, según el análisis o según la clasificación?

4. ¿Cómo es el tono del escrito? ¿Es muy personal o más bien impersonal y objetivo? ¿Por qué piensa Ud. eso? ¿Qué hay en el texto que crea ese tono? En el texto sobre los ejecutivos, se encontraban tres técnicas para ayudar a establecer un tono objetivo. ¿Se encuentran algunas de esas técnicas en este texto? ¿Cuál(es)?

5. ¿Está Ud. de acuerdo con la selección de detalles que ha incluido el escritor para justificar su posición acerca del carácter adictivo de ciertas actividades comunes? ¿Hay otros datos que a Ud. le parezcan más importantes?

6. ¿Comparte Ud. la opinión expresada en el texto de que «todos los comportamientos pueden convertirse en una droga»? ¿Por qué sí o por qué no?

Como se vio en el Capítulo 2, muchas veces la narración se combina con la descripción en un solo texto. Del mismo modo, aunque es posible escribir una exposición en la que se usa solamente un tipo de organización (ya sea sólo clasificación o únicamente causa y efecto), con frecuencia el escritor combina varias técnicas dentro del mismo texto. Por ejemplo, en este texto se utiliza el análisis además de la clasificación. ¿Puede Ud. indicar dónde?

Enfoque

- Repase la tabla de ideas en su *Cuaderno de práctica* y los apuntes de las actividades que Ud. ha hecho hasta este punto.

- Escoja un tema que le interesa personalmente.

- En su *Cuaderno,* haga un mapa semántico de los aspectos del tema que le parecen interesantes e importantes. Para hacer resaltar el análisis o la clasificación, aquí hay dos preguntas que considerar.

  a. Análisis: ¿De qué partes se compone la entidad / el concepto?

  b. Clasificación: ¿Cuáles son las diferentes clases de la entidad / del concepto?

TECNICAS DE ORGANIZACION Y EXPRESION

Pensando en el lector: La caracterización del lector

Anticipar las preguntas del lector también le ayuda al escritor a enfocar su tema. Esta anticipación puede ocurrir en casi cualquier momento del proceso de composición: cuando se están generando ideas, cuando se decide el plan de organización a seguir, cuando se escribe, cuando se corrige el borrador. No importa cuando suceda, el escritor siempre quiere asegurarse de que su exposición toma en cuenta estas preguntas referentes a su lector.

1. ¿Qué sabe ya acerca del tema?

2. ¿Cuál puede ser su actitud al respecto?

3. ¿Qué necesita saber?

Analizar la información o el conocimiento que el lector ya pueda tener sobre algún tema le ayuda al escritor a tomar decisiones importantes: ¿Cuántos detalles necesita incluir? ¿Qué debe dejar fuera? ¿Qué tipo de terminología es apropiado —el que entiende un público general o el que sólo usan los especialistas? ¿Es necesario incluir alguna información histórica para establecer un contexto? Volviendo al ejemplo anterior de la Inquisición española, si el lector no sabe nada de esta institución una exposición sobre su impacto sociocultural tendrá que incluir también alguna información histórica sobre la época en que existió y cómo funcionaba.

Reconocer por anticipado la actitud que el lector pueda tener hacia el tema también ayuda con respecto a la información que debe incluirse en una exposición. Por ejemplo, si el propósito del escritor es convencer al lector de que lleve a cabo alguna línea de acción y si sospecha que el lector se opone a ésta, tendrá que presentar información para contrarrestar esta actitud. O si su propósito es informar y a los ojos del lector el tema es aburrido o de poca importancia, el escritor tendrá que tomar medidas para captar su interés.

Pensar en las necesidades del lector equivale a pensar en su propósito como lector: ¿Por qué lee el escrito? ¿Qué información busca? ¿Por qué la busca? Si el lector lee una exposición sobre los costos de un programa de fútbol para decidir si éste debe eliminarse, no viene al caso explicarle cómo se decidió escribir sobre este tema ni qué se hizo para reunir los datos. Tampoco debe hablarse del origen del deporte en general o de los jugadores más famosos. Sin embargo, sí sería de utilidad comparar los costos de un programa de fútbol con los beneficios que de él se derivan.

Actividad. Análisis de textos

EN SU CUADERNO...

vuelva al tema que Ud. escogió antes. Analice a su lector anticipado. ¿Qué sabe ya respecto al tema? ¿Qué quiere saber? ¿Cuál es su actitud hacia el tema?

1. Vuelva a examinar el texto «La computadora en la vida estudiantil» (página 63). ¿Cómo se tendría que modificar la composición si el lector fuera...

   a. una persona que pensara que las computadoras son antiintelectuales?

   b. un padre que pensara comprarle una computadora a su hijo, un estudiante preuniversitario?

   c. una persona que no supiera nada (o muy poco) de las computadoras?

2. Vuelva a examinar el texto «Ejecutivos del 2000» (páginas 70–73).

   a. Muchas veces es posible identificar al lector de un escrito analizando la información que no se incluye en el texto, ya que el escritor la da por sentada —es decir, asume que el lector ya la sabrá. Por ejemplo, ¿hay una definición de «joven profesional» en el texto? ¿A quiénes se incluye en este grupo y quiénes quedan excluidos? ¿Hay otra información que la autora asume compartir con su lector?

   b. ¿Cuál es la actitud de la autora hacia las cualidades que reporta? ¿Cree que representan tendencias positivas o negativas? ¿Cómo lo sabe Ud.? ¿Qué hay en el texto que lo revela? ¿Cree la autora que el lector comparte esta actitud? ¿Cómo se tendría que modificar el texto si el lector tuviera una posición contraria?

3. Vuelva a examinar el texto «Ud. puede ser un adicto... » de las páginas 79–82. Además de incluir detalles y ejemplos para apoyar la tesis, el escritor ha incluido otros tipos de información. Por ejemplo, ha incluido una explicación de la diferencia entre un comportamiento normal y uno adictivo, y una comparación del síndrome de abstinencia que padecen los toxicómanos con el de los que están enganchados en actividades «normales». ¿Cuál es su propósito al hacer esto? ¿Qué preguntas del lector cree Ud. que busca contestar? ¿Cree Ud. que incluir información de este tipo hace que el ensayo tenga más peso (fuerza) o que tenga menos? Comente.

Estrategias del escritor: Las citas

La puntuación en estas citas es típica de la que se utiliza en los textos en castellano publicados en países hispanoparlantes. Combina la raya (—) con las comillas (« »). Los textos en castellano publicados en los

(continued)

En el Capítulo 2, Ud. observó cómo el incluir el diálogo dentro de una narración o descripción añade interés al texto y hace que el lenguaje sea más vivo. La exposición no suele incluir diálogo, pero sí son frecuentes las citas directas e indirectas.

Estados Unidos siguen las mismas reglas que en cualquier país hispanoparlante en cuanto a las mayúsculas y la división de palabras (véase el Apéndice C del **Cuaderno de práctica**), pero para la puntuación siguen las reglas establecidas para el inglés. Hay información sobre algunos manuales de estilo en el Apéndice D del **Cuaderno de práctica.**

A menos que su profesor(a) le dé otras indicaciones, Ud. debe seguir las reglas del español para la división de palabras y las mayúsculas, y las reglas del inglés para la puntuación.

El propósito de incluir citas es, antes que nada, apoyar la tesis de la exposición: la cita debe representar información importante que refuerza la idea principal del escrito. Al igual que el diálogo en la narración, la cita también hace que el lenguaje del texto sea más vivo; la selección de una buena cita puede resultar en que el punto se grabe más en la memoria. Por lo general, el escritor de una exposición busca establecer un tono impersonal y objetivo; la inclusión de algunas citas ofrece alguna variedad y ayuda a que el tono no resulte demasiado seco.

Además de los dos propósitos mencionados, el uso de las citas es una manera poderosa de hacer que el lector se identifique con los individuos presentados y que de esta manera acepte el razonamiento del escritor.

Una **cita directa** repite al pie de la letra las palabras del citado; no es siempre necesario introducir al hablante con verbos de comunicación tales como «dice».

> —Trabajar en equipo es fundamental, ya que una persona sola no puede conseguir lo que quiere— dice Daniel González, jefe de operaciones.

> Joaquín vivió ese infierno durante nueve años: «Lo mío era la ruleta. No podía dejarla. Me daba igual ganar o perder, lo importante era apostar.»

Una **cita indirecta** resume las palabras en una paráfrasis.

> En 1936 el médico vienés Erns Gabriel, en su obra *Nueve tipos de dependencia*, señaló que la cleptomanía y la piromanía eran impulsos patológicos incontrolables.

> En cuanto al resto del mundo, los japoneses confiesan que su arma más preciada para conseguir el éxito es el carisma.

Actividad A. Análisis de textos

1. En el texto sobre los ejecutivos la autora incluye una cantidad de citas directas. Vuelva a examinar ese texto. ¿Cuál(es) de las tres motivaciones para incluir citas se observa(n)? ¿Añaden nueva información? ¿Repiten la misma información, pero en una forma más viva e interesante? ¿Ayudan a convencer al lector de la validez de la presentación? ¿Otra motivación?

2. En el texto sobre las dependencias, también se incluyen varias citas. ¿En qué difiere el uso que se hace de las citas en este texto del uso que se hace en el texto sobre los ejecutivos?

EN SU CUADERNO...

examine el tema y los datos que ha reunido para su escrito. ¿Le parece que incluir algunas citas añadiría algo útil o interesante al escrito? ¿Por qué? ¿Qué tipo de citas sería apropiado? ¿Dónde las puede encontrar?

3. El texto sobre las computadoras no incluye citas ni directas ni indirectas. ¿Le recomendaría al escritor que incorporara algunas? ¿Por qué sí o por qué no? ¿Qué propósito tendrían las citas? Comente.

Actividad B. Análisis de texto: «El éxito académico y la población hispana: ¿una solución o varias aproximaciones al problema?»

Lea con cuidado el texto a continuación y luego conteste las preguntas de análisis que lo siguen.

El éxito académico y la población hispana: ¿una solución o varias aproximaciones al problema?

Los cambios demográficos de la población hispana en los Estados Unidos combinados con la deserción de los alumnos hispanos de las escuelas primarias y secundarias han creado una crisis de dimensión nacional en este país. Es sabido que actualmente la población de origen hispano se incrementa con gran rapidez y que en su mayoría consta de personas menores de 18 años. También se ha determinado que este grupo representa un potencial consumidor de más de un billón de dólares. Desafortunadamente, es también este grupo el que tiene el nivel de escolaridad más bajo de todo el país.

Se han propuesto un sinnúmero de soluciones y programas para intentar mejorar el aprovechamiento académico de los jóvenes hispanos. Entre las soluciones que hoy se estudian se encuentra el modelo presentado por la Universidad Hispana Nacional (*National Hispanic University*) de Oakland, California. Este se basa en una clasificación de los estudiantes de origen hispano y en la convicción de que no existe una única aproximación al problema.

Según las investigaciones llevadas a cabo por Roberto Cruz, presidente de NHU, los estudiantes de origen hispano pueden dividirse en los siguientes grupos: 1) Los hispanos de clase media originarios de países latinoamericanos: Estos jóvenes por lo general hablan, leen y escriben el español con facilidad. Sus padres esperan que tengan éxito en la escuela, cosa que por lo regular logran en cuanto aprenden el inglés. 2) Los migrantes: estos jóvenes, aunque nacen en los Estados Unidos, tienen pocas probabilidades de éxito. Son hablantes de la norma rural española y de una variante de inglés de poco prestigio. Normalmente se espera que este grupo de jóvenes tenga problemas serios en la escuela por la baja escolaridad de sus padres y por el hecho de que se desplazan varias veces durante el año escolar para seguir las temporadas de siembra y de cosecha. 3) Los hispanos estadounidenses que se retrasan en los estudios: Este grupo de jóvenes, aunque no tiene los problemas de la vida migratoria del grupo número 2, también encuentra que se les menosprecia tanto su español como su inglés. De nivel socioeconómico bajo, sufre los problemas del niño pobre dentro del sistema escolar diseñado para los hijos de la clase media. 4) Los hablantes monolingües del inglés: Estos jóvenes son productos de familias que han estado en este país por mucho tiempo o que, dadas sus aspiraciones, han enfatizado la importancia del inglés. No hablan español, y con frecuencia se sienten confundidos en cuanto a su identidad cultural. Tanto los padres como los maestros esperan que estos jóvenes tengan éxito en los estudios. 5) Los estudiantes bilingües que triunfan en los estudios: Este grupo logra retener el uso de su lengua materna, aprender el inglés y tener éxito en los estudios. Generalmente estos estudiantes aprenden a trabajar dentro del sistema y forman grupos de apoyo con otros estudiantes.

Para el doctor Cruz, no puede hablarse de una sola solución para estos cinco grupos de estudiantes. Indica que para resolver el problema del fracaso académico y de la deserción, es necesario primero identificar y evaluar al estudiante hispano y colocarlo dentro de una de las antedichas categorías. De ahí puede pasarse al diseño de un programa de instrucción que le permita al joven realizar el potencial que posee. No puede hablarse de una sola solución: las soluciones tendrán que tomar en cuenta las características de cada grupo.

1. ¿Cuál es el tema de este texto? ¿Cuál es la tesis?

2. ¿Cuál es el propósito del texto?

3. ¿Cómo se organiza la información del texto?

4. ¿Quién será el lector anticipado? ¿Qué motivos tendría tal lector para leer este texto? ¿Cree Ud. que el escritor ha anticipado bien las necesidades del lector? Comente.

5. Analice el tono y la perspectiva del texto. ¿Es personal o impersonal? ¿formal o informal? ¿Qué hay en el texto que lo indica?

6. El texto no incluye citas directas como lo hacen varios de los textos que se han visto en este capítulo. En su opinión, ¿sería posible o recomendable incluir algunas? ¿Por qué sí o por qué no? Si ha dicho que sí, ¿qué tipos de citas se podrían incluir y dónde?

Actividad C.   Análisis de texto: «Un lenguaje secreto»

Lea con cuidado el texto a continuación y conteste las preguntas de análisis que lo siguen.

Un lenguaje secreto

Aún no saben hablar, todavía no entienden el significado de las palabras y, sin embargo, cualquier madre es capaz de comunicarse con su bebé desde el primer día. La naturaleza les ha enseñado, a padres e hijos, un lenguaje universal que no han tenido que aprender.

Resulta curioso observar cómo se comportan los adultos ante el recién nacido. Automáticamente sufren un cambio radical, instintivo e irreprimible: elevan el tono de voz, hacen gestos exagerados, abren mucho los ojos y le sonríen sin parar. De esta forma, hasta la persona más seria es capaz de convertirse en un tierno y divertido compañero de «conversación».

Esto es así porque todos han elegido la forma más acertada —y en realidad, la única eficaz— de tomar contacto con un bebé. Su esfuerzo se ve rápidamente recompensado. El pequeño se vuelve hacia la persona que le habla, le mira con ansiedad y le dedica una amplia sonrisa. Pero, ¿es posible que les entienda?

Idioma universal

En casi todas las culturas, independientemente del idioma que se hable, este lenguaje funciona a las mil maravillas. Distintos tonos de voz, así como la forma de pronunciar una palabra, provocan en el bebé unos sentimientos determinados. Mucho antes de que empiece a hablar, puede comprender el significado de lo que se le dice. Capta rápidamente las expresiones de la cara, los gestos y el tono de voz de quien le habla, distinguiendo entre frases dichas con enfado, con tristeza, con alegría o con amor. Para él, lo importante no es lo que le decimos, sino cómo se lo decimos.

La clave del éxito

Comunicarse con un bebé es algo muy sencillo, siempre que se conozcan las claves de su lenguaje. Las siguientes características admiten todo tipo de variantes:

Tono de voz elevado: Cuando una madre habla a su bebé, lo hace en voz muy alta, casi chillando. Inconscientemente está adaptando el tono de voz al oído aún inexperto de su recién nacido. Al principio, el pequeño percibe mejor los tonos agudos, por lo que capta la voz de la madre con mayor facilidad. Pero esto no significa que el bebé no pueda reaccionar a las llamadas de su padre; es más, probablemente, reconozca su voz, puesto que durante la gestación oye mejor las otras voces que las de su propia madre.

Habla melodiosa: Al bebé le encanta que le hablen canturreando. Desde chiquitín, pone de manifiesto su predilección por las canciones y por la música en general: los sonidos que suben y bajan de tono despiertan su interés, al igual que los ruidos invariables y constantes ejercen un efecto sedante sobre él.

Entonación especial y repetición de palabras: Se les habla siempre despacio, haciendo especial hincapié en las palabras importantes, abusando de las repeticiones, alargando las vocales y exagerando la entonación: «¡Mira, ahí viene papáááá! ¡Papááá! ¡Ahí está papááá!».

Palabras sencillas: Se usa una forma muy simplificada del lenguaje. Palabras simples, oraciones cortas y expresiones infantiles (guau guau en lugar de perro, pío pío en vez de pájaro), que sustituyen la complicada estructura gramatical del lenguaje de los adultos. Utilizar nombres y apodos en lugar de pronombres como tú y yo, facilita también la comprensión. Por ejemplo, en vez de decir ¿Dónde estás?, es mejor preguntar ¿Dónde está Sonia? ¿Dónde se ha escondido la brujilla de la casa?

Contacto visual y dedicación absoluta: Para captar y mantener la atención de un bebé, es imprescindible concentrarse en él. Si le hablamos sin mirarle a la cara, el pequeño pierde automáticamente todo el interés.

El atractivo lenguaje de los gestos: Ninguna madre se limita al uso del lenguaje oral. También la mímica y los gestos constituyen otro tipo de lenguaje que representa un papel muy importante en esta etapa. Mientras hablan con sus bebés, todas las mamás gesticulan en exceso, reforzando así el significado de lo que dicen.

Contacto físico: El bebé sólo atiende cuando tiene cerca a las personas que le hablan. Esto es así porque los recién nacidos sólo ven bien a una distancia máxima de unos veinte centímetros. Además, mediante las caricias, los abrazos y los masajes se establece una comunicación íntima entre los padres y el hijo.

Una sana costumbre

Muchos padres hablan a sus hijos a todas horas: les saludan cuando se despiertan, les cantan mientras les bañan, les cuentan un cuento antes de dormirse... Este parloteo constante es muy beneficioso para el pequeño porque, aunque todavía las frases están para él vacías de contenido, muy pronto irá aprendiendo lo que significan. La repetición continua de sonidos y conceptos le será de gran ayuda en un futuro muy próximo. Cuando también consiga hacerse entender con palabras.

Silvia P. Köster

EN SU CUADERNO...

explore más el tema del «lenguaje especial». Tome en cuenta las siguientes preguntas. ¿Cuáles son las características de un lenguaje especial? ¿de las personas o los grupos que lo desarrollan? ¿Cuáles son las motivaciones de quienes lo desarrollan? Y ¿cuáles son los contextos en los que se suele utilizar un lenguaje especial?

1. ¿Cuál es el tema de este texto? ¿Cuál es la tesis?

2. ¿Cuál es el propósito del texto?

3. ¿Cómo se organiza la información del texto?

4. ¿Quién será el lector anticipado? ¿Qué motivos tendría tal lector para leer este texto? ¿Cree Ud. que el escritor ha anticipado bien las necesidades del lector? Comente.

5. Analice el tono y la perspectiva del texto. ¿Es personal o impersonal? ¿formal o informal? ¿Qué hay en el texto que lo indica?

6. El texto no incluye citas directas como lo hacen varios de los textos que se han visto en este capítulo. En su opinión, ¿sería posible o recomendable incluir algunas? ¿Por qué sí o por qué no? Si ha dicho que sí, ¿qué tipos de citas se podrían incluir y dónde?

7. Además del lenguaje en que los padres y los bebés se comunican, ¿qué otros tipos de lenguaje especial conoce Ud.? Por ejemplo, ¿se comunican con un lenguaje especial los seres humanos y sus animales domésticos? ¿los hermanos gemelos? Se dice que cada generación inventa su propio argot. Generalmente éste no constituye toda una lengua sino cierto lenguaje convencional que la mayoría de los de esa generación comprende. ¿Puede Ud. identificar algunos ejemplos del argot de su generación?

Segunda etapa: La redacción y la revisión de las versiones preliminares

 Después de terminar las actividades de prerredacción, Ud. escribirá un borrador de su ensayo expositorio.

Las actividades que se han llevado a cabo en la primera etapa de este capítulo le han dado a Ud. la oportunidad de desarrollar la materia prima para elaborar una exposición. En esta segunda parte del capítulo, tendrá la oportunidad de

- crear un plan de redacción para guiar la composición de su escrito
- desarrollar un borrador de su escrito
- experimentar con la técnica de revisión con grupos de consulta
- experimentar con la técnica de una lista de control
- desarrollar un plan de revisión

Tarea

Escriba un texto expositorio que tenga como mínimo unas 500 palabras. Su texto puede organizarse como el texto «La computadora en la vida estudiantil» —es decir, una tesis más varios ejemplos específicos. De otra forma, Ud. puede explorar su tema utilizando la técnica del análisis o la técnica de la clasificación. Si quiere, puede incorporar citas directas o indirectas y otros detalles descriptivos como se ha visto en varios de los textos de este capítulo. Su escrito debe adoptar el formato de un ensayo formal.

EL PLAN DE REDACCION: COMO SE ESCRIBE UNA EXPOSICION

PLAN DE REDACCION: LA EXPOSICION
1. El tema
2. La idea principal que quiero comunicarle a mi lector

3. Mi propósito como escritor
   El lector
   Su propósito al leer
   Preguntas cuyas respuestas el lector busca en el escrito

4. Los detalles

1. El tema

- Vuelva a examinar sus notas y apuntes de la sección de Enfoque.
- Repase los varios temas examinados y escoja uno que le interese especialmente.

- Ahora, complete la primera parte del plan de redacción en su *Cuaderno de práctica.*

2. La tesis

- Examine los varios datos que Ud. ha reunido acerca del tema e identifique la idea principal que apoyan.

- Ahora, complete la segunda parte del plan de redacción.

3. El propósito y el lector

- Determine por qué Ud. quiere escribir sobre este tema. ¿Cuál es su propósito?

- ¿Cuál es la actitud que Ud. tiene hacia el tema? ¿Por qué le parece interesante? ¿Cuál es la reacción que quiere provocar en su lector? ¿Cuáles son los aspectos del tema que mejor puedan dar a conocer esta actitud al lector?

- Identifique al lector y el propósito de éste. ¿Por qué va a leer lo que Ud. escribe? ¿Qué sabe ya acerca del tema? ¿Cuál puede ser su actitud al respecto? ¿Qué información busca? ¿Qué preguntas se va a hacer al respecto?

- Ahora, complete la tercera parte del plan de redacción.

4. Los detalles

- Recuerde y tome notas del tema en su totalidad. Luego, escoja los detalles que mejor se presten para apoyar la tesis que Ud. ha identificado y elimine aquéllos que no se relacionen directamente con la tesis ni ayudan a producir el impacto que Ud. desea.

- Decida cómo organizar la exposición; elabore un esquema en el cual se presenten la tesis y los detalles que se utilizarán para apoyarla.

- Ahora, complete la cuarta parte del plan de redacción.

Refiriéndose a su plan con frecuencia, escriba el borrador de su ensayo.

Determine qué tono tendrá la exposición (si va a ser formal o informal; si va a ser serio, alegre o irónico; si va a incluir ejemplos o anécdotas personales o si va a incluir datos impersonales y más bien objetivos).

Recuerde que para esta versión de su ensayo no debe preocuparse demasiado por cuestiones de la forma, es decir, ni por el vocabulario ni por la gramática. Si no sabe o no recuerda una palabra o expresión en español, use un comodín o escríbala en inglés y siga escribiendo.

EL PLAN DE REVISION: ACTIVIDADES CON GRUPOS DE CONSULTA

PLAN DE REVISION: LA EXPOSICION [*NOMBRE DEL TEXTO*]
1. Comentarios positivos sobre el texto
2. La idea principal del texto Los lectores quieren saber lo siguiente con respecto a este tema
3. Detalles que necesitan agregarse, reorganizarse o cambiarse
4. Otros cambios que se recomiendan

Si quiere, Ud. puede aplicar estas mismas técnicas al texto de un compañero / una compañera de clase. En el Apéndice B del **Cuaderno de práctica** *hay sugerencias sobre la etiqueta de trabajar en el texto de un compañero.*

Leer y analizar. Cada estudiante debe leer el siguiente texto y apuntar todas sus notas y respuestas a las preguntas. Se debe responder a la primera pregunta antes de leer el texto.

Texto: «La torre de marfil no volverá a ser la misma»

1. Se les ha pedido a los estudiantes de una clase de composición que escriban un breve ensayo expositorio en el que presentan una tesis acerca del tema y que luego la apoyan con datos específicos. Este texto explora el tema de la tecnología en la educación, y presenta la siguiente tesis: hay varias clases de tecnología en el contexto académico. Identifique tres o cuatro preguntas acerca del tema cuyas respuestas le gustaría a Ud. encontrar en el texto. Después, siga con el análisis.

Texto: La torre de marfil no volverá a ser la misma

Antes considerada un lugar intelectual bastante separado del mundo común y corriente, la universidad se ve cada vez más afectada por la revolución tecnológica que ha cambiado profundamente casi todos los aspectos de la vida contemporánea. Desde la integración de la tecnología en la infraestructura académica, hasta su incorporación tanto en la instrucción como en el aprendizaje y en la misma comunicación entre profesores y estudian-

Análisis

2. ¿Qué tal acierta el escritor en contestar sus preguntas? ¿Contesta todas?

3. ¿Cuál es la idea principal que el escritor intenta expresar en este borrador?

4. ¿Se relaciona toda la información directamente con la idea principal? Si no, ¿qué parte(s) no viene(n) al caso?

5. ¿Hay partes en las cuales le gustaría a Ud. tener más información (explicación, ejemplos, detalles)?

tes, la tecnología en diversas formas ahora es parte de la experiencia universitaria.

Una de las maneras en que la tecnología ha afectado profundamente el funcionamiento de la universidad tiene que ver con la infraestructura. Desde las grandes universidades hasta las instituciones más humildes, la tecnología ha eliminado las largas colas tradicionales a la hora de la matrícula. Los servicios relacionados con la planificación de horarios y la selección de clases, tanto como los relacionados con la cuantificación y archivo de las calificaciones, ahora se hacen electrónicamente.

En los salones de clase hay muchos ejemplos del uso de la tecnología instructiva. A diferencia de la tecnología educativa o pedagógica, la tecnología instructiva, según los expertos, tiene como objetivo el analizar, crear, implementar, evaluar y administrar las soluciones a aquellos problemas que se encuentran dentro de contextos en los cuales el aprendizaje tiene un propósito claro y funciona como actividad controlada. Con la ayuda de aparatos de la llamada «tecnología baja» —el proyector de diapositivas, la grabadora de cintas, la videocasetera— la presentación de casi cualquier materia puede ser más viva. Los aparatos de la «tecnología alta» —las computadoras multimedia, los discos compactos, los proyectores LCD— se encuentran con cada vez más frecuencia.

La tecnología instructiva tiene grandes impactos en la enseñanza y el aprendizaje aun fuera de los salones de clase. La investigación ya no tiene que ser limitada por los recursos disponibles de la biblioteca universitaria. Los profesores abren nuevos horizontes al crear o incorporar materias basadas en la Internet. Al mismo tiempo, los estudiantes van aprendiendo que el «salón de clase» en realidad no tiene paredes. Buscan información por la su-

6. ¿Hay partes del texto en que de repente Ud. se encuentre «perdido/a»?

7. ¿Captó su interés la introducción de manera que Ud. quisiera seguir leyendo?

8. ¿Vuelve la conclusión a la tesis del texto? ¿Ayuda a explicar la importancia que tiene el tema a los ojos del escritor?

9. ¿Qué parte(s) del borrador le gusta(n) más?

perautopista de la Internet y se comunican con sus profesores por medio del correo electrónico. «El correo electrónico me facilita mucho el trabajo de las clases —dice Kevin Jackson, estudiante de segundo año—. ¡Y además es muy divertido!» Tan divertido que algunos administradores ya empiezan a preocuparse. Parece que algunos estudiantes pasan días enteros pegados a la pequeña pantalla.

Por estos y muchos otros usos de la tecnología, la torre de marfil no volverá a ser la misma.

Consultar y recomendar. La clase debe dividirse en grupos de tres o cuatro estudiantes. Los miembros de cada grupo deben compartir su análisis de «La torre de marfil» o de otro texto asignado. ¿Hay mucha diferencia de opiniones? Después de llegar a un acuerdo mutuo, cada grupo debe formular un plan de revisión para el texto basándose en sus comentarios. Presenten su plan al resto de la clase; prepárense para justificar sus sugerencias.

TECNICA DE UNA LISTA DE CONTROL

Este proceso de revisión puede aplicarse tanto al escrito de un compañero como a su propia composición. Para utilizarlo, Ud. debe examinar el escrito que intenta revisar, contestando cada una de las preguntas de la lista de control. Basándose en sus respuestas, formule un plan de revisión para el texto.

Como Ud. sabe, es importante separar la revisión del contenido de la revisión de la forma. Véase la lista de control modelo para la revisión de la forma en la página 58.

LISTA DE CONTROL PARA LA EXPOSICION
☐ ¿Cuál es la meta o el propósito de la exposición?
☐ ¿Qué explica específicamente mi composición? ¿Cuál es la idea principal de mi texto?
☐ ¿A quién le escribo? ¿Quién es mi lector y qué quiere saber del tema? ¿Qué puede saber ya al respecto?
☐ ¿Qué preguntas puede hacerse el lector con respecto al tema sobre el que escribo? ¿Las he contestado todas?
☐ ¿Qué impresión quiero dejar en el lector?
☐ ¿Cómo es la organización de los datos en el ensayo? ¿Es un análisis? ¿una clasificación? ¿otra? ¿Se indica esto en la misma tesis?
☐ ¿Qué detalles incluí en el texto? ¿Cómo contribuye cada detalle a lograr lo que me propongo?

LISTA DE CONTROL PARA LA EXPOSICION *(continued)*
☐ ¿Hay en mi composición algún detalle que no contribuya lo suficiente a crear la impresión que quiero dejar?
☐ ¿Capta la introducción el interés del lector?
☐ ¿Qué detalle escogí para terminar la exposición? ¿Por qué lo escogí?
☐ ¿Utilicé un vocabulario claro y preciso, o utilicé términos generales y abstractos que no captan la esencia de lo que quiero expresar?

Tercera etapa: La revisión de la forma y la preparación de la versión final

Al llegar a esta etapa se supone que el contenido y la organización de un escrito han pasado por una revisión rigurosa y que el escritor está satisfecho con ellos. Ha llegado el momento de poner atención a las cuestiones de la forma. En esta última etapa, Ud. tendrá la oportunidad de

- repasar la voz pasiva en español
- pulir la forma de su escrito, repasando sistemáticamente la gramática, el vocabulario y la ortografía
- redactar una versión final de la tarea para entregar

Esta revisión le será más fácil si la emprende por pasos; en cada paso se enfoca un solo aspecto de la forma.

PRIMER PASO   REVISION DE LOS ASPECTOS GRAMATICALES: LA VOZ PASIVA

En el **Cuaderno de práctica** hay actividades para practicar los aspectos gramaticales, el vocabulario y la expresión presentados en los pasos a continuación.

Una de las maneras de variar el estilo de una exposición es utilizar la voz pasiva. Por medio de la voz pasiva el énfasis de la oración recae sobre el recipiente de la acción más que sobre quien la hace. La voz pasiva en español tiene dos formas: la voz pasiva con **ser** y la voz pasiva refleja. A continuación se resumen brevemente los usos más frecuentes.

La voz pasiva con *ser*

La voz pasiva es una construcción en la cual el sujeto no ejecuta la acción del verbo (es decir, no es el *agente* de la acción), sino que la recibe (es el *recipiente*).

VOZ ACTIVA: SUJETO = AGENTE
El perro devoró los huesos.
El hombre ha abierto la puerta.

VOZ PASIVA: SUJETO = RECIPIENTE
Los huesos fueron devorados por el perro.
La puerta ha sido abierta por el hombre.

Como lo demuestran estos ejemplos, la construcción pasiva con **ser** consta de tres partes.

sujeto/recipiente	**ser** + participio pasado	**por** + agente

El verbo **ser** concuerda en número con el sujeto. Puede ocurrir en cualquier tiempo gramatical, aunque el uso del presente o del imperfecto es poco frecuente. El participio pasado funciona como adjetivo en esta construcción: concuerda en número y género con el sujeto. No es necesario incluir las frase **por** + *agente* a menos que se quiera identificar al agente. Presente o no en la oración, el agente queda implícito en la estructura de la voz pasiva: el lector comprende que *alguien* o *algo* es responsable de la acción.

Restricciones sobre el uso de la voz pasiva con *ser*

Hay tres restricciones sobre el uso de la voz pasiva en español que la distinguen de la voz pasiva en inglés.

1. Generalmente los verbos de percepción (**ver, oír, escuchar, sentir,** entre otros) no se usan en la voz pasiva con **ser.** Tampoco se acostumbra usar en la voz pasiva con **ser** los verbos de emoción (**querer, odiar, temer,** etcétera).

2. No se puede construir una oración pasiva con un tiempo progresivo (**estar** + *gerundio*).

3. Sólo el complemento directo (c.d.) de un verbo activo puede ser el sujeto (s.) o recipiente (r.) de una oración pasiva con **ser.**

C.D.

María escribió **la carta.**

↓

La carta fue escrita por María.

S./R.

No obstante, si hay un complemento indirecto (c.i.) en la misma oración, ya no es posible construir una oración pasiva con el complemento directo.

C.I.   C.D.
María **le** escribió **la carta.**

↓

*****La carta** le fue escrita por María.[1]

Si se quiere darle más énfasis al complemento directo, es posible hacerlo con una oración activa en la cual el complemento directo ocurre dos veces.

María le escribió **la carta.**

↓

La carta se **la** escribió María.

Mi tío me regaló **este suéter.**

↓

Este suéter me **lo** regaló mi tío.

El complemento indirecto nunca puede ser el sujeto/recipiente de una oración pasiva. En este caso la oración activa no admite otra alternativa.

C.I.
Jorge le dio un regalo a **Inés.**

↓

*****Inés** fue dada un regalo por Jorge.

ORACION ACTIVA	ORACION PASIVA INACEPTABLE	ALTERNATIVA
Los estudiantes odiaron el libro.	*El libro fue odiado por los estudiantes. (*verbo de emoción*)	oración activa
El niño estaba cantando los villancicos.	*Los villancicos estaban siendo cantados por el niño. (*forma progresiva*)	oración activa
El profesor les mostró las diapositivas.	*Las diapositivas les fueron mostradas por el profesor. (*presencia de un complemento indirecto*)	Las diapositivas se las mostró el profesor.
Guadalupe le compró el vestido a Patty.	*Patty fue comprada el vestido por Guadalupe. (*recipiente es un complemento indirecto*)	oración activa

---

[1]Se emplea el asterisco (*) para señalar una forma defectuosa.

La voz pasiva refleja

En español, las muchas restricciones impuestas sobre el uso de la voz pasiva con **ser** impiden que se use con frecuencia en la lengua hablada y limitan tambien su uso en la lengua escrita. En cambio, la voz pasiva refleja se usa mucho —tanto en la lengua hablada como en la escrita— para expresar aquellas acciones en que no existe un agente específico o en que el agente no es parte esencial del mensaje.

VOZ PASIVA REFLEJA	ANALISIS
El agua **se compone** de oxígeno e hidrógeno.	*No existe un agente específico en este caso.*
La construcción pasiva con *ser* no **se usa** con frecuencia.	*El agente —o sea, quien usa o no usa la construcción pasiva— no es parte esencial del mensaje.*

Como ya se hizo notar, aunque el agente no siempre se menciona en la construcción pasiva con **ser,** su presencia siempre se implica. En cambio, en la construcción refleja no hay ningún agente involucrado, ya sea implícita o explícitamente. Compare los siguientes ejemplos.

PASIVA CON **ser**	PASIVA REFLEJA
El vaso **fue roto.** (*Se sobreentiende que alguien o algo, aunque no identificado aquí, lo rompió.*)	El vaso **se rompió.** (*No implica la presencia de agente alguno.*)
Los libros **fueron escritos** en el siglo XV. (*Hay un autor implícito en el mensaje.*)	**Se escribieron** los libros en el siglo XV. (*El agente no es parte importante del mensaje: los libros son el foco de interés.*)

La pasiva refleja se construye con el pronombre reflexivo **se** más la tercera persona de la voz activa del verbo. Cuando el sujeto/recipiente es una cosa (un ente inanimado), el verbo concuerda en número con el sujeto/recipiente. Cuando el sujeto/recipiente es un ente animado (una persona o un animal específico), le precede la preposición **a,** y el verbo se conjuga en singular.

PASIVA CON ENTE INANIMADO	ANALISIS
Se **abren las puertas** a las cinco.	*s./r. plural → verbo plural*
Antes no se **comía carne** los viernes.	*s./r. singular → verbo singular*

PASIVA CON ENTE ANIMADO	ANALISIS
Se **ve a los niños** desde la ventana. ↑	*s./r. animado → preposición **a** + verbo singular*
En esta barra se **ataba a los caballos.** ↑	*s./r. animado → preposición **a** + verbo singular*

Restricciones sobre el uso de la voz pasiva refleja

En la mayoría de los casos, cuando no se acepta la voz pasiva con **ser,** la voz pasiva refleja sí es aceptable.

Verbo de percepción:	**Se vio** la película varias veces.
Verbo de emoción:	Es obvio que **se quiere** mucho a doña Amalia.
Tiempo progresivo:	**Se está usando** menos petróleo últimamente.
Complemento directo con un complemento indirecto presente:	**Se le dijeron** las palabras mágicas.

Sólo hay dos restricciones sobre el uso de la voz pasiva refleja.

1. El complemento indirecto no puede ser el sujeto/recipiente de una construcción pasiva refleja. En este caso las alternativas son una oración activa o una oración pasiva refleja en que el complemento directo sea el sujeto/recipiente de la acción.

2. No se debe usar la voz pasiva refleja si el agente queda mencionado explícitamente en la oración. En este caso es preferible usar la voz pasiva con **ser.**

ORACION ACTIVA	ORACION REFLEJA INACEPTABLE	ALTERNATIVA
Le mandaron las flores a Inés.	*Se le mandó a Inés las flores.	Se le mandaron las flores a Inés. (*El complemento directo es el s./r.*)
Los niños rompieron la taza.	*Se rompió la taza por los niños.	La taza fue rota por los niños. (*voz pasiva con* **ser**)

SEGUNDO PASO   REVISION DE LOS ASPECTOS GRAMATICALES YA ESTUDIADOS

Después de revisar los usos de la voz pasiva con **ser,** la voz pasiva refleja y la construcción reflexiva impersonal, revise también:

1. El uso de **ser** y **estar**

2. El uso del pretérito y del imperfecto

TERCER PASO   REVISION DEL VOCABULARIO Y DE LA EXPRESION

Después de revisar la gramática, lea su escrito de nuevo, con ojo crítico particularmente en el vocabulario. En el *Cuaderno de práctica* hay una lista de vocabulario útil para hacer el análisis y la clasificación. Consúltela y haga las actividades correspondientes antes de revisar su escrito.

CUARTO PASO   REVISION DE LA ORTOGRAFIA

Después de revisar los aspectos gramaticales estudiados y las notas sobre el vocabulario y la expresión, repase su escrito, buscando los posibles errores de acentuación y de ortografía.

QUINTO PASO   PREPARACION DE LA VERSION FINAL

Escriba una nueva versión de su trabajo ya con las correcciones y los cambios necesarios.

Piénsalo...

Si puedes, pídele a un compañero / una compañera que lea tu texto buscando los errores que pueda tener de gramática o de expresión. Le puedes facilitar la lectura si le preparas una lista de control como el de la página 58, indicándole claramente los puntos de mayor interés.

Capítulo **4**

La exposición (Parte 2)

Orientación

LA EXPOSICION (PARTE 2): COMPARACION/ CONTRASTE Y CAUSA/EFECTO

Como se vio en el Capítulo 3, para escribir una buena exposición es necesario saber escoger y limitar el tema. Las preguntas de enfoque que guían el proceso de investigar los varios aspectos de un tema luego se pueden utilizar para organizar los datos reunidos. En el Capítulo 3 se examinaron dos de estas técnicas de investigación y organización, el análisis y la clasificación. En este capítulo se verán otras dos técnicas: la de la comparación y el contraste y la de la causa y el efecto.

La exposición con base en la comparación y el contraste

La comparación demuestra las semejanzas que existen entre dos entidades; el contraste señala las diferencias. Estos métodos de exposición pueden utilizarse cuando el escritor desee hacer lo siguiente.

1. Presentar información sobre algo que el lector desconoce, dándolo a conocer por medio de sus semejanzas o diferencias en relación con algo que el lector sí conoce. Por ejemplo, para explicarle a alguien lo que es un mango, puede compararse éste con otras frutas.

2. Presentar información sobre *dos* entidades que el lector desconoce, comparándolas o contrastándolas con algo ya conocido. Por ejemplo, para hablar de dos novelas que el lector no conoce, se puede hacer una comparación o contraste entre *la definición de una novela ideal* y las dos novelas que quieren discutirse.

3. Presentar información sobre alguna idea general mediante la comparación y/o el contraste de dos entidades que el lector ya conoce. Por ejemplo, para desarrollar el tema de las grandes religiones visto en su contexto social y cultural, se puede hacer una comparación y contraste entre el catolicismo, el budismo y las creencias aztecas.

4. Evaluar o hacer un juicio sobre dos entidades.

Hay dos tipos de estructura que son fundamentales y que se utilizan al escribir una exposición basada en la comparación y/o el contraste.

1. *La presentación completa de las dos entidades.* En este tipo de estructura, se presentan todos los aspectos de una entidad, se incluye un párrafo de transición y se sigue con la discusión completa de la otra entidad.

2. *La presentación de un aspecto de una entidad, seguida por la comparación y/o el contraste de éste con un aspecto igual de la entidad opuesta.* En este tipo de estructura se compara o se hace el con-

traste de una característica que ambas entidades tengan en común, antes de pasar a la característica siguiente. Comúnmente en este tipo de organización se presentan primero las semejanzas que hay entre dos entidades antes de pasar a hablar de sus diferencias.

Ejemplos de las estructuras fundamentales

Piénsalo... *Importante*

El escritor tiene que anticipar las preguntas de su lector, no sólo en cuanto a la información que incluye en su escrito, sino también en lo que se refiere a la organización. Para asegurar que el lector comprenda la relación entre una idea y otra y que aprecie la relativa importancia de las varias ideas (cuál es la idea principal y cuáles son las ideas de apoyo), el escritor le deja al lector una serie de indicaciones o señales retóricas. Entre éstas están las frases de introducción y conclusión, las cuales estudiarás más tarde en este capítulo, y las frases de transición que estudiarás en el Capítulo 6.

Otro recurso del escritor consiste en establecer una organización clara dentro de cada párrafo de su escrito. Ya que el párrafo se considera una unidad coherente, al dividir una exposición en párrafos, el escritor indica al lector que cada una de estas subdivisiones presenta una idea diferente. Lo típico es que cada párrafo presente una idea central y que esta idea central se pueda encontrar en una oración dentro del párrafo. A esta oración se le da el nombre de **oración temática.** La oración temática identifica el tema que se va a tratar en un párrafo y, a la vez, permite que el lector determine el contenido del conjunto.

Indicar una sola cosa en la primera oración para indicar lo que va a hablar.

Estructura 1: La presentación completa de dos entidades

Hay más información y actividades para practicar la organización del párrafo y la oración temática en el **Cuaderno de práctica.**

Tema:	El mango
Propósito:	Informar al lector sobre una fruta
Párrafo 1: *Introducción* *Tesis*	Comentarios introductorios <u>El mango, fruta desconocida para muchos estadounidenses, tiene parecido con el durazno.</u>
Párrafo 2: *Oración temática*	<u>El durazno es una fruta que se reconoce por ciertas características importantes.</u> 1. característica 1 (color) 2. característica 2 (sabor) 3. característica 3 (forma en que se come)
Párrafo 3: *Oración temática*	<u>El mango es una fruta inconfundible.</u> 1. característica 1 (color) 2. característica 2 (sabor) 3. característica 3 (lugares donde se da) 4. característica 4 (forma en que se come)

Párrafo 4: *Oración temática* *Comparación y* *contraste*	<u>Hay semejanzas y diferencias entre el mango</u> <u>y el durazno.</u> 1. detalle 1 2. detalle 2
Párrafo 5: *Conclusión*	Resumen de las ideas importantes

Estructura 2: Comparación y/o contraste de los aspectos de dos entidades comentados uno por uno

Tema:	La poesía chicana
Propósito:	Informar al lector sobre un determinado tipo de poesía comparándola y contrastándola con la poesía lírica tradicional
Párrafo 1: *Introducción* *Tesis*	Comentarios introductorios <u>La poesía chicana, aunque es un género</u> <u>nuevo, tiene un gran parecido con la poesía</u> <u>lírica tradicional.</u>
Párrafo 2: *Oración temática* *Comparación*	<u>La poesía chicana y la poesía tradicional uti-</u> <u>lizan el mismo tipo de estrofa.</u> 1. detalle 1 2. detalle 2 3. detalle 3
Párrafo 3: *Oración temática* *Comparación*	<u>La poesía chicana y la poesía lírica usan los</u> <u>mismos temas.</u> 1. detalle 1 2. detalle 2 3. detalle 3
Párrafo 4: *Oración temática* *Comparación*	<u>Los dos tipos de poesía utilizan lenguaje</u> <u>metafórico.</u> 1. detalle 1 2. detalle 2
Párrafo 5: *Oración temática* *Contraste*	<u>La poesía chicana sólo se aparta de la poesía</u> <u>tradicional en algunos aspectos.</u> 1. detalle 1 2. detalle 2
Párrafo 6: *Conclusión*	Resumen de las ideas principales

En el texto a continuación se trata un **tema** general: la descripción de un instrumento musical, la viola. La idea principal (**la tesis**) es que la viola tiene ciertas características en común con el violín, pero que en otros aspectos es diferente. La evidencia para apoyar esta idea central **se organiza** por medio de la técnica de la comparación y el contraste. El texto sigue la estructura que ya se ha señalado. La introducción incluye algunos comentarios breves sobre el tema y luego pasa a presentar la tesis. La tesis pone de manifiesto que se va a hablar de la viola haciendo una comparación y contraste con el violín.

Los siguientes párrafos comentan las semejanzas y, luego, las diferencias entre los dos instrumentos. Se enfocan aspectos superficiales que podría captar la persona que poco conoce de instrumentos musicales.

La conclusión sencillamente repite las ideas presentadas en los dos párrafos principales y concluye con una evaluación del escritor sobre el valor de la viola en la orquesta sinfónica.

El propósito es informativo: el texto presenta información para dar a conocer o explicar las varias características de la viola. En cuanto al punto de vista y tono, se nota que la exposición va dirigida a un lector que no tiene una sólida educación musical. No va dirigida a un grupo de virtuosos, es decir, expertos. Tampoco forma parte de un libro de texto que se propone explicar las diferencias entre la viola y el violín desde un punto de vista técnico. La actitud del escritor hacia el tema es, como en la mayor parte de las exposiciones, en gran parte neutral. Con excepción del comentario final y del juicio que hace en la introducción sobre el menosprecio de la viola, no se refleja su opinión.

El escritor de esta exposición da por sabido el hecho de que el lector a quien él se dirige ya sabe lo que es un violín. No es necesario, entonces, incluir muchos detalles sobre el violín. Basta con referirse a detalles que sean de fácil comprensión para el lector que no sabe mucho de música.

Modelo · La viola

Párrafo 1: *Introducción* *Tesis*	De todos los instrumentos de la orquesta, la viola es uno de los más menospreciados y olvidados. Mucha gente ni siquiera puede reconocer este instrumento. <u>Por lo general, puede decirse que la viola es un violín grande ya que se parece bastante a éste. Sin embargo, hay diferencias muy importantes en cuanto al sonido que emiten.</u>
Párrafo 2: *Oración* *temática* *Comparación*	<u>En ciertos aspectos, la viola parece ser idéntica al violín.</u> Los dos instrumentos están hechos de madera y tienen la misma forma. Ambos tienen cuatro cuerdas y se tocan con un arco. Ambos tienen cuatro clavijas y un puente. Los dos tienen una construcción semejante.
Párrafo 3: *Oración* *temática* *Contraste*	<u>Aunque son casi idénticos en su construcción, la viola se diferencia del violín en varios aspectos importantes.</u> En primer lugar, la viola es bastante más grande que el violín; este tamaño requiere que el músico tenga más fuerza en la mano y en la muñeca para alcanzar las posiciones de

las notas altas. El tono de la viola es más bajo que el del violín. Así la viola se destaca en las escalas intermedias, es decir, en aquéllas que no son ni tan altas como las que se identifican con el violín ni tan bajas como las que se identifican con el violoncelo. El arco de la viola es más grande y más pesado que el arco del violín. El resultado de esta diferencia es un tono más melancólico en la viola. Finalmente, a la cuerda de *do mayor* de la viola le falta el timbre de las cuerdas del violín; esta falta se supera con el uso de tonos sostenidos y crescendo-diminuendos.

Párrafo 4:
Conclusión

La viola, entonces, es casi idéntica al violín en estructura y forma, pero en otros aspectos es bastante diferente. Es más grande, más profunda y tiene un timbre diferente. También la viola se toca con un arco más pesado. Estas diferencias dan como resultado un tono único que hace de la viola un instrumento valiosísimo dentro de la orquesta sinfónica.

Se utiliza la técnica de la comparación y/o el contraste cuando se desea señalar las semejanzas y/o las diferencias entre dos o más conjuntos o entidades. La comparación y/o el contraste puede ser el enfoque principal de una exposición —como lo es en el texto sobre la viola, por ejemplo— o puede usarse junto con otras técnicas. Por ejemplo, el concepto de una generación— la generación del llamado «Baby Boom» o la famosa «generación X» y la nueva generación que algunos ahora llaman «los milenarios», formada por los que nacieron al principio de la década de los 80— intriga a muchas personas. Un escritor que decidió explorar este tema escribió un ensayo al respecto titulado «Los milenarios: una nueva generación»; aquí se presenta un bosquejo de este texto.

I. Introducción
Tesis: los miembros de esta generación se diferencian de los de otras generaciones anteriores por sus valores y actitudes hacia la sociedad.

II. Características de esta generación (en comparación con las otras)

III. ¿Cómo se explican estas diferencias?

IV. El efecto o impacto de estas diferencias: ¿Cómo van a afectar al mundo los miembros de esta generación?

V. Conclusión

Para apoyar su tesis relacionada con la generación de «los milenarios», el escritor organiza los datos en una serie de comparaciones y contrastes. Sin embargo, a diferencia del texto sobre la viola, gran parte del ensayo también explora otras preguntas: ¿Cómo se explican estas diferencias generacionales? ¿Qué impacto tienen estas diferencias, es decir, qué se puede esperar de los miembros de tal generación?

La exposición con base en la causa y el efecto

Una exposición con base en la causa examina un objeto o un fenómeno y busca responder a preguntas tales como: ¿Por qué es así? o ¿Cómo ha llegado a ser así? La exposición con base en el efecto tiene como propósito contestar la pregunta: ¿Cuáles son las consecuencias de esto? Es posible enfocar una exposición concentrándose en sólo una de estas perspectivas, pero es común combinar ambas en un solo ensayo, es decir, examinar el porqué de cierta situación y luego explicar las consecuencias que ésta pueda tener sobre determinado grupo, creencia o actividad.

Tanto las causas como los efectos se pueden dividir en dos grupos: los directos y los indirectos. Una causa indirecta está separada en el tiempo (y el espacio) de su resultado, mientras que la causa directa tiene una relación más obvia e íntima con éste. Por ejemplo, si fulano de tal, un fumador empedernido, muere de cáncer en los pulmones, la causa directa de su fallecimiento es el cáncer mientras que la causa indirecta ha sido el hábito de fumar. La fuerza o validez de un argumento no reside en el carácter directo o indirecto de las circunstancias examinadas: las causas directas pueden ser triviales y las causas indirectas pueden ser tan remotas que su relación con lo examinado resulte poco sólida. La tarea del escritor es investigar —y pesar— los datos con cuidado para luego poder presentarlos al lector de manera convincente.

Los ancianos de Vilcabamba

La expectativa de vida en algunos países, como los Estados Unidos, se ha incrementado a partir del siglo pasado en más de 30 años, el aumento más alto en toda la historia de la humanidad: en 1985 era de 71 años para los hombres y 78 para las mujeres. Pero, ¿cuántos años podrá vivir una persona sometida constantemente a la presión del progreso y la vida moderna? Todo debe tener un límite aunque para algunos esto no parece ser cierto, pues llegan a edades avanzadas en pleno uso de sus facultades tanto físicas como mentales, muchas veces superando el siglo de edad, lo cual los convierte en objeto de estudio para médicos y científicos que desean conocer cuál es el secreto que les ha permitido alcanzar esa longevidad.

Los habitantes del poblado de Vilcabamba, al sur del Ecuador, son uno de estos casos, y son estudiados desde 1940, cuando el censo reveló algunos datos asombrosos sobre las edades de sus habitantes: el 18% de la población tenía más de 65 años de edad —a diferencia del 4% en el resto del Ecuador y 9% en los Estados Unidos—; 11% superaba los 70 años, y nueve personas tenían entre 100 y 130 años; el censo reveló también que algunos nonagenarios aún trabajaban en el campo, que muchas mujeres se dedicaban a tejer lana y a preparar pan en la panadería local, y que algunos hombres trabajaban haciendo ladrillos de adobe, material con el que están fabricadas la mayoría de las casas que hay en el lugar.

Pero, ¿por qué los pobladores de este pueblo tan apartado del mundo alcanzan esas edades? Para tratar de contestar esta pregunta se han realizado estudios en Vilcabamba, como el que llevó a cabo un grupo de investigadores patrocinado por la Fundación de Estudios Avanzados en Humanos.

Las personas de edad avanzada de Vilcabamba son de las más pobres del mundo. Su ingreso apenas supera los U.S. $2.00 diarios en jornadas de trabajo mayores de ocho horas. Desde la Reforma Agraria, varios han sido obligados a cambiar sus áreas de trabajo a causa de su incapacidad para rentar o comprar las tierras donde pasaron muchos de sus años trabajando, y no reciben pensión ni otra ayuda económica.

Vilcabamba está dentro de un valle alto rodeado de cuatro grandes montañas de los Andes y cubierto de una vegetación tropical exuberante. El pueblo está formado por 12 calles que se cruzan, y en el centro tiene una bella iglesia de 120 años de antigüedad y un parque adornado con árboles y flores. Su nombre parece venir de la palabra quechua *huilco*, que es una pequeña planta nativa del valle, o, como otros afirman, de las palabras *vilca*, que significa «sagrado» y *bamba*, «valle», en la lengua de los shuara, los primeros indígenas que habitaron el valle. En 1975, la población rural era de 3.555 personas y la del pueblo, de 819 (con nueve centenarios). En septiembre de 1987, la población llegaba a 6.000, con seis centenarios (diez veces la tasa para la población total de los Estados Unidos), y 19 personas tenían más de 90 años (diez mujeres y nueve hombres). Debido a los bajos ingresos que se reciben por cultivar la tierra, los jóvenes de Vilcabamba generalmente emigran del pueblo en busca de mejores oportunidades de trabajo en poblaciones más grandes, como Loja, al norte, dejando a los viejos, por lo que es difícil encontrar familias compuestas por tres o cuatro generaciones, como era usual hace diez años.

Los viejos de Vilcabamba viven en condiciones que, en la mayoría de los países desarrollados, se podrían considerar deplorables. No tienen agua corriente ni sanitarios dentro de sus habitaciones, la falta de gas los hace utilizar hornos de leña, y cocinan poca cantidad de comida cada vez, pues la falta de refrigeración no permite almacenar mucho alimento ni por largos períodos; sorprendentemente para los nutriólogos, cocinan con manteca de cerdo. La mayoría de las habitaciones de los viejos no tiene ventanas, y no es extraño encontrar aves y ocasionalmente cerdos, vagando dentro de las viviendas.

Siempre se ha dicho que el ejercicio físico ayuda a conservar la salud, y parece ser que esto es lo que contribuye a la larga vida de los ancianos de Vilcabamba. Los hombres y las mujeres desarrollan actividades físicas desde el lunes hasta el sábado a mediodía, y solamente descansan el sábado en la tarde y el domingo. Sus tareas incluyen la siembra y colecta de granos y vegetales en el campo, además de alimentar y atender a sus animales; algunos hombres preparan hojas del tabaco que se produce en el lugar. Las tareas de la mujeres no son menos duras: les corresponde lavar la ropa en los ríos, limpiar la casa, preparar las comidas y atender a los nietos. Al mediodía llevan la comida a sus esposos y a otros trabajadores hasta los lugares de trabajo, teniendo que subir y bajar colinas, a veces en jornadas que les llevan más de dos horas, y después regresar también caminando hasta la casa.

La alimentación, parece que es la clave de su longevidad. El almuerzo, que es la ración más pesada del día, consiste en una taza de maíz o arroz hervido con vegetales (yuca, papas, zanahorias, unas bananas pequeñas llamadas «guineos» y trozos de carne). Uno de los alimentos que más se preparan es el caldo de huesos. La leche fresca de vaca o cabra se consume en cantidades pequeñas. Los vegetales se colectan frescos y las frutas generalmente se comen en el lugar mismo de donde se obtienen. La dieta incluye cerezas silvestres, nueces y granos enteros, aunque no mantequilla, bebidas frescas, ni ensaladas. El pan lo comen poco. No utilizan mostaza o especias. Los guisos se preparan con poca o nada de sal. La comida generalmente no tiene preservativos o aditivos. El azúcar es poco refinado, de color café, y está preparado en bloques llamados «panela» o «raspadura».

Desde hace pocos años se ha empezado a observar un aumento en los casos de hipertensión y diabetes, enfermedades que se atribuyen a cambios en los hábitos alimenticios de las personas que tienen acceso a las tabletas de sal, al azúcar refinado y a los alimentos enlatados. En general, la dieta de los viejos es baja en calorías (menos de 1.500), proteínas (la mayoría obtenidas de vegetales) y grasas (16% o menos).

Como a todos, les gusta el café, el tabaco y, ocasionalmente, el alcohol. El café lo preparan fuerte y lo mantienen frío en botellas uno o dos días hasta el momento en que lo toman, cuando lo vierten en agua caliente. El tabaco lo fuma la mayoría, algunos entre 40 y 60 cigarrillos diarios, preparados por ellos mismos en hojas de maíz o papel importado desde Loja. No son pocos los ancianos que consumen alcohol (aguardiente preparado de caña de alto contenido etílico), llegando a tomar hasta cuatro vasos diarios, aunque es rara la mujer que fuma o ingiere alcohol.

La actitud mental de los pobladores de Vilcabamba también es factor importante en su buena salud. Todos ellos están bien adaptados a su medio. Son activos de mente y cuerpo, y siempre tienen una actitud optimista frente a la vida. Todos se sienten orgullosos de haber vivido tantos años sin los avances del «progreso». La tranquilidad de los «viejos» les ha hecho ganarse el nombre de «pavos».

Quienes conocen a los habitantes de Vilcabamba se hacen siempre la misma pregunta: ¿Por qué tantos pobladores de este lugar logran alcanzar edades que parecen imposibles en otros países del mundo? Las condiciones de vida y salud son pobres. La mayoría ha vivido sin haber recibido nunca una vacuna, medicamento o suplemento de minerales o vitaminas. Algunos médicos exponen sus teorías del por qué de la longevidad de los viejos de Vilcabamba: «la tranquilidad de la gente que vive sin tensiones, sin el *stress* permanente de nuestra civilización, sin ambiciones económicas o espíritu de competencia, lejos de las influencias del mundo civilizado, ...la actividad física diaria y el alimento natural bajo en calorías contribuyen en buena medida a compensar la falta de medios, bienes y oportunidades», y añaden: «...la importancia de Vilcabamba no reside en el área de la longevidad que alcanzan sus viejos, sino en la buena salud que presentan a edades tan avanzadas».

La civilización continúa adelante y, con ella, la calidad de la vida. Pero, el acelerado y gigantesco progreso que ha experimentado la civilización puede volverse en nuestra contra y reducir nuestra vida, impidiéndonos disfrutar de una edad avanzada en pleno uso de nuestras facultades, como los ancianos de Vilcabamba.

Este texto trata el tema de la asombrosa longevidad de los habitantes de Vilcabamba, un pueblo del Ecuador. **La pregunta central** del texto es: ¿Cómo es que estas personas alcanzan edades tan avanzadas? La respuesta a esta pregunta de enfoque es **la tesis** del texto: los habitantes viven tan largo tiempo debido a las características de su manera de vivir (mucha actividad física, poca tensión y estrés) y a su dieta (alimento natural bajo en calorías). **El propósito** es informar. Tanto la pregunta central como la organización de los datos siguen la técnica de la causa y el efecto; además de incluir los verdaderos factores que contribuyen a la longevidad de los de Vilcabamba, el escritor también examina algunos factores que —contra la lógica— resultan de poca importancia. Pero aquí esto no equivale a incluir información que no viene al caso, sino que ayuda a establecer la validez de las conclusiones que se reportan.

EN SU CUADERNO...

haga la redacción libre acerca del tema general «el cambio». ¿Qué significa para Ud.? ¿Qué imágenes le vienen a la mente? ¿Qué información o experiencias asocia con el tema? Analice su redacción libre e identifique la idea principal. ¿Tiene algo que ver con comparación y contraste o causa y efecto?

El tono de este texto es bastante académico y distanciado en el sentido de que se incluye poca información individual y personal acerca de los habitantes de Vilcabamba. La técnica informal de hacerle preguntas directas al lector («¿Por qué los pobladores alcanzan esas edades?») pronto se convierte en una presentación desinteresada de los hechos, la cual hace referencia a los habitantes sólo como un grupo de sujetos de estudio. No hay ni nombres personales ni citas directas; se utiliza casi exclusivamente la tercera persona plural y la construcción pasiva refleja.

Tarea

En este capítulo, Ud. va a redactar un ensayo expositorio sobre un tema que sea de interés para Ud. La evidencia que incluya para apoyar la tesis de su exposición debe organizarse según la técnica de la comparación y el contraste, de la causa y el efecto o una combinación de ambas técnicas.

Piénsalo...

La combinación de técnicas usada en el texto «Los ancianos de Vilcabamba» es bastante común en la escritura de ensayos. La combinación te ofrece a ti, el escritor, mayor libertad y flexibilidad en términos de cómo vas a acercarte al tema. Por otro lado, esto significa que necesitas tomar precauciones para asegurarte de que tu lector sigue tu línea de pensamiento, comprende lo que estás haciendo y capta las relaciones entre las distintas partes del la información. Cuando leas los textos de este capítulo, presta atención especial al modo en que los escritores han organizado la información. ¿Qué hacen para que el lector pueda seguir la presentación y captar la idea? ¿Cómo despiertan las expectativas del lector?

Primera etapa: Antes de redactar

En esta primera parte del capítulo, Ud. tendrá la oportunidad de

- explorar ideas relacionadas con varios temas que se prestan a la exposición

- experimentar con varias técnicas de organización para luego determinar cómo va a presentar la tesis y la evidencia que la apoya

- experimentar con varias técnicas de prerredacción para elegir el tema y la técnica de organización

- definir el propósito de su escrito

- identificar las necesidades del lector a quien Ud. escribe

LA GENERACION Y RECOLECCION DE IDEAS

Actividad A.   La lluvia de ideas

Cada uno de los siguientes temas puede examinarse desde varias perspectivas: análisis y clasificación, comparación y contraste, causa y efecto.

1. Trabajando con dos o tres compañeros de clase, escojan uno de los temas de cada columna (A, B y C). Hagan una lluvia de ideas para crear preguntas de enfoque sobre cada uno de los temas escogidos. (Trabajen cada tema por cuatro o cinco minutos antes de pasar al siguiente.) No es necesario guiar la lluvia de ideas hacia ninguna perspectiva específica. Exploren todos los aspectos que se les vengan a la mente sobre cada tema. ¿Cuántas preguntas diferentes se les ocurren para cada tema? Un miembro del grupo debe servir de secretario/a para apuntar las preguntas sugeridas.

A: LAS EXPERIENCIAS	B: LOS FENOMENOS	C: LA GENTE
• el matrimonio y el divorcio	• el analfabetismo	• los extraterrestres
• la inspiración	• la violencia	• la generación X
• los desastres naturales	• la comunicación	• las mujeres y los hombres
• la risa y el humor	• la salud	• la diversidad cultural
• el estrés	• la imagen	• los animales domésticos

2. Terminadas las lluvias de ideas, examinen las preguntas de enfoque que resultaron de cada una. Identifiquen las preguntas que servirían para un escrito que explorara comparación y contraste y las que servirían para un escrito que explorara causa y efecto.

3. Compartan el resultado de los dos primeros pasos con los resultados de los demás grupos de la clase. Entre todos, elaboren una tabla de ideas con los temas y las preguntas. ¿Hay mucha diferencia de opiniones?

TABLA DE IDEAS		
Tema general	*Pregunta específica*	*Orientación (¿comparación y contraste? ¿causa y efecto?)*

Actividad B. Perspectivas e intercambios

EN SU CUADERNO...

escoja uno de los temas de esta actividad o de la Actividad A y haga la redacción libre por cinco minutos para explorarlo con más profundidad. (Recuerde que hay una explicación de cómo hacer la redacción libre en la página 7.) Si un nuevo tema resulta de esta actividad, no se olvide de agregarlo a su tabla de ideas.

1. Hoy en día parece que se valora mucho el hablar. Todos los medios de comunicación ofrecen oportunidades para conversar: los «talk shows» dominan la televisión, el radio «talk» es todo un fenómeno y hay «chat rooms» en la Internet. Por otro lado, al hecho de escuchar se le dedica poca atención. Ya nadie sabe escuchar bien, ni quiere hacerlo. ¿Cómo se explica esta tendencia? ¿A qué se debe la popularidad de los talk shows? ¿Qué significa «saber escuchar»? ¿Importa saber escuchar? ¿Por qué sí o por qué no?

2. Muchas personas «mayores» —desde los treintones hasta los septuagenarios— están volviendo de nuevo a las aulas universitarias. ¿Cómo se explica esta tendencia? ¿Qué motiva a una persona mayor a volver a ser estudiante? ¿Cuáles son los problemas que estas personas confrontan en la universidad? ¿Qué dificultades crean para los profesores o los demás estudiantes? Además de la posibilidad de obtener un título (*degree*), ¿qué más ganan las personas mayores de tal experiencia? ¿En qué se diferencia su experiencia de la de los estudiantes más jóvenes?

3. Lo real y lo ficticio; el arte y la verdad: no siempre es fácil distinguir el uno del otro ni separar las causas de los efectos. Sin embargo, es interesante analizar los cambios que han occurido en la manera en que varios fenómenos se presentan en los medios de comunicación populares. ¿Reflejan cambios que ocurren en la sociedad o son estos medios los que los inician e impulsan? ¿Qué patrones (*patterns*) puede Ud. identificar en las siguientes áreas? ¿De dónde vienen estos patrones y qué significan?

- el primer galán (*leading man*) o el «malo» (*bad guy*): sus características físicas y cualidades personales

- la familia: definición, funcionamiento, características típicas

- la mujer ideal: sus características físicas y cualidades personales

- la figura del alienígena y las características de un «encuentro» con otros seres

- la tecnología: su impacto en la vida contemporánea y su relación con otros aspectos de ésta

- ¿ ?

Actividad C. Observación y comentario (Parte 1)

1. Examine la foto que aparece a continuación. ¿Qué ocurre? ¿Quiénes son los personajes y dónde se encuentran? ¿En qué reside la ironía de la foto? Entre todos, comenten los posibles «mensajes» comunicados por la foto.

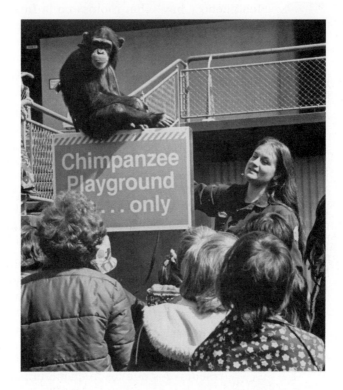

2. Ahora examine los dibujos de la próxima página. ¿Qué ocurre en ellos? ¿Quiénes son los personajes y dónde están? ¿Cómo se pueden explicar las motivaciones de las personas? ¿Por qué actúan así? ¿Qué posibles consecuencias pueden tener sus acciones? Entre todos, comenten los posibles mensajes comunicados por estos dibujos. ¿Cuál podría ser el tema de cada uno?

3. ¿Qué emociones provoca en Ud. los dibujos? ¿Por qué?

4. En el siguiente gráfico no hay personas, pero sí se hace referencia a la sociedad y a la manera de vivir. ¿Cuál es el tema? ¿Le parece que es un gráfico efectivo? ¿Por qué sí o por qué no? ¿Podría Ud. aplicar esta misma técnica para resumir por escrito los mensajes sugeridos por los otros tres gráficos? Comente.

Actividad D.   Observación y comentario (Parte 2) y el mapa semántico

1. Divídanse en grupos de tres o cuatro personas. Su profesor(a) le asignará a cada grupo uno de los gráficos de la Actividad C. En su grupo, exploren con más profundidad el tema de su gráfico, haciendo preguntas de enfoque al respecto.

2. En su grupo, identifiquen las preguntas que mejor se presten a la exploración de causas y efectos y las que se presten a la comparación y/o el contraste.

3. Compartan su análisis con los de los demás grupos de la clase, modificando sus listas con las sugerencias de los demás.

4. En su grupo, escojan uno de los temas ya comentados y enfocados y hagan un mapa semántico de ese tema. (Recuerden que hay una explicación de cómo hacer un mapa semántico en el Capítulo 2 de este texto y en el Capítulo 1 del ***Cuaderno de práctica***.) Después de cinco minutos, cada grupo debe recrear el mapa para su tema en la pizarra.

5. Entre todos, comenten los varios mapas. ¿Cuál es la tesis sugerida por cada uno? ¿Hay en uno u otro mapa alguna información omitida que se deba agregar?

6. Agregue los nuevos temas interesantes a su tabla de ideas en el ***Cuaderno de práctica***.

Actividad E.   La lectura: ¿Hablas CyberSpanglish?

El texto a continuación explora el fenómeno de la comunicación. Como toda exposición, este texto pretende contestar una pregunta específica al respecto. ¿Puede Ud. identificar esa pregunta?

¿Hablas CyberSpanglish? ¡Podrías estar hablándolo ya! por Yolanda M. Rivas

Comenzó en los escritorios con computadoras de hispanohablantes y continúa extendiéndose sobre el globo al paso del número creciente de hispanos que se conectan con la Internet. En tanto que el mundo se vuelve más enlazado por redes de computadoras, usuarios hispanohablantes de computadoras y de la red mundial se han visto necesitados de modos ingeniosos para explicar lo que hacen: «Voy a emailearlo ahorita; zoomea más para verlo más grande; necesito rebutear la computadora otra vez».

Es Spanglish para computadoras —un CyberSpanglish. Es un híbrido, diferente del Spanglish callejero de las ciudades norteamericanas, que ha aparecido para resolver problemas intrincados tales como «¿Cómo se dice 'click on a hypertext link or an icon'?: ¡Cliquéalo, pues!» Los usuarios latinos conectados con la red se han rebelado contra las reglas y tradiciones antiguas de su lengua y se han creado una identidad comunitaria de la Era de la Información. Así, el Cyber-Spanglish no es sólo un indicio de la evolución de una lengua, sino también de la de su gente —aquéllos que están unidos por las redes de computadoras y que crean su propio conjunto de códigos para comunicarse eficientemente acerca de la tecnología innovada.

En consecuencia, muchos términos híbridos han devenido en formas idiomáticas aceptadas. Ciertos coloquialismos del inglés no tienen equivalentes en español. En tales casos, los usuarios reconocen «emailear» (*to e-mail*) en vez de «enviar por correo electrónico», o «linkear» (*to link*) en lugar de «enlazar», o «el Web» (*the Web*) en vez de «la Telaraña».

Tales trabalenguas como «hacer un golpecito seco» (*to click*) erosionan la lealtad que los usuarios hispanohablantes de computadoras le tienen al español puro. A la vez, muchos latinos astutos acerca de la informática también hablan inglés, lo cual les da la oportunidad y los medios para crear el CyberSpanglish. Al trabajar con «máquinas en inglés», estos ciberlatinos, generalmente con educación superior, están creando continuamente nuevos modismos para hablar sobre el «infobahn». La tecnología ha adoptado el léxico de sus creadores: anglohablantes norteamericanos, estirando los límites del vocabulario no sólo del español sino también de lenguas locales alrededor del mundo.

Para algunos, el cambio amenaza la pureza cultural. Otros lo aceptan como una evolución necesaria, como un modo de comunicar lo que se necesita comunicar. La Internet y su lengua franca, el inglés, han arribado a las comunidades hispanohablantes conectadas con la red, y dos culturas se han vuelto más entrelazadas. La transformación hasta se puede comparar con otras encrucijadas que le dieron forma a otras lenguas: la invasión árabe-beréber de Iberia, la que le dio palabras árabes que los hispanohablantes usaron a la manera del latín; o la conquista normanda, que le dio al inglés tantas palabras francesas para usarse en una lengua germánica. Como el español y el inglés, los ciberlatinos toman prestados términos que usan a su propia manera, hispánica y única.

En medio de conversaciones, mensajes transmitidos, y documentación informática, los ciberlatinos salen con términos del CyberSpanglish, confeccionando híbridos de inglés y español y ajustándolos a sus necesidades. Al igual que los puertorriqueños en Nueva York o los mexicoamericanos en el suroeste, los latinos conctados con la red usan elementos del inglés y del español pero mantienen la sintaxis del español y la pronunciación de los vocablos prestados. Los practicantes del CyberSpanglish con frecuencia usan vocablos sin traducirlos, como verbos del inglés conjugados en español («emailear»), y como palabras del español con nuevos significados porque se parecen a la palabra del inglés («fuentes» por «fonts»). El fenómeno se ha vuelto tan común que existen foros en la Internet sobre el asunto.

En la medida en que evolucione la tecnología, así evolucionará el español. Poco se duda que el CyberSpanglish permanecerá como un fenómeno dinámico a través de las comunidades latinas conectadas en la oficina, en la escuela e incluso en el hogar. Aunque algunos arguyan que el CyberSpanglish es un tipo de idioma impuro, el mundo hispanohablante debe contar con la facilidad para comunicar los conceptos de la tecnología para mantenerse al corriente con ella. La evolución de vocablos del CyberSpanglish ayuda en el diseño de terminología informática nueva que se necesita en la lengua hispánica. La innovación de términos nuevos servirá de estímulo a los hispanohablantes en el uso de un vocabulario más formalizado, en vez de términos híbridos improvisados sin suficiente discernimiento.

Las comunidades latinas conectadas con la red han elegido avanzar con la tecnología. La lengua cambia al paso de la tecnología.

1. ¿Cuál es la pregunta central que este texto busca contestar? ¿Cuál es la tesis?

2. El propósito de esta exposición es informar. ¿Cuáles son los datos específicos que se incluyen para apoyar la tesis?

3. ¿Cómo se organizan los datos? ¿Por medio de la técnica de la comparación y el contraste? ¿la causa y el efecto? ¿Por medio de ambas técnicas?

4. ¿Cómo es el tono del escrito? ¿Es muy personal o más bien impersonal y objetivo? ¿Por qué piensa Ud. eso? ¿Qué hay en el texto que cree ese tono?

5. ¿Está Ud. de acuerdo con la selección de detalles que ha incluido la escritora para justificar su posición acerca del carácter lingüístico del «CyberSpanglish»? ¿Hay otros datos que a Ud. le parezcan más importantes? Comente.

6. Según el texto, el CyberSpanglish ha surgido como respuesta a las necesidades específicas de la comunicación electrónica. ¿Qué opina Ud. de este razonamiento? Por lo general, cuando se han inventado nuevos medios de comunicación —como el teléfono, las máquinas de escribir, los procesadores de palabras y las máquinas de fax— ¿se han inventado también «nuevas lenguas» relacionadas con ellos? Comente.

7. ¿Utiliza Ud. el correo electrónico? ¿En qué son similares un mensaje por correo electrónico y una carta personal? ¿apuntes en un diario (*journal*) personal? ¿un recado por *voice mail*? ¿En qué difieren?

8. En general, ¿piensa Ud. que el correo electrónico y el *voice mail* son inventos positivos? ¿Por qué sí o por qué no? Trabajando con un compañero / una compañera, elaboren un gráfico para la comunicación en la edad electrónica parecido al gráfico relacionado con el auto (página 117). Después, compartan su gráfico con los demás de la clase. ¿Hay mucha diferencia de opiniones?

9. Imagínese que los miembros de la clase van a hacer una presentación acerca del carácter y el impacto de la comunicación electrónica en el mundo contemporáneo. ¿Cómo se tendría que modificar la información incluida en la presentación si el público estuviera formado principalmente de...

   - individuos poco experimentados en el uso del correo electrónico?

   - individuos que identifican la tecnología con la despersonalización de la sociedad moderna?

   - estudiantes universitarios?

No se olvide de modificar su tabla de ideas con los nuevos temas que resulten de esta actividad.

Enfoque

- Repase la tabla de ideas en su **Cuaderno de práctica** y los apuntes de las actividades que Ud. ha hecho hasta este punto.

- Escoja un tema que le interesa personalmente.

- En su **Cuaderno,** haga un mapa semántico de los aspectos del tema que le parecen interesantes e importantes. Para hacer resaltar la comparación y el contraste, aquí hay varias preguntas que considerar.

   a. *Comparación:* ¿En qué son semejantes esta entidad y esa otra? ¿Qué características tienen ambas en común?

    b. *Contraste*: ¿En qué son diferentes esta entidad y esa otra? ¿Qué características las diferencian?

● Para hacer resaltar la causa y el efecto, aquí hay algunas preguntas que considerar.

    a. *Causa:* ¿Por qué es así este objeto o fenómeno? ¿Cómo ha llegado a ser así?

    b. *Efecto:* ¿Qué impacto ha tenido este objeto o fenómeno en la sociedad, en la vida personal, etcétera? ¿Cuáles son sus consecuencias?

Piénsalo...

Como mencioné en el Capítulo 3, no todo escritor prepara un esquema formal antes de empezar a escribir un ensayo. Sin embargo, debería ser posible construir un esquema concreto *después* de haber escrito el ensayo. Esta técnica puede ayudarte a identificar los siguientes problemas potenciales.

● Agujeros en el texto: «Dije que iba a mostrar *X* e *Y*; mostré *X*, de acuerdo, pero ¿dónde está *Y*?»

● Situaciones de lógica incorrecta: «Hummm... estos ejemplos tenían que mostrar la evidencia de por qué algo es como es, por qué es de esa manera y no de otra; pero sólo dicen lo útil que es este asunto para la sociedad, y no explican en ningún momento la relación causa/efecto.»

● Saltos de pensamiento o razonamiento: «Toda esta sección empieza hablando sobre *X* y acaba hablando sobre algo totalmente diferente. Esta última parte es bastante interesante, así que quiero conservarla; pero es evidente que no está en el lugar adecuado.»

En el **Cuaderno de práctica** hay un buen número de consejos muy útiles sobre la coherencia del párrafo, que puedes aplicar perfectamente a la coherencia del texto. Sería buena idea que repasaras estos consejos antes de hacer el esquema de tu ensayo.

TECNICAS DE ORGANIZACION Y EXPRESION

Pensando en el lector: Introducciones y conclusiones

Como ya se ha visto, uno de los recursos importantes del escritor para asegurar que su lector siga el razonamiento del escrito es establecer una organización de párrafo lógica y clara. De gran importancia también es el uso de frases que marcan abiertamente momentos importantes en el escrito. Los más básicos son la introducción, la conclusión y los cambios de tema. En este capítulo se presentarán las frases de introducción y conclusión. En el Capítulo 6 se hablará de las frases de transición.

La introducción

El primer párrafo de una exposición tiene como propósito informar al lector sobre lo que leerá a continuación. Pretende captar su interés o limitar el tema indicando qué dirección tomará la exposición.

Con frecuencia se emplean dos tipos de introducción. El primer tipo sencillamente revela lo que será el tema general de la exposición. Tiene dos propósitos.

1. Presentar en términos generales el tema de la exposición.

2. Incluir en la última oración la tesis de la exposición, que se apoyará en cada uno de los párrafos del texto.

Este tipo de introducción utiliza con gran frecuencia una estructura que puede representarse mediante un triángulo invertido.

PRESENTACION DEL TEMA EN TERMINOS GENERALES

ENFOQUE UN POCO MAS PRECISO

ENFOQUE AUN MAS PRECISO

ENFOQUE ESPECIFICO

TESIS

En la siguiente introducción se ve claramente esta estructura.

El uso de los narcóticos ha aumentado en grandes proporciones en el mundo entero. Su consumo, que hasta hace solamente unas cuantas décadas era característico de los medios criminales o de ciertos grupos marginales, es hoy en día común entre la llamada «gente decente». Más alarmante aún es el hecho de que su uso se ha generalizado también entre la juventud. Se sabe que el tráfico de drogas existe en forma activa entre jovencitos de 11 a 13 años de edad. Los problemas que encuentran estos niños se empiezan a estudiar hoy con detenimiento y ya se ha logrado una mejor comprensión de las causas de su dependencia de las drogas y de las posibles soluciones que pueden tener tales problemas.

Este tipo de introducción a menudo enumera brevemente los puntos principales en que se va a apoyar la tesis.

El segundo tipo de introducción, al que se le ha dado el nombre de «gancho», es un poco más complejo. El propósito fundamental del gancho es llamar la atención del lector neutral a quien quizás poco le interese el tema. Para lograr este propósito se usan en el gancho diferentes estrategias.

1. Se puede empezar con una pregunta.

   ¿Será posible que todavía haya personas que crean en la honradez del ser humano?

2. Puede utilizarse la definición de algo muy conocido que luego servirá para establecer un contraste humorístico.

   El automóvil es un vehículo que sirve como medio de transporte. ¡Qué error comete el ingenuo que todavía cree en esto!

3. Puede utilizarse un ejemplo que incluya una narración.

   Margarita llegó a su casa a las seis y media después del trabajo. Pasó por sus niños a la guardería y ahora comienza a preparar la cena. Después arreglará la ropa de todos para el día siguiente y limpiará un poco la casa. A las diez de la noche, se encontrará cansadísima. Así es la vida de un gran número de madres que viven solas, separadas del marido y sin el apoyo de parientes cercanos. Los problemas de estas madres y de sus hijos son cada día más graves.

4. Puede utilizarse una descripción.

Aunque algunas de estas estrategias son más comunes que otras, todas pueden usarse con éxito. Su uso depende solamente del propósito del escritor y, sobre todo, de la clase de lector a quien se dirija.

La introducción, entonces, es un párrafo que le permite al escritor poner un marco alrededor de su tema, es decir, explicar a qué se refiere, por qué viene al caso, por qué es de interés. Le permite también despertar el interés del lector en alguna forma especial. La introducción es útil para el lector también porque le ofrece una idea preliminar del contenido de lo que leerá.

Al escribir una introducción es importante planear de antemano la estrategia que se empleará, tanto para interesar al lector como para hacerle saber qué aspectos van a tratarse en la exposición. Ciertas introducciones, como las que se incluyen a continuación, deben evitarse.

- En esta composición voy a hablar de... porque me parece muy interesante.

- Quiero hablar aquí de...

- Una cosa que quiero decir sobre... es...

- El propósito de esta composición es...

La conclusión

Una conclusión bien escrita consiste en un párrafo conciso que apoya la idea principal y deja saber al lector que se ha dado fin a la discusión. Hay varias estrategias que pueden utilizarse para escribir conclusiones.

1. Se puede hacer un resumen de los aspectos principales. Este tipo de conclusión se presta especialmente para las exposiciones largas.

2. Se puede ofrecer una opinión. En estos casos el escritor evalúa los hechos expuestos y llega a emitir un juicio que comparte con sus lectores sobre lo que ha presentado.

3. Se puede recomendar una acción.

4. Se puede repetir la idea principal presentada en la tesis.

5. Se puede comentar sobre las implicaciones que tienen las ideas que se han presentado.

6. Se pueden reiterar las ideas, el tono, etcétera, de la introducción para darle unidad a lo escrito.

Como en el caso de la introducción, el contenido de la conclusión dependerá del propósito específico del escritor y de la clase de lector a quien se dirija. Al llegar a este punto, lo importante es dar a entender a éste que se ha terminado, dejándolo al mismo tiempo con la impresión final que el escritor desee dejar en él.

Actividad A. Análisis de textos

1. Vuelva a examinar el texto «La viola» (páginas 107–108). ¿En qué consiste la introducción para este texto? ¿Cuál es su propósito — resumir los puntos principales que se van a explicar más adelante? ¿captar el interés del lector? ¿otro? En su opinión, ¿es una introducción efectiva? ¿Por qué sí o por qué no? Tomando en cuenta el propósito del texto y su tono, ¿le parece apropiada la introducción? Si dice que no, ¿qué cambios recomendaría Ud. que se hicieran?

2. Vuelva a examinar el texto sobre los ancianos de Vilcabamba (páginas 109–112). Según las observaciones de la página 113, «El tono de este texto es bastante académico y distanciado» y la información se presenta de manera «desinteresada» e impersonal. ¿Se aplican estos comentarios a la introducción y la conclusión también? Explique. En su opinión, ¿es efectiva la conclusión? ¿Por qué sí o por qué no? Si dice que no, ¿qué cambios recomendaría Ud. que se hicieran?

3. Examine de nuevo el texto «CyberSpanglish» (páginas 118–120). ¿Son efectivas la introducción y la conclusión del texto? ¿Le recomendaría Ud. a la autora que hiciera algunos cambios? Comente.

4. De los varios tipos de introducción y conclusión comentados aquí, ¿qué tipo le gusta más a Ud.? ¿Por qué?

Estrategias del escritor: La técnica para llegar al núcleo del mensaje

Una de las razones por las cuales el hecho de escribir puede presentar dificultades es que el escritor, a diferencia del que presenta sus ideas oralmente, tiene que «hablar» sin el beneficio de una respuesta o reacción directa o inmediata. Anticipa la recepción de sus palabras adivinando su efecto en un lector todavía ausente.

Pero el aspecto solitario de redactar no significa que el escritor no pueda ni deba buscar la reacción de otros mientras trata de expresar sus ideas por escrito. De hecho, una estrategia muy útil se basa en condensar las ideas principales para explicárselas en resumen a un amigo o compañero. Esta estrategia, que se ha llamado en inglés «nutshelling»,[1] le ayuda al escritor a distinguir las ideas principales de las subordinadas. Al hacer esto, enfoca más en lo esencial de su mensaje, y aun puede llegar a una nueva comprensión conceptual de lo que realmente quiere decir.

Esta técnica para llegar al núcleo del mensaje de un escrito se hace en dos etapas. Primero, hay que buscar un amigo y presentarle en unas cuantas oraciones la esencia del argumento. Este es el proceso de **identificar el mensaje.** Segundo, hay que imaginarse un maestro de escuela que tiene que enseñarle esto mismo a un grupo que no sabe nada sobre el tema. ¿Cómo ha de explicar u organizar sus ideas para que este grupo las capte? ¿Qué información ha de incluir de modo que el grupo comprenda *el propósito* de su presentación y no simplemente los hechos específicos? Al igual que cualquier maestro, tendrá que tomar en cuenta las características más sobresalientes de su público y escoger los ejemplos, como también el lenguaje, más apropiados para dirigirse a esa persona.

En resumidas cuentas el escritor debe preguntarse, primero: ¿Qué quiero que el lector aprenda de mi escrito? y segundo: ¿Cómo he de conceptualizar y presentar la materia para lograrlo?

Actividad A.   Llegar al núcleo del mensaje (Parte 1)

1. Imagínese que un compañero le ha pedido a Ud. que le ayude con la técnica de llegar al núcleo del mensaje de un texto que él escribe para su clase. Para ello, le muestra el título y los primeros cuatro párrafos de su texto (página 127). Léalos brevemente. ¿Qué puede Ud. deducir, de esta primera lectura, acerca de lo que le quiere «enseñar» su compañero?

[1]Más información sobre esta estrategia puede encontrarse en *Problem-solving Strategies for Writing* de Linda Flower (Harcourt Brace, cuarta edición, 1993).

2. Entre todos, comenten el tema sugerido por este trozo. Ya que el texto se destina a los miembros de su clase, ¿qué tiene que hacer su compañero para presentar la materia de manera que sea de interés para este grupo? ¿Qué actitudes o información previa debe tener en cuenta? ¿Qué preguntas debe contestar? En otras palabras, ¿qué tiene que hacer de modo que Uds., sus lectores, capten «el propósito de su presentación y no simplemente los hechos específicos»?

JUEGO SINIESTRO: Por qué tantos juegos de computadora contienen violencia e imágenes diabólicas

Para los no iniciados, los juegos de computadora de tiroteos pueden parecer amenazantes, hasta repulsivos. No obstante, los juegos se cuentan entre el software de consumo más popular al alcance en el mercado. Los que desarrollan los juegos y los que los observan de cerca explican por qué tal puede ser el caso.

Por STEVEN L. KENT
Especial para *The Seattle Times*

Visitar los estantes de juegos en el almacén local de *software* es muy parecido a pasearse por el salón del horror de un museo de cera. El arte gráfico de la caja para «Diablo», un producto de Blizzard Entertainment y el juego de más venta en el mercado, muestra un ardiente diablo rojo gruñendo, con diminutos ojos amarillos y cuernos de carnero en la cabeza. Algunos estantes más allá, la caja de «Shivers Two», un juego nuevo de Sierra On-Line, pinta un diablo gris con cuernos de ciervo.

«Outlaw», de LucasArts, presenta un tiroteo. «Command and Conquer», de Westwood Studios, encuadra un soldado observando una explosión. «MechWarrior 2», de Activision, muestra un robot amenazante.

Al echar un vistazo por el almacén, se tiene la impresión de que la mitad de los juegos contiene diablos, violencia o actitudes antisociales en general pintados en el empaquetado. Muchos tienen todos estos elementos. Bueno, cierto está que «IndyCar II», de Sierra, tiene coches de carrera, y «Myst», de Broderbund, muestra una isla. Y la mayoría de los fabricantes está sujeto a un sistema de autocensura.

Aun así, a juzgar por las apariencias de la industria de los juegos de computadora, parece que tales juegos en su mayor parte son acerca de violencia, de matanzas y de diablos.

3. Ahora lean el resto del texto. ¿Qué tal acertaron Uds. con respecto a sus recomendaciones? Y el texto, ¿logra el propósito del escritor? Comenten.

En diciembre, el senador Joseph Lieberman, demócrata de Connecticut y crítico principal de juegos de video y de computadora, denunció el tenor de dichos juegos. «Demasiados juegos en el mercado, ahora, en la temporada de fiestas navideñas, son más violentos, más antisociales y en general más repulsivos que nunca», dijo.

Sin embargo, estos juegos persisten —e incluso son ampliamente imitados— y la causa puede ser algo complicada.

En pocas palabras, se venden bien. Una mirada a los 20 juegos de mayor venta —como lo estima PC Data, una compañía de Reston, Virginia, que hace investigaciones del mercado— descubre que más de la mitad de esos juegos contiene en su esencia violencia, combates o guerras.

Chris Charla, jefe editor de *Next Generation*, una acreditada revista de juegos de video y de computadora, observó que «Doom», un juego de **id,** una compañía pequeña, lanzado al mercado en 1993 y lleno de violencia e imágenes satánicas, simplemente se ha vuelto uno de los más exitosos en la historia de la informática.

«Lo que pasa en la industria informática es que cada innovación se ve seguida de años y años de copias serviles», dijo Charla. «De inmediato, cuando 'Doom' salió al mercado, todo el mundo decidió que la manera de tener éxito sería fabricar sus juegos de modo que también parecieran satánicos y violentos.»

Aunque estos juegos se vendan bien —o por lo menos sigan una fórmula establecida— sería justo preguntarse por qué otras categorías, como juegos humorísticos o acerca de celebridades, no se venden tan bien. Aquí las respuestas podrían ser más difíciles.

Para Henry Jenkins, director de estudios de los medios de comunicación en el Instituto de Tecnología de Massachusetts, la violencia en los juegos de computadora es una extensión de la cultura de pandillas entre los hombres jóvenes norteamericanos.

«La violencia ocurre porque los juegos de video están ocupando el lugar de las culturas de pandillas tradicionales, las cuales tenían raíces en la violencia», dijo. «Eran culturas de osadías, de despliegues de destrezas, retos físicos y puñetazos, los cuales eran parte del modo en que los jóvenes de la sociedad norteamericana alcanzaban la madurez.»

Jenkins, cuyo campo de estudios incluye la ciencia ficción y la cultura popular, dijo que los juegos violentos no son nuevos para los jóvenes, pero que la tecnología de computadoras y juegos de video está exponiendo por primera vez a muchas madres a la forma violenta de jugar de sus hijos.

«Los juegos de video son más controvertibles porque ocurren dentro de la casa», dijo. «Madres que nunca habían sido expuestas a aquella cultura de la calle se ven de súbito confrontadas con ello, y se asustan de todas esas imágenes violentas.» El diseñador de «Doom», John Romero, ve la violencia como igual a otros tipos de actividades en el foco de diferentes juegos. «Mario 64 es un juego netamente de exploración», dijo. «Correteas y coleccionas cosas y exploras. Los juegos de tiroteos básicamente añaden tiroteos encima de eso. Es básicamente añadir un par de cosas nuevas. Estoy seguro de que podemos hallar otras actividades, pero dispararles a cosas es muy divertido.»

Jenkins, de hecho, dijo que los juegos de video podrían ofrecer una forma de desahogo más segura que formas de jugar anteriores. «Los juegos de video toman su lugar (el de la violencia y la osadía) y ofrecen algunas de las mismas imágenes, con frecuencia de una manera que ofrece más seguridad», dijo. «Ocurren dentro de la casa, y el público puede jugarlos sin entrar en contacto físico entre sí mismos.»

Como Romero ha dicho: «Andar disparando a diestra y siniestra no se puede hacer en la realidad, a menos que uno quiera que lo metan en la cárcel por una larga temporada.»

Los defensores de los juegos arguyen que la violencia en los juegos de video difiere de la de otros medios, incluyendo el cine.

Por cierto, no hay duda que juegos como «Doom», «WarCraft II» y «Quake» contienen una mayor cantidad de violencia que películas de cine o televisión. Si películas tan ultraviolentas como «Natural Born Killers» y «Reservoir Dogs» tuvieran la mitad de los asesinatos por segundo que tiene «Duke NuKem 3D», el público se aburriría, o se sentiría desconcertado o asqueado.

Este aspecto le da a la violencia de los juegos de computadora una cualidad repetitiva, caricaturesca. La mayoría de los demonios de «Doom» muere de la misma manera, y sea que se les dé un puñetazo, o un pistoletazo, o se les chamusque con una pistola de plasma, o se les saje con una motosierra. Los demonios gruñen, revientan en sangre y caen de espaldas.

En el cine, cuando los personajes mueren, comúnmente parecen sufrir y mueren despacio. A veces son desmembrados o se retuercen en agonía. Las muertes del cine, en otras palabras, toman tiempo. Las muertes en los juegos de computadora son generalmente rápidas —en cualquier momento un personaje está bien, al otro momento revienta como globo y muere: un contribuyente más a la irrealidad de la violencia en los juegos de computadora.

Aunque tanta violencia parece gobernar estos juegos, otra cualidad que ha alarmado a los críticos es el uso frecuente de imaginería diabólica. Si el análisis de Jenkins está en lo cierto, la cultura de pandillas podría haber conllevado juegos violentos durante el último siglo, pero ciertamente no ha implicado el culto a Satanás, por lo menos en una escala semejante. Juegos como «Doom» y «WarCraft II» están llenos de símbolos satánicos; «Diablo», «Phantasmagoria» y «Shivers Two» tienen figuras de diablos en la caja.

«Esas imágenes probablemente están allí por la misma razón que Black Sabbath puso esas cosas en sus álbumes en los años 70 —sólo por su impacto», dijo Romero.

Según Romero, las imágenes satánicas añaden el factor de miedo a los juegos como «Doom». «La gente le teme al juego», afirma. «Eso es diferente de los juegos de aventuras de señale-y-'clic' en los que lo emocional no toma parte. Cuando puedes invocar el espanto en el que juega, ya sea con imágenes satánicas o con pasillos oscuros con monstruos gruñentes, eso es más estimulante para el jugador.»

Charla concedió que las imágenes satánicas fueron solamente parte de la impresión visual que se escogió para el juego. «Cuando creas un ambiente de mazmorra, quieres que sea espeluznante, que dé escalofríos, y mucho de esa imaginería satánica añade al efecto y lo sostiene», dijo. «Sucede que los demonios son el tema de 'Doom', tal como el saqueo de tumbas es el tema de 'Tomb Raider' y tal como 'Nanotek Warrior' ocurre en un ambiente espacial.»

Charla ve el surgimiento de imágenes del ocultismo en los juegos de computadora como una extensión de la cultura popular, y no como una indicación de creencias religiosas. «Pienso que muchos de los juegos y jugadores tienen interés en cosas fantasiosas, y eso se presta a conjuros y brujos y el ocultismo y arcanos. Ese es uno de los orígenes», dijo. «Terminas con bastantes imágenes que no son satánicas en la mente de los que juegan. Ellos no las consideran satánicas; son sencillamente ocultismo. Si ello significa que son automáticamente satánicas, es otra discusión por completo. Son solamente aderezo. Sencillamente son llamativas».

Actividad B.   Llegar al núcleo del mensaje (Parte 2)

1. Vuelva al tema que Ud. ha escogido y analice con cuidado las ideas que ha apuntado hasta este punto con respecto al tema y el lector, las posibilidades de organización y el propósito.

2. Identifique brevemente la esencia del argumento que va a presentar.

3. Trabajando con un compañero / una compañera de clase, sigan los pasos que se describen en la página 126 para llegar al núcleo de su mensaje.

4. Finalmente, examine sus apuntes de nuevo. ¿Qué cambios quiere Ud. incorporar, basándose en esta actividad?

Segunda etapa: La redacción y la revisión de las versiones preliminares

Después de terminar las actividades de prerredacción, Ud. escribirá un borrador de su ensayo expositorio.

Las actividades que se han llevado a cabo en la primera etapa de este capítulo le han dado a Ud. la oportunidad de desarrollar la materia prima para elaborar una exposición. En esta segunda parte del capítulo, tendrá la oportunidad de

- crear un plan de redacción para guiar la composición de su escrito

- desarrollar un borrador de su escrito

- experimentar con la técnica de revisión con grupos de consulta

- experimentar con la técnica de una lista de control

- desarrollar un plan de revisión

Tarea

Escriba un texto expositorio que tenga como mínimo unas 500 palabras. Su texto puede organizarse como «La viola» (páginas 107–108), es decir, una tesis con base en una sola técnica de examinar y explicar un tema (comparación/contraste o causa/efecto), más varios ejemplos específicos. De otra forma, puede explorar su tema utilizando una combinación de técnicas, como se hizo en «Los ancianos de Vilcabamba» (páginas 109–112) y en «¿Hablas CyberSpanglish?» (páginas 118–120). Si quiere, puede incorporar citas directas y otros detalles descriptivos como se ha visto en varios de los textos de este capítulo y del Capítulo 3. Su escrito debe adoptar el formato de un ensayo formal. Así como en sus escritos anteriores, es importante reconocer y apreciar las necesidades específicas de su lector. Su ensayo debe incluir una introducción y una conclusión apropiadas.

EL PLAN DE REDACCION: COMO SE ESCRIBE UNA EXPOSICION

PLAN DE REDACCION: LA EXPOSICION
1. El tema
2. La idea principal que quiero comunicarle a mi lector
3. Mi propósito como escritor El lector Su propósito al leer Preguntas cuyas respuestas el lector busca en el escrito
4. Método de organización (por ejemplo, comparación y contraste) Los detalles

1. **El tema**

   - Vuelva a examinar sus notas y apuntes de la sección de Enfoque.

   - Repase los varios temas examinados y escoja uno que le interese especialmente.

   - Ahora, complete la primera parte del plan de redacción en su *Cuaderno de práctica*.

2. **La tesis**

   - Examine los varios datos que ha reunido acerca del tema e identifique la idea principal que apoyan.

   - Ahora, complete la segunda parte del plan de redacción.

3. **El propósito y el lector**

   - Determine por qué Ud. quiere hablar de este asunto. ¿Cuál es su propósito?

   - ¿Cuál es su actitud hacia el tema? ¿Por qué le parece interesante? ¿Cuál es la reacción que quiere provocar en su lector? ¿Cuáles son los aspectos del tema que mejor puedan dar a conocer esta actitud al lector?

   - Identifique al lector y el propósito de éste. ¿Por qué va a leer lo que Ud. escribe? ¿Qué sabe ya acerca del tema? ¿Cuál puede ser su actitud al respecto? ¿Qué información busca? ¿Qué preguntas se va a hacer al respecto?

   - Ahora, complete la tercera parte del plan de redacción.

4. La organización y los detalles

- Recuerde y tome notas del tema en su totalidad. Luego, escoja los detalles que mejor se presten para apoyar la tesis que Ud. ha identificado y elimine aquéllos que no se relacionen directamente con la tesis ni ayuden a producir el impacto que Ud. desea.

- Determine cómo va a organizar la exposición; elabore un esquema en el cual se presenten la tesis y los detalles que se utilizarán para apoyarla.

- Ahora, complete la cuarta parte del plan de redacción.

Refiriéndose a su plan con frecuencia, escriba el borrador de su ensayo.

Determine qué tono tendrá la exposición, es decir, si va a ser formal o informal; si va a ser serio, alegre o irónico; si va a incluir ejemplos o anécdotas personales o si va a incluir datos impersonales, más bien objetivos.

Recuerde que para esta versión de su ensayo no debe preocuparse demasiado por cuestiones de la forma, es decir, por el vocabulario ni por la gramática. Si no sabe o no recuerda una palabra o expresión en español, introduzca un comodín o escríbala en inglés y siga escribiendo.

EL PLAN DE REVISION: ACTIVIDADES CON GRUPOS DE CONSULTA

En este capítulo se ofrece un solo texto modelo para las actividades en grupos de consulta. Para practicar más, se puede aplicar esta misma técnica al borrador de un compañero / una compañera de clase. En el Apéndice B del **Cuaderno de práctica** hay sugerencias sobre la etiqueta de trabajar en el texto de un compañero.

PLAN DE REVISION: LA EXPOSICION [*NOMBRE DEL TEXTO*]
1. Comentarios positivos sobre el ensayo
2. La idea principal del texto Los lectores quieren saber lo siguiente con respecto a este tema
3. Detalles que necesitan agregarse, reorganizarse o cambiarse
4. Otros cambios que se recomiendan

Leer y analizar. Cada estudiante debe leer el texto a continuación y apuntar todas sus notas y respuestas a las preguntas. Se debe responder a la primera pregunta antes de leer el texto.

Texto: «La víbora de la mar»

1. Se les ha pedido a los estudiantes de una clase de composición que escriban un breve ensayo expositorio. Este texto explora el tema de un juego infantil («La víbora de la mar»), explicándolo por medio de la comparación y el contraste con otros juegos. Identifique tres o cuatro preguntas acerca del tema cuyas respuestas a Ud. le gustaría encontrar en el texto. Después, siga con el análisis.

Texto: *La víbora de la mar*

«*La* víbora de la mar» es un juego infantil mexicano que mucho se parece al juego que en los Estados Unidos se conoce como «London Bridge». Al igual que el juego «London Bridge», «La víbora de la mar» se juega mientras se canta una canción. Al igual que los versos de la canción «London Bridge» sugieren lo que pasará en el juego, también los versos de «La víbora de la mar» revelan lo que ocurrirá. El primer verso dice, por ejemplo:

A la víbora, víbora, de la mar, de la mar
por aquí pueden pasar.
El de adelante corre mucho
y el de atrás se quedará.

Para jugar el juego, así como sucede en «London Bridge», dos niños unen las manos en alto y forman un puente debajo del cual van pasando los otros niños que juegan. Así como en el juego norteamericano, en el juego mexicano los niños que tienen unidas las manos en alto las bajan y atrapan al niño que va pasando cuando lo indican los versos de la canción que cantan todos. En este caso ocurre cuando se canta el verso:

Campanitas de oro
déjenme pasar,
con todos mis hijos
menos el de atrás, trás, trás.

En contraste con «London Bridge», sin embargo, el enfoque de la canción y del

Análisis

2. ¿Qué tal acierta el escritor en contestar sus preguntas? ¿Contesta todas?

3. ¿Cuál es la idea principal que el escritor intenta expresar en este borrador?

4. ¿Se relaciona toda la información directamente con la idea principal? Si no, ¿qué parte(s) no viene(n) al caso?

5. ¿Hay partes en las cuales le gustaría a Ud. tener más información (explicación, ejemplos, detalles)?

6. ¿Hay partes del texto en que de repente Ud. se encuentre «perdido/a»?

7. Haga rápidamente un bosquejo del texto en su totalidad. ¿Le indica lugares donde la organización del texto debe cambiarse?

8. ¿Captó su interés la introducción de manera que Ud. quisiera seguir leyendo?

9. ¿Qué parte(s) del borrador le gusta(n) más?

10. ¿Le sirvió la conclusión como buen resumen de la información en el texto? ¿Le ayudó a comprender la importancia del tema para el escritor?

juego está, no en los dos niños que forman el puente, sino en la cadena de niños que forma una víbora que pasa y se enrosca muchas veces. También en contraste con «London Bridge», antes de empezar a jugar, los dos niños que forman el puente escogen una identidad secreta. Uno dice ser, por ejemplo, «manzana» y el otro dice ser «naranja». Cuando un niño de los demás jugadores queda atrapado, se le lleva a un lugar aparte de los otros y se le pregunta: ¿Con quién te vas, con manzana o con naranja? El niño escoge y se pone atrás del que escogió, tomándolo de la cintura. Al final, quedan dos cadenas o víboras detrás de cada uno de los niños que forman el puente. Para decidir qué cadena es más fuerte, los dos grupos intentan arrastrar al grupo opuesto sobre una línea que se forma en la tierra. De manera parecida al juego «Tug of War», el grupo gana arrastra al otro y lo fuerza a cruzar la línea divisoria.

Consultar y recomendar. La clase debe dividirse en grupos de tres o cuatro estudiantes. Los miembros de cada grupo deben compartir su análisis de «La víbora de la mar» o de otro texto asignado. ¿Hay mucha diferencia de opiniones? Después de llegar a un acuerdo mutuo, cada grupo debe formular un plan de revisión para su texto basándose en sus comentarios. Presenten su plan al resto de la clase y prepárense para justificar sus sugerencias.

Como Ud. sabe, es importante separar la revisión del contenido de la revisión de la forma. Véase la lista de control modelo para la revisión de la forma en la página 58.

TECNICA DE UNA LISTA DE CONTROL

El siguiente proceso de revisión puede aplicarse tanto al escrito de un compañero como a su propia composición. Para utilizar este proceso, Ud. debe examinar el escrito que intenta revisar, contestando cada una de las preguntas. Basándose en sus respuestas, formule un plan de revisión para el texto.

LISTA DE CONTROL PARA LA EXPOSICION
☐ ¿Cuál es la meta o el propósito de la exposición?
☐ ¿Qué explica específicamente mi composición? ¿Cuál es la idea principal de mi texto? ¿Logro comunicar y enseñar al lector la esencia de mis ideas?
☐ ¿A quién le escribo? ¿Quién es mi lector y qué quiere saber del tema? ¿Qué puede saber ya al respecto?
☐ ¿Qué preguntas puede hacerse el lector con respecto al tema sobre el que escribo? ¿Las he contestado todas?
☐ ¿Qué impresión quiero dejar en el lector?
☐ ¿Qué tono he adoptado en el ensayo? ¿Es apropiado para mi propósito?
☐ ¿Cómo es la organización de los datos en el ensayo? ¿comparación y contraste? ¿causa y efecto? ¿una combinación de ambas? ¿Se indica esto en la tesis misma?
☐ ¿Qué detalles he incluido en el texto? ¿Cómo contribuye cada detalle a lograr lo que me propongo? ¿Son lógicas y válidas las relaciones (causa y efecto o comparación y contraste) que quiero establecer? ¿Hay otros datos que deba tomar en cuenta?
☐ ¿Hay en mi composición algún detalle que no contribuya lo suficiente a crear la impresión que quiero dejar?
☐ ¿Para qué sirve la introducción? ¿Capta el interés del lector? ¿Presenta, en breve, los puntos que se van a tratar con más detalle en el ensayo?
☐ Y la conclusión, ¿para qué sirve? ¿Resume los puntos clave del ensayo? ¿Ayuda a establecer la importancia del tema?
☐ ¿He utilizado un vocabulario claro y preciso, o he utilizado términos generales y abstractos que no captan la esencia de lo que quiero compartir?

Tercera etapa: La revisión de la forma y la preparación de la versión final

 Al llegar a esta etapa se supone que el contenido y la organización de un escrito han pasado por una revisión rigurosa y que el escritor está satisfecho con ellos. Ha llegado el momento de poner atención a las cuestiones de la forma. En esta última etapa, Ud. tendrá la oportunidad de

- repasar el subjuntivo en español
- pulir la forma de su escrito, repasando sistemáticamente la gramática, el vocabulario y la ortografía

- redactar una versión final de la tarea para entregar

Esta revisión le será más fácil si la emprende por pasos; en cada paso se enfoca un solo aspecto de la forma.

PRIMER PASO   REVISION DE LOS ASPECTOS GRAMATICALES: EL SUBJUNTIVO

Los dos modos principales del español son el indicativo y el subjuntivo. Con muy pocas excepciones,[2] el subjuntivo sólo se encuentra en cláusulas subordinadas.

El subjuntivo en cláusulas subordinadas

En el *Cuaderno de práctica* hay actividades para practicar las construcciones gramaticales, el vocabulario y la expresión que se tratan en los pasos a continuación.

Una cláusula subordinada es una oración que va incluida dentro de otra oración.

El coche es nuevo. Compré el coche.	→ El coche **que compré** es nuevo.
Sé algo. Ellos no pueden venir.	→ Sé **que ellos no pueden venir.**

La cláusula subordinada puede tener varias funciones: nominal, adjetival o adverbial.

Nominal:	Creen **que es un libro bueno.**	(La cláusula funciona como complemento directo del verbo **creer**.)
Adjetival:	Es un libro **que trata de la historia colonial.**	(La cláusula describe el sustantivo **libro**.)
Adverbial:	Vienen **cuando pueden.**	(La cláusula indica cuándo, cómo, dónde o por qué ocurre la acción principal: **venir**.)

En todos estos casos se usa el subjuntivo, en vez del indicativo, en la cláusula subordinada cuando:

1. La cláusula se refiere a lo que está fuera de lo que el hablante considera real: es decir, lo no conocido o lo no experimentado.

---

[2]Véase El subjuntivo en otras construcciones (Capítulo 4 del *Cuaderno de práctica*).

2. El mensaje de la oración principal expresa un comentario personal o una reacción emocional acerca del contenido de la cláusula subordinada.

A continuación se presentan estas dos condiciones en detalle.

Lo conocido versus *lo no conocido*

El conocimiento puede resultar de la experiencia personal obtenida por medio de información que se recibe a través de los sentidos o por información recibida de fuentes en que se confía: libros, la lógica, creencias generalmente aceptadas como verdaderas. Cuando la cláusula subordinada trata de lo conocido o de lo experimentado, *se usa el indicativo.*

EJEMPLOS	ANALISIS
Cláusula nominal	
Sabemos **que ellos no tienen suficiente dinero.**	*La información «no tienen suficiente dinero» se considera verdadera.*
Veo **que Ud. se compró un Mercedes.**	*«Ud. se compró un Mercedes» es parte de mi experiencia personal; puedo afirmar su realidad.*
Es **que son unos desagradecidos.**	*Se afirma algo que se considera verdadero y que se sabe a través de una experiencia directa.*
Cláusula adjetival	
Viven en una casa **que está cerca del lago.**	*Sé que la casa donde viven tiene esa característica.*
Hay varias personas aquí **que hablan francés.**	*Por experiencia personal sé que existen estas personas que tienen la capacidad de hablar francés.*
Dieron el premio a los **que llegaron primero.**	*«Los» se refiere a un grupo específico, conocido.*
Hizo todo lo **que pudo para ayudarnos.**	*«Lo» se refiere a ciertas acciones específicas, conocidas.*
Cláusula adverbial	
Sus planes me parecen bien hechos; Ud. puede viajar **como quiere.**	*El que habla está enterado de la manera en que el otro quiere viajar.*
Siempre van a Dooley's **tan pronto como salen del trabajo.**	*Se afirma la realidad de una serie de acciones habituales de las que se tiene conocimiento.*
Ya que se conoce al aspirante, no será necesario entrevistarlo.	*Se afirma que se conoce al aspirante; esto se acepta como real.*
Por mucho que trabajan, nunca salen adelante.	*Se sabe cuánto trabajan; «mucho», en este contexto, es una cantidad conocida.*

Note que, en todos estos ejemplos, se usó el indicativo —tanto en la oración principal como en la oración subordinada— porque es el modo que corresponde cuando se hace una afirmación. Una afirmación se hace basándose en lo conocido o en lo experimentado y consiste en una declaración sobre la verdad de lo que se conoce o de lo que se ha experimentado. Sin embargo, cuando uno se refiere a sucesos o circunstancias de los que no se tiene conocimiento ni experiencia alguna, no es posible hacer una afirmación sobre ellos; por lo tanto, no es posible usar el indicativo. En las cláusulas cuyo contenido habla de lo que está fuera del alcance de nuestra experiencia, *se usa el subjuntivo.*

Lo no experimentado o lo no conocido incluye lo que no existe, lo que todavía no ha ocurrido y también lo que *puede* existir o *puede* haber ocurrido pero que se desconoce personalmente.

EJEMPLOS	ANALISIS
Cláusula nominal	
Dudo **que ellos tengan suficiente dinero.**	*No se conoce su situación económica lo suficiente para hacer una afirmación absoluta.*
Es posible **que él se haya comprado un Mercedes.**	*No se sabe con seguridad si él se compró un Mercedes; la situación forma parte de lo no conocido.*
No es **que sean unos desagradecidos,** sino que tienen otras formas de expresar su agradecimiento.	*Se niega la existencia de cierta situación.*
Quiero **que se vayan inmediatamente.**	*La acción de irse todavía no ha ocurrido y, por lo tanto, no ha sido experimentada.*
Cláusula adjetival	
Buscan una casa **que esté cerca del lago.**	*Se afirma solamente que ellos buscan la casa; no se sabe si la casa misma existe.*
No hay nadie aquí **que hable francés.**	*No es posible tener experiencia o conocimiento de algo que no existe.*
Quieren dar el premio a los **que lleguen primero.**	*En este momento no se sabe quiénes serán los primeros en llegar; «los» se refiere a algo no conocido.*
Hará todo lo **que pueda para ayudarnos.**	*«Lo» se refiere a ciertas acciones todavía no realizadas y por lo tanto no conocidas.*
Cláusula adverbial	
Ud. puede viajar **como quiera.**	*El que habla no tiene idea de la manera en que el otro quiere viajar.*

EJEMPLOS	ANALISIS
Cláusula adverbial (continued)	
Piensan ir a Dooley's **tan pronto como salgan del trabajo.**	*El «ir a Dooley's», al igual que el salir del trabajo, son acciones futuras y, por lo tanto, no experimentadas.*
Debes llevar el paraguas **en caso de que llueva.**	*La acción de llover es incierta; se presenta como una posibilidad, no como una realidad.*
Abren la ventana **para que haya más ventilación.**	*Sólo se puede afirmar la acción de abrir la ventana; el efecto de esa acción es hipotética, no es un hecho afirmado.*
Por mucho que trabajen, nunca saldrán adelante.	*No se sabe exactamente cuánto trabajarán; «mucho», en este contexto, es una cantidad no conocida.*

Por lo visto se puede deducir que a veces es necesario usar el subjuntivo en la oración subordinada porque se refiere a acciones que tendrán lugar en el futuro y a veces porque se describe una circunstancia inexistente o no específica. La oración principal puede estar formada por un solo verbo, por una expresión impersonal o por una frase.

Deseamos

Es necesario   } que se vaya de aquí inmediatamente.

Nuestro deseo es

Recuerde: a pesar de la gran variedad de estructuras y mensajes que piden el subjuntivo, siempre están presentes dos características. Primero, se habla de objetos, seres o circunstancias que no forman parte de lo conocido o de lo experimentado; segundo, esta información se presenta en una oración subordinada.

Casos especiales

A. *Lo indefinido no es siempre lo no específico.* Muchas descripciones del subjuntivo indican que su uso puede ser motivado por un pronombre indefinido (**alguien, cualquier**) o por un artículo indefinido (**un, una**).

Necesitan a alguien que pueda hacerlo.	*They need someone (who may or may not exist) who can do it.*
Buscan un negociante que tenga experiencia internacional.	*They are looking for a businessman (who may or may not exist) who has international experience.*

Cualquier persona que viviera allí tendría la misma opinión.	*Any person who lived there (no knowledge of who, in fact, does) would have the same opinion.*

Sin embargo, es importante señalar que *no* es la presencia de un pronombre o de un artículo indefinido lo que ocasiona el uso del subjuntivo, sino el significado de la oración. Compare los siguientes ejemplos.

Veo **una/la** manzana que es verde.	«Una» manzana, tanto como «la» manzana, se refieren a entidades *específicas,* conocidas. → *indicativo*
¿Existe **una/la** persona que entienda estas ecuaciones?	En este contexto, tanto «una» como «la» preceden una entidad *no específica;* no sabe si tal persona existe. → *subjuntivo*

Tanto el artículo definido como el artículo indefinido pueden exigir el uso del subjuntivo si el sustantivo que se describe se refiere a una entidad no específica, es decir, si el sustantivo no corresponde a una entidad de cuya existencia el hablante tenga conocimiento o experiencia.

Hay alguien que puede hacerlo.	*There is someone (I know the person) who can do it.*
Buscan a un negociante (creen que se llama Ruf) que tiene experiencia internacional.	*They are looking for a businessman—they think his name is Ruf—who has international experience.*
Cualquier persona que vive allí debe tener la misma opinión.	*Any person (every person) who lives there should have the same opinion.*

B. *Duda y seguridad.* Tradicionalmente las expresiones **creer, es cierto** y **es seguro** (entre otras) se han asociado con la certidumbre (y con el indicativo), mientras que sus formas negativas e interrogativas se han asociado con la duda (y con el subjuntivo). Sin embargo, es importante reconocer que la duda y la certidumbre son dos polos opuestos y que entre ambos extremos existen varias gradaciones que no se prestan a clasificaciones absolutas. Por eso, muchas expresiones llamadas «dubitativas» admiten los dos modos: con el subjuntivo se acentúa la incertidumbre; con el indicativo se manifiesta una inclinación hacia la afirmación.

No creo que sea así.	*I don't think it's that way (but I'm not sure).*

No creo que es así.	*I (really) don't think it's that way.*
Sospecho que esté mintiendo.	*I suspect (but I'm not sure) that he may be lying.*
Sospecho que está mintiendo.	*I suspect (and I feel pretty sure) that he is lying.*

Por otro lado, la incertidumbre no parece eliminarse totalmente en las expresiones **no dudar, no ser dudoso** y **no haber duda.** Aunque «exigen» el indicativo, con mucha frecuencia se expresan en el subjuntivo: **No dudo que sea inteligente.**

El subjuntivo de emoción y comentario personal

Por lo visto anteriormente, es posible decir que el indicativo es el modo usado para la información y para la afirmación, mientras que el subjuntivo es el modo apropiado para la opinión y para la especulación. El otro contraste fundamental entre los dos modos asocia el indicativo con la objetividad y el subjuntivo con la subjetividad. El indicativo es el modo que se usa para la información; el subjuntivo, para hacer comentarios sobre ella.

En la mayoría de estos casos el contraste entre el indicativo y el subjuntivo en la oración subordinada ya no se basa en la diferencia que existe entre una afirmación y una especulación. Por ejemplo, en

EJEMPLOS		ANALISIS
El meteorólogo { asegura / dice / cree / señala / anuncia / explica / afirma / opina } que mañana **va** a llover.		*En la oración principal se indica que la información contenida en la oración subordinada se considera un hecho.*
¡Qué pena / Sentimos / Es bueno para la cosecha / ¡Qué horror / Es increíble / Nos alegramos de / Es una lástima } que mañana **vaya** a llover(!).		*En la oración principal se expresa un comentario o un juicio emocional sobre la información de la oración subordinada.*

los dos casos anteriores, «va a llover» se presenta como información verdadera. El contraste radica en la manera de comunicar esa información. El indicativo se reserva para el reportaje objetivo, mientras que el subjuntivo se usa para llevar el mensaje emotivo y el comentario personal.

Casos especiales

A. *Temer* y *esperar*. **Temer** y **esperar** van seguidos del subjunctivo cuando tienen un significado emocional (*to fear* y *to hope*). **Temer** en el sentido de *to suspect* y **esperar** con el significado de *to expect* van seguidos del indicativo y con frecuencia del tiempo futuro.

Nadie contesta el teléfono; temo que no hayan llegado.	*No one answers the phone; I'm afraid that they may not have arrived.*
Siempre lleva el mismo traje; temo que no tiene otro.	*He always wears the same suit; I suspect he doesn't have another.*
Espero que todos se diviertan mucho en la fiesta.	*I hope that you all have a good time at the party.*
Se espera que la ceremonia durará menos de dos horas.	*It is expected that the ceremony will last less than two hours.*

B. *Ojalá* (*que*). Para expresar el deseo o la esperanza de que algo ocurra, **ojalá (que)** va seguido del presente de subjuntivo. Para expresar un deseo imposible o contrario a la realidad, el pasado de subjuntivo la sigue.

Ojalá que sean ricos.	*I hope they are rich.*
Ojalá que fueran ricos.	*I wish they were rich.*
Ojalá que lo hayan visto.	*I hope they have seen it.*
Ojalá que lo hubieran visto.	*I wish they had seen it.*

C. *El* (*hecho de*) *que*. Esta expresión exige el subjuntivo cuando presenta información ya conocida por los oyentes, información que después es la base de algún comentario o es la causa de una reacción emocional. Se usa con el indicativo cuando la información, además de ser nueva, se presenta sin comentario alguno.

El (hecho de) que sea el hijo de un noble no debe tener ninguna importancia.	*The fact that he is the son of a nobleman should have no importance.*

Les sorprendió mucho el hecho de que Ud. nunca hubiera asistido a la universidad.	*They were very surprised by the fact that you had never attended the university.*
Luego mencionaron el hecho de que, en su juventud, había matado varios animalitos.	*Then they mentioned the fact that, in his youth, he had killed several small animals.*

El subjuntivo en oraciones condicionales

Hay tres clases de oraciones condicionales: las que describen una situación incierta, pero posible; las que describen una futura situación, poco probable; y las que describen una situación falsa y contraria a la realidad. Se usa el indicativo en la primera clase de oraciones y el subjuntivo en las restantes.

Si **tengo** dinero, quiero ir al cine este fin de semana.	*If I have money (possibly I will), I want to go to the movies this weekend.*
Si **conociera** al presidente, le haría algunas sugerencias.	*If I were to meet the president (a future event that I consider improbable), I would give him a few suggestions.*
Si yo **fuera** el presidente, no haría caso de los consejos de los desconocidos.	*If I were the president (but I am not), I would not pay any attention to the advice of strangers.*

En la primera clase de oraciones condicionales, pueden ocurrir casi todos los tiempos del indicativo.

Si **tenía** mucho apoyo, ¿por qué no **ganó** las elecciones?	*If he had a lot of support, why didn't he win the election?*
Si **fue** al hospital, es porque **estaba** muy enfermo.	*If he went to the hospital, it was because he was very sick.*
No sé si **tendrá** tiempo, pero **debes** visitar el museo de arte.	*I don't know if you will have time, but you should visit the art museum.*

En las otras dos clases, sin embargo, la oración principal siempre se expresa en el *condicional* (en cualquiera de sus formas: simple, perfecta o progresiva), mientras que la cláusula que lleva **si** se expresa en el *pasado de subjuntivo.*

Si **pudiera** escoger otra edad en que vivir, **escogería** el Renacimiento.	*If I could choose another age in which to live, I would choose the Renaissance.*

Habría podido entender mejor la película si **hubiera aprendido** italiano.	*I would have been able to understand the film better if I had learned Italian.*
Si **estuvieras ganando** $1.000.000 al año, ¿**estarías estudiando** aquí?	*If you were earning $1,000,000 a year, would you be studying here?*

Dos variaciones del patrón de la oración condicional son

1. Usar una frase preposicional con **de** en vez de la cláusula que lleva **si.**

De tener más tiempo, iría a verlo.	**Si tuviera más tiempo,** iría a verlo.
De haber recibido una invitación, ¿habrías asistido a la fiesta?	**Si hubieras recibido una invitación,** ¿habrías asistido a la fiesta?

2. Usar el pasado de subjuntivo en lugar del condicional cuando se trata de las formas perfectas.

Si hubiera tenido dinero, me **hubiera** comprado una casa cerca del mar.	Si hubiera tenido dinero, me **había** comprado una casa cerca del mar.

Después de la expresión **como si,** siempre se usa una forma del pasado de subjuntivo; no es necesario usar el condicional en la oración principal.

Comen **como si fuera** su última comida.	*They're eating as if it were their last meal.*
Fue **como si** todo el mundo se me **cayera** encima.	*It was as if the whole world came crashing down on me.*

Por lo general el presente de subjuntivo no ocurre en las oraciones condicionales.

SEGUNDO PASO   REVISION DE LOS ASPECTOS GRAMATICALES YA ESTUDIADOS

Después de revisar los usos del subjuntivo, revise también:

1. El uso de **ser** y **estar**

2. El uso del pretérito y del imperfecto

3. El uso de la voz pasiva con **ser,** la voz pasiva refleja y la construcción pasiva impersonal

TERCER PASO   REVISION DEL VOCABULARIO Y DE LA EXPRESION

Después de revisar la gramática, lea su escrito de nuevo, con ojo crítico particularmente en el vocabulario. En el *Cuaderno de práctica* hay listas de vocabulario útil para hacer la exposición. Consúltelas y haga las actividades correspondientes antes de revisar su escrito.

CUARTO PASO   REVISION DE LA ORTOGRAFIA

Después de revisar los aspectos gramaticales estudiados y las notas sobre el vocabulario y la expresión, repase su escrito buscando los posibles errores de acentuación y de ortografía.

QUINTO PASO   PREPARACION DE LA VERSION FINAL

Escriba una nueva versión de su trabajo ya con las correcciones y los cambios necesarios.

Piénsalo...

Si puedes, pídele a un compañero / una compañera que lea tu texto buscando los posibles errores gramaticales o en la expresión. Le puedes facilitar la lectura si le preparas una lista de control como el de la página 58, indicándole claramente los puntos de mayor interés.

Capítulo 5

La argumentación (Parte 1)

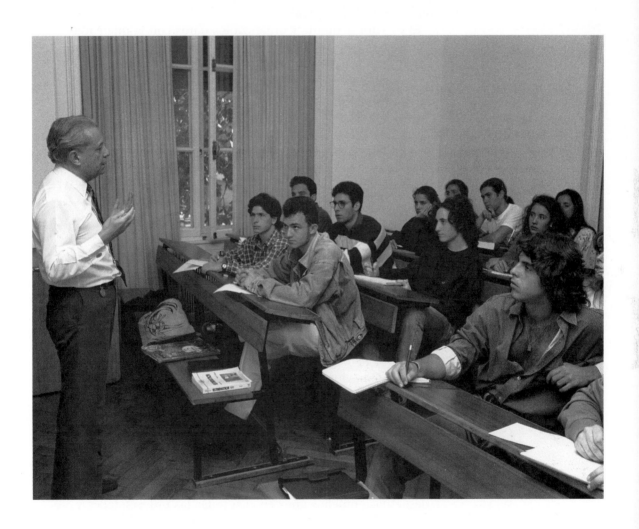

Orientación

LA ARGUMENTACION (PARTE 1)

Son dos los propósitos más comunes que se tienen al escribir dentro del contexto académico. Estos suelen ser:

1. *explicar, informar, aclarar*

El escritor acumula y organiza los datos con la intención de presentárselos al lector de manera objetiva. No se trata de las opiniones personales del escritor. La mayoría de los modelos expositorios que aquí se han visto hasta ahora son de este tipo.

2. *convencer, persuadir*

El escritor presenta su información, pero también adopta una posición, se aferra a una idea que quiere que el lector acepte convencido. Desea explicarle a éste su opinión y además presentarla con suficiente evidencia para demostrar que es válida y justificada. Va más allá de la mera presentación de la información; incluye también alguna evaluación de ella. El escrito que pretende convencer se llama **argumentación.**

El ensayo expositorio empieza con una tesis que comunica y resume la información que se va a presentar. El ensayo argumentativo, por otro lado, empieza con una postura fundamental que se va a justificar. Compare las siguientes afirmaciones.

La revolución industrial, que empezó en Inglaterra en 1760 y algo más tarde en otros países occidentales, sustituía las herramientas de mano por las herramientas mecánicas.

Los efectos de la revolución industrial se notaron en todos los aspectos de la vida económica; sin embargo, las repercusiones más profundas y más amplias se percibieron en el ámbito social.

La primera oración es la presentación de un hecho; comunica cierta información. La segunda oración es la presentación de una opinión. La primera oración podría servir de tesis para un ensayo expositorio; la segunda, para un ensayo argumentativo.

Tesis expositoria: El sistema de cargo vitalicio (*tenure*), que opera desde hace muchos años en casi todas las universidades y *colleges* en los Estados Unidos, les garantiza seguridad de empleo a los profesores que lo obtienen.

Tesis argumentativa: A pesar de la crítica severa de que es objeto el sistema de cargo vitalicio en las universidades estadounidenses, existen fuertes razones para mantenerlo vigente.

La tesis expositoria presenta hechos; es descriptiva e informativa, pero no indica cuál es la opinión del escritor acerca del tema. La tesis argumentativa mantiene una postura fundamental acerca del tema; reconoce que existen perspectivas contrarias, y ofrece información que justifica la opinión del escritor como si ésta fuera la correcta. La diferencia entre estas dos tesis refleja la diferencia fundamental entre la exposición y la argumentación.

Para defender con efectividad, por escrito, una postura fundamental, importa saber lo más que se pueda acerca de la postura contraria para así poder reconocer (y responder a) las objeciones que existan. Es esencial convencer al lector de que se han examinado varias opiniones sobre el tema y que se ha llegado a la conclusión racional de que la postura que se defiende es la más acertada.

Para justificar o apoyar la postura fundamental, se puede utilizar todas las técnicas de organización que ya se han presentado: la descripción, la narración y la exposición (con sus varias estrategias de desarrollo: comparación y contraste, análisis, causa y efecto, etcétera). Con frecuencia se utilizan varias estrategias en el mismo ensayo. Por ejemplo, para convencer o persuadir al lector, se puede empezar por narrar un hecho en el cual se incluye una descripción. Entonces puede darse una definición de los conceptos que se presentan para luego pasar a hacer un análisis o clasificación del hecho mismo y finalmente hacer una comparación o contraste con otras ideas.

Piénsalo...

Para algunas personas, el término «argumentación» puede connotar sentimientos hostiles como enojo, sarcasmo y hasta disputa. Pero en el contexto retórico (de la redacción, por ejemplo, o de las presentaciones orales formales como las que se hacen en la corte), la argumentación no equivale a antagonismo ni controversia. Los argumentos son opiniones justificados con evidencia. Presentan y apoyan un punto de vista, eso sí; el lenguaje que se debe usar ha de ser enérgico y firme, pero no debe parecer hostil ni ofensivo: no se persuade con ofensas e insultos. Se hablará más sobre el lenguaje y el tono apropiados en las páginas 164–167.

Aproximaciones a la argumentación

La argumentación puede tratarse desde la simple justificación de la opinión del escritor acerca de un asunto determinado, hasta el esfuerzo por convencer al lector de que piense o actúe de una manera dada. En todo caso, la estructura del ensayo argumentativo tiene que reconocer que existen otras opiniones acerca del tema. Esto se puede hacer empezando con alguna información acerca de las opiniones contrarias (= contra), para luego dedicar la mayor parte del escrito a la explicación y defensa de la postura del escritor (= pro). De otra forma, el escritor puede incluir algunas notas breves acerca de la oposición (= contra) en cada párrafo que presenta la opinión que defiende (= pro). La conclusión reitera la postura fundamental y agrega unas observaciones más: la importancia del tema, el impacto de la perspectiva que se acaba de exponer o una posible solución al dilema, si ése es el caso. A continuación se presentan en forma esquemática estas dos organizaciones.

1. Reconocer temprana y brevemente las posiciones contrarias; dedicar la mayor parte del ensayo a la justificación de la postura fundamental

Tema:	El impacto de la revolución industrial
Postura fundamental:	El impacto en la sociedad (por ejemplo, definición de «trabajo», «valor», «contribución a la sociedad») fue más importante que ningún otro.
Tesis:	Los efectos de la revolución industrial se notaron en todos los aspectos de la vida económica (contra); sin embargo, las repercusiones más profundas y más amplias se percibieron en el ámbito social (pro).
Contra:	Efectos económicos de la revolución industrial

- ejemplo #1
- ejemplo #2

Amplios y variados; sin embargo, no tan significativos ni tan duraderos como los efectos sociales.

Pro:	Efecto social #1
Pro:	Efecto social #2
Pro:	Efecto social #3
Conclusión:	Los efectos de la revolución industrial, como los de toda revolución, transcendieron su contexto inicial —la economía, el mercado y el lugar de trabajo— para transformar los valores fundamentales de la sociedad.

2. Incorporar las posiciones contrarias brevemente en la presentación de cada punto a favor de la postura fundamental

Tema:	El aborto
Postura fundamental:	El aborto es defensible y justificable.
Tesis:	Aunque muchos creen que el aborto es inmoral y que sus defensores son monstruos (contra), hay razones por las cuales la sociedad debe defenderlo (pro).
Punto #1:	La postura actual de la Iglesia Católica (contra). No obstante, hay que reconocer que la postura de la Iglesia ha cambiado en el transcurso de los siglos; el aborto fue permisible en un tiempo (pro).

Punto #2:	Algunos que rechazan el aborto como asesinato (contra) pueden aceptarlo en ciertos casos (violación, incesto) (pro).
Punto #3:	La adopción ofrece una buena alternativa al aborto (contra) con tal de que el proceso de dar a luz no ponga en peligro la vida de la madre (pro).
Punto #4:	La mujer tiene el derecho y la responsabilidad de disponer de su cuerpo (pro).
Punto #5:	Decisión entre la mujer, el médico, la conciencia, sin que intervenga el gobierno (pro).
Conclusión:	El aborto representa un paso dificilísimo; es una decisión sobre la cual la sociedad y muchas personas de buena voluntad han agonizado durante siglos. Ya es hora de que se deje de tratar el tema como algo unidimensional y a los individuos confrontados con la decisión como monstruos y criminales.

Al desarrollar el ensayo argumentativo, puede ser útil dar al lector una idea de la trayectoria del problema, del origen del debate. Se puede estructurar la presentación de la evidencia de manera progresiva, es decir, empezando por los puntos de mayor impacto o empezando por los de menor importancia para luego pasar a los puntos más convincentes al final.

El siguiente ensayo apareció en una revista hispana. Presenta una tesis clara con ejemplos específicos para justificarla; menciona otra opinión al respecto. Sin embargo, no es un ensayo argumentativo. Es más bien un editorial —presenta y explica una opinión pero no busca convencer al lector de que se han examinado cabalmente opiniones contrarias; no intenta establecer la validez de esta opinión sobre otras. El editorial no equivale a la argumentación.

Por culpa de la información
por Aldo Cammarota

No es que el mundo esté peor que antes. Lo que pasa es que los noticieros son mejores, y uno se entera cada vez más pronto de cada vez más sitios.

Hoy suceden en 24 horas más hechos que en la vida de nuestros abuelos en 24 años. Además nos enteramos de todo. Uno está paseando en su auto en una plácida mañana de sol, y de pronto la voz del locutor estalla en la radio: «Boletín especial: ¡último momento! ¡Se rebelaron los ñoquis-ñoquis en la Polinesia! ¡Hay agitación en el Himalaya! ¡Violento incendio en el Artico! ¡Cambió de sexo Miss Triángulo de las Bermudas!»

Hasta el siglo pasado la vida era mucho más serena. Nadie se enteraba de nada. La Revolución Francesa de 1789 influyó sobre los hombres de América Latina recién en 1805. En cambio ahora Bush y Gorbachev se reunen en Londres, y a los dos minutos todo el mundo sabe de qué hablaron y qué marca de ketchup le puso el americano al caviar ruso. En la época de los virreinatos, el Duque de la Pelusa perdía todos los bienes en Castilla, pero su familia seguía viviendo a todo lujo en Cochabamba porque la noticia de la bancarrota venía por carabela y tardaba tres años en llegar. En cambio hoy, usted tiene la mala suerte de que le reboten un cheque por falta de fondos en un banco de Hong Kong, y a los 60 segundos la computadora se lo ha informado a todos los bancos del mundo, y nadie le da más crédito.

En la época de Diego Portales, la gente de Chile iba a veranear de Valparaíso a Viña del Mar y tomaba diligencias preparadas para un largo viaje por inhóspitos caminos llenos de tierra. Hoy uno toma el avión Concord en París y llega a Caracas 20 minutos antes de haber salido.

Antes las noticias llegaban despacio y uno tenía tiempo de adaptarse. Ahora vienen todas de golpe. En El Cairo todos recuerdan al señor que en el año 1200 AC se presentó en el palacio real y pidió hablar con el rey Tutankamon para quien llevaba una carta de recomendación, y los edecanes le informaron «El faraón Tutankamon ya no trabaja más aquí. Murió hace 100 años. Pero si quiere verlo, está ahí nomás, en la cuarta pirámide doblando a la derecha». Claro, el tipo no había tenido manera de enterarse de la muerte de Tutankamon. En cambio, ahora las partes empiezan a informar «Atención, el señor Perico Pimpinela, ex ministro de Caramelos de Menta de Luxoria, está indispuesto. Es posible que sea grave. Siga sitonizando y si se muere, ¡usted será el primero en saberlo!... »

En el siglo XV, alguien traía la noticia de que un tal Cristóbal Colón había descubierto América, y la gente comentaba «entonces la Tierra es redonda nomás». Y nada más. Ahí se terminaba el asunto porque no había más detalles para seguir con el tema. En cambio ahora la televisión trasmite en directo imágenes que el Voyager envía desde Saturno, y los niños murmuran malhumorados: «Ufa... y para esto cortaron Los Simpsons?»

Hay dos claves para escribir un buen ensayo argumentativo. La primera consiste en escoger un tema que permita más de una sola opinión; la segunda, en dar evidencia que indique un examen cuidadoso de varios puntos de vista. Presentar un tema controvertido no es suficiente; tampoco lo es presentar una sola opinión al respeto. El texto a continuación trata un tema menos serio que el anterior; sin embargo, logra defender su tesis de manera convincente.

¿Y después del almuerzo, qué?

Nada más cambiante en la vida del hombre que las expresiones culturales. Cambia el arte, cambia la moda, cambia la música y hasta las costumbres alimentarias de los hombres.

Mientras a principios de siglo las mujeres preferían faldas largas, ahora las desean cortas; mientras las tradicionales familias santafereñas se deleitaban con las melodías entonadas por sus hijas, los hogares modernos se han acostumbrado a la música estridente a puerta cerrada en la alcoba de los hijos adolescentes; mientras a mediados del siglo pasado los artistas se deleitaban con el regreso al romanticismo, en la actualidad la abstracción reina en las galerías de arte; mientras los niños de las primeras décadas de este siglo gozaban con helados batidos y hostigantes, hoy el gusto por el dulce se inclina hacia los merengues y las cremas.

Y aunque ya no es raro escuchar que las cosas se transforman, el último alarido de la cultura gastronómica ha lanzado a más de un especialista a la pista de restaurantes y hoteles de lujo.

La razón es muy sencilla: un almuerzo ya no es ocasión de reunión. Tampoco es necesidad de calmar el apetito y disfrutar la charla de un amigo. Ahora el desayuno o el almuerzo se ha convertido en la excusa perfecta para iniciar negocios, cerrarlos, concretarlos, evadirlos y hasta sugerirlos.

De lunes a viernes los desayunos y almuerzos ejecutivos han dejado de ser lo que son para tomar las riendas del horario laboral de negocios. Su costo no es pérdida de utilidades. Se considera una inversión. Día a día ejecutivos y profesionales de todas las disciplinas se reúnen en la mañana o al mediodía para plantear o escuchar alternativas de negocios.

Y aunque la reunión parece tan sencilla, el éxito de un desayuno o almuerzo de negocios ya no radica en el sabor de los alimentos sino en la sazón del negocio que habrá de cerrarse.

El reto aunque apetitoso, parece convertirse en un bumerán. Se devuelve en contra de la negociación misma.

Según el profesor norteamericano de sicología en la Universidad de California, Paul Ekman, autor del libro «Desenmascarando el rostro», los desayunos o almuerzos ejecutivos no son adecuados para realizar negocios a alto nivel.

Si bien este tipo de actos sociales ayudan a fortificar la relación entre las partes de la negociación, está comprobado que resultan poco eficaces en el logro de las metas deseadas para el negocio.

Las razones son varias. Para Ekman, «la gente tiene más práctica para mentir con las palabras que con el rostro y más práctica con la cara que con los movimientos del cuerpo».

Los restaurantes opacan los cambios de la voz, el lenguaje corporal y los códigos faciales que son aspectos importantes para observar las reacciones del oponente.

Así mismo, los desayunos o almuerzos dan demasiada importancia a las habilidades sociales. Para Ekman, la comodidad de un establecimiento pone en evidencia un condicionamiento para la negociación.

En ese sentido, puede afirmarse que durante un desayuno ejecutivo no se puede detectar la creatividad y la agudeza de un personaje. Las acciones de negociación se ven limitadas por un acto de naturaleza social más que laboral.

El hecho de llamar al mesero, tomar un trago o un bocado son estrategias que sirven de pretexto para eludir determinadas situaciones molestas para el ejecutivo que negocia.

Así mismo, el carácter de comunidad del restaurante hace que sea un lugar inapropiado para expresar con libertad reacciones de ira por ejemplo. Pues ante un público desconocido, el ejecutivo debe controlar sus sentimientos.

Generalmente, el negocio viene a concretarse en la oficina. Según algunos expertos, la única posibilidad para poder controlar un desayuno o un almuerzo es realizar una agenda previa para saber qué se quiere lograr en él y así vencer el principal obstáculo: el desperdicio del tiempo durante la situación social de descanso.

Este texto reconoce que la práctica de «la comida de negocios» tiene sus proponentes y que algunos piensan que es una costumbre valiosa; luego presenta información contraria: no es buena idea hacer negocios durante las comidas por las siguientes razones... El tema puede ser poco serio, pero la presentación de la información es sólida: el texto no es la simple presentación de un solo punto de vista, sino que justifica su posición frente a otras posibles.

Ahora lea el texto «La enseñanza de la lectura», en la próxima página. ¿Cuál es la tesis? ¿Y el propósito? Haga un bosquejo del texto y analice su contenido. ¿Es un ensayo argumentativo o un ensayo expositorio?

La enseñanza de la lectura

La lectura puede definirse como aquella actividad humana que tiene como objeto la extracción del significado de un texto escrito. Al leer, el lector extrae el significado de los símbolos escritos; es decir, comprende el sentido de lo que representan. Sin comprensión, no puede decirse que se ha llevado a cabo el proceso de la lectura. Desafortunadamente, hoy en día, la mala interpretación de lo que significa *leer* ha afectado la forma en que se enseña a leer tanto a los niños en su primera lengua como a los alumnos de lengua extranjera.

En el caso de la enseñanza de la lectura a los niños, el error más común que comete el maestro es creer que la lectura consiste en pronunciar en voz alta ciertas combinaciones de sonidos. En la mayoría de los casos, esto hace que el alumno trabaje con palabras aisladas y no con textos que verdaderamente tienen significado. Se le enseña al niño que ciertos símbolos grafémicos tienen un valor definitivo: la letra *a* se pronuncia como [a], etcétera; y cuando éste puede relacionar las letras con los sonidos se dice que ya sabe leer. No se consideran las limitaciones que esta estrategia le impone, pues al tratar de leer un texto palabra por palabra, el significado de la lectura en su totalidad se le escapará.

La enseñanza de la lectura en una lengua extranjera también refleja una mala interpretación del proceso de la lectura. Aunque generalmente el estudiante de lengua extranjera es un lector maduro que ya ha logrado adquirir práctica en extraer el significado de textos de diferentes tipos en su primera lengua, se usa con él el mismo método que se utiliza con los niños. En este caso también parece considerarse la lectura un proceso que consiste en leer en voz alta. Para muchos profesores de lengua extranjera, leer significa pronunciar correctamente lo que se lee. En un gran número de cursos de lengua extranjera, el profesor utiliza la lectura sólo para corregir la pronunciación de los estudiantes. Rara vez se le da al alumno la oportunidad de practicar la lectura en silencio y de descubrir así en el contexto el significado de ciertas palabras desconocidas. Con gran frecuencia, el estudiante de lengua extranjera sólo logra leer palabra por palabra; por eso concluye que leer es traducir.

Los métodos que hoy se utilizan para la enseñanza de la lectura se basan en la interpretación de lo que se cree que este proceso significa. Para poder cambiar estos métodos —es obvio que necesitan cambiarse ya que parecen haber tenido un éxito limitado— es necesario educar tanto al público como al personal educativo sobre el verdadero significado de la lectura.

La tesis del ensayo anterior afirma que la metodología actual de cómo enseñar la lectura, la cual se deriva de una interpretación falsa del proceso, se pone en práctica tanto en las escuelas primarias como en las clases para adultos. ¿Cuál es el objetivo principal de este ensayo? ¿convencer? ¿informar? ¿Es un texto argumentativo o un texto expositorio?

El texto describe cómo cierta interpretación de un concepto básico (en este caso, la lectura) afecta las prácticas educativas al respecto. Da ejemplos de esas prácticas y las relaciona con la interpretación de lo que es la lectura. Sugiere que tales prácticas son ineficaces y termina recomendando enérgicamente que se cambien. A pesar de su tono autoritario y la urgente recomendación en la conclusión, éste no es un texto argumentativo. Es un texto expositorio: empieza con una tesis (las prácticas educativas reflejan cierta interpretación del aprendizaje) que luego apoya con ejemplos específicos. El texto es persistente —el autor tiene opiniones sólidas, eso sí— pero no incluye la característica definitiva de la argumentación: el intento de establecer y justificar una postura fundamental frente a otras posibles opiniones. ¿Cómo sería un texto argumentativo sobre este mismo tema? Examine el siguiente bosquejo.

Tema:	La enseñanza de la lectura
Postura fundamental:	La enseñanza de la lectura es ineficaz porque parte de un concepto erróneo de lo que significa *leer*.
Tesis:	La enseñanza de la lectura basada en técnicas de pronunciar ciertos sonidos en voz alta parte de un concepto inadecuado de lo que constituye la lectura (pro). No obstante su amplia aceptación y larga tradición en salones de enseñanza de ambos tipos de idiomas, nativos y extranjeros (contra), esta metodología es ineficaz y debería reemplazarse (pro).
Contra:	Algunas personas creen que enunciar sonidos es lo que constituye leer

- razones
- razones

Pro:	evidencia de que leer en voz alta no equivale a leer con comprensión
Pro:	evidencia de que el sonido interfiere en la comprensión
Pro:	teoría nueva sobre la lectura → técnicas nuevas de enseñanza
Pro:	evidencia de que la metodología nueva produce mejores lectores en ambos idiomas, el nativo y el extranjero

EN SU CUADERNO...

haga una lluvia de ideas sobre el tema de los «hot topics». Identifique todos los que se le ocurran. Después, escoja uno de los temas.

Prepare una tabla con dos columnas: pro y contra. Tome dos minutos para identificar todas las ideas que pueda a favor del tema (pro) y todas las opiniones en contra. Después examine las ideas y haga la redacción libre sobre el tema.

Finalmente, analice lo que ha escrito. ¿Cuál es la idea principal?

Conclusión: Para obtener eficacia en la enseñanza de la lectura, hay que cambiar de metodología: de una basada en la lectura en voz alta a una basada en la teoría nueva.

Tarea

En este capítulo, Ud. va a redactar un ensayo argumentativo sobre un tema que sea de interés para Ud. La evidencia que incluya para apoyar la tesis puede organizarse según cualquiera de las técnicas (o alguna combinación de ellas) que se han estudiado hasta este punto. No se olvide de que su texto tiene que reconocer opiniones contrarias a la que quiere justificar.

Piénsalo...

Es más fácil construir un argumento si se empieza con un tema controvertido. Pero recuerda que un «hot topic» por sí solo no garantiza una presentación argumentativa válida. Tampoco lo puede garantizar la presentación vehemente de una opinión. Para escribir un buen ensayo argumentativo, hay que adoptar una actitud y luego justificarla a través de la presentación de evidencia, la cual también debe incluir una explicación razonable de opiniones contrarias.

Primera etapa: Antes de redactar

 En esta primera parte del capítulo, Ud. tendrá la oportunidad de

- explorar ideas relacionadas con varios temas que se prestan a la argumentación
- experimentar con varias técnicas de prerredacción para escoger el tema y la técnica de organización
- identificar las necesidades del lector a quien Ud. escribe

LA GENERACION Y RECOLECCION DE IDEAS

Actividad A.   Observación y comentario

Usando las preguntas como punto de partida, comenten brevemente las escenas que se presentan en las próximas páginas.

1. ¿En qué consiste la ironía del dibujo? ¿Cree Ud. que el consumo de alcohol representa un problema tan grave como el de las drogas? ¿Entre qué grupos es frecuente el abuso del alcohol? ¿ Y el abuso de las drogas? ¿Cuáles son las causas de estos abusos? ¿Y los efectos? ¿Quién es responsable de los efectos nocivos del consumo de algunos productos de venta legal como los cigarrillos y el alcohol? ¿la compañía que los fabrica y los vende? ¿el individuo que decide consumirlos? Explique. Va en aumento en los últimos años el uso (y el abuso) de estas sustancias? ¿Por qué? ¿Cree Ud. que la legalización de algunas drogas podría ser una de las soluciones? Explique.

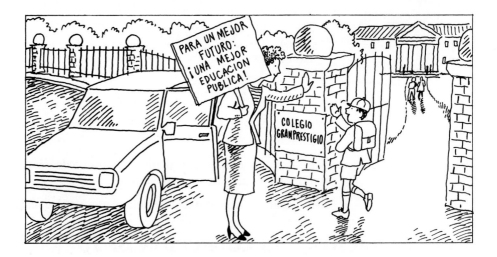

2. ¿En qué consiste la ironía del dibjuo? ¿Es hipócrita la mujer o es buena madre? Explique. Algunas personas creen que una buena

educación y un buen servicio médico o legal son derechos de todo ciudadano y que no deben depender del dinero que uno tenga. ¿Está Ud. de acuerdo? ¿Por qué sí o por qué no? ¿Cree Ud. que el sistema de asistencia pública (*welfare*) afecta a la sociedad de manera negativa o que la afecta de manera positiva? Explique. ¿Qué alternativas mejores existen? ¿Por qué son mejores?

3. ¿En qué consiste la ironía del dibujo? ¿Refleja la realidad de su familia o los conflictos de alguien que Ud. conoce? ¿Son inevitables los conflictos entre las generaciones? ¿Piensa Ud. que las personas tienden a ser más tolerantes a medida que se hacen mayores o que tienden a serlo menos? Explique. ¿Heredamos ideas y actitudes de nuestros padres?

Según este dibujo, las diferencias generacionales que están a la vista tienen que ver con la ropa y los gustos en cuanto a la música y otros pasatiempos. Otros dirían que durante estas tres generaciones algo mucho más profundo ha cambiado: la estructura misma de la familia y la definición del concepto de «familia». ¿Está Ud. de acuerdo? ¿En qué son diferentes los conceptos de «familia» y de «pariente» de lo que eran en 1955? ¿Cuáles de estos cambios son positivos, en su opinión? ¿Cuáles son negativos? ¿Por qué? Los grupos religiosos suelen tener interés en ayudar a definir el concepto de «familia» y de esa forma determinar qué grupos pueden o no pueden constituir una familia. ¿Debe el estado intervenir en este asunto? ¿Por qué sí o por qué no?

TABLA DE IDEAS
Afirmación que se quiere apoyar (o disputar)

Actividad B.   Pro y contra

1. Cada uno de los siguientes temas admite aspectos a favor y aspectos en contra. Trabajando con dos o tres compañeros de clase, escojan un tema de la tabla. Hagan una lluvia de ideas para crear dos listas: pro y contra. ¿Cuántos aspectos diferentes se les ocurren para cada tema?

    Después de cuatro o cinco minutos, escojan otro tema y repitan el ejercicio: hagan una lluvia de ideas para identificar todos los puntos pro y contra que puedan. Un miembro del grupo debe servir de secretario/a para apuntar las ideas sugeridas.

PRO	POSTURA O ACTITUD	CONTRA
	La educación secundaria debería ser obligatoria hasta los 16 años.	
	La televisión no debería permitirse en los tribunales.	
	El uso de los medios de difusión debería ser gratis para los candidatos políticos.	
	El suicidio asistido debería ser legal.	
	Los padres deberían ser responsables de los daños ocasionados por sus hijos (por ejemplo, el vandalismo).	
	El inglés debería ser el idioma oficial de los Estados Unidos.	
	Otro tema (de su elección)	

2. Terminadas las lluvias de ideas, compartan entre todos las varias ideas relacionadas con el mismo tema para recopilar una lista muy completa de posibles pros y contras acerca de cada uno.

3. De las ideas apuntadas, ¿servirían todas si se tuviera que persuadir a cada uno de los siguientes grupos de lectores? Divídanse en equipos de tres o cuatro; su profesor(a) le asignará a cada equipo un grupo de lectores. Cada equipo debe examinar la lista de puntos pro y contra para los varios temas desde la perspectiva de su grupo de lectores. ¿Cuáles les parece que son los más convincentes? ¿Cuáles habría que tachar? Expliquen.

- jóvenes de entre 14 y 18 años de edad

- personas mayores, de la edad de sus padres; profesionales

- ancianos de la edad de sus abuelos; jubilados

- jóvenes profesionales de entre 20 y 30 años de edad

Actividad C. La lectura: «Los cuentos son muy viejos»

El siguiente texto examina el papel de los cuentos infantiles en reforzar los estereotipos masculino y femenino. Acepta la idea de que los cuentos ofrecen «acondicionamiento cultural» y ofrece datos para apoyarlo. ¿Es convincente el texto?

Los cuentos son muy viejos

Dice María Luisa Bemberg en el prólogo de su film *Juguetes:* «Desde la infancia, las expectativas de conducta son distintas para cada sexo. Se educa a los hijos de manera específica para que actúen de manera específica. Los juguetes y los cuentos no son inocentes: son el primer acondicionamiento cultural».

Por ello, quisiera ocuparme acá de mostrar cómo los cuentos infantiles han reforzado y refuerzan los estereotipos masculino y femenino tal como los conocemos. Los varones tienen el monopolio del coraje, la imaginación, la iniciativa, la astucia, el gesto heroico, la solidaridad con sus congéneres así como también la posibilidad de emplear la violencia, ya sea en defensa propia o como medio para conseguir sus fines. A las mujeres nos queda la abnegación, el sometimiento, la mansedumbre, la rivalidad con nuestras congéneres, la fragilidad y hasta el servilismo rotulado como actitud positiva.

A las mujeres de estos cuentos, ya sean ellas reinas o plebeyas, no se les conoce otra ocupación que la de amas de casa. Los varones, en cambio, realizan toda clase de tareas, desde gobernar hasta hachar leña. En los varones se recompensa la iniciativa y el espíritu de aventura con poder y riquezas. En las mujeres se recompensa la abnegación y el sometimiento con el matrimonio y punto.

Para describir al héroe de un cuento, el autor puede elegir entre una amplia gama de cualidades humanas, pero describir a la heroína es más simple: joven y bella.

Librada a su propia iniciativa, Blanca Nieves puede sólo realizar quehaceres domésticos o cae en las trampas de su madrastra. Como Caperucita y como la Bella Durmiente, no sabe cuidar de sí misma. Por ello, debe ser salvada por el buen corazón del leñador, más tarde por los enanitos y finalmente por el príncipe. Esta bella joven, hija de rey, canta y sonríe mientras barre y cocina para siete enanos mineros.

El personaje de la madrastra, tanto de Blanca Nieves como la de la Cenicienta, illustra no sólo la tristemente célebre rivalidad entre mujeres sino también la advertencia que una mujer activa, lo es sólo en la maldad.

No hay una sola bella heroína que sea inteligente o audaz. Algunas son irremediablemente bobas (o irremediablemente miopes). Caperucita cree que el lobo en cofia y camisón es su abuela y Blanca Nieves es incapaz de ver que la viejecita que trata de envenenarla es su madrastra disfrazada.

Las mujeres fuimos siempre las culpables de toda desgracia (y algunas religiones se han encargado de enfatizarlo). Porque la madre de Caperucita, no sabe cuidar de su hija, y de brujas y madrastras mejor no hablar. Pero a los padres (varones), se los exime de culpa y cargo: demasiado ocupados con cuestiones de Estado o con su trabajo, o simplemente están influenciados por una mala mujer. Excepción hecha de Barba Azul y del ogro de Pulgarcito, los varones de los cuentos son juzgados con gran benevolencia. El Gato con Botas miente, roba y mata (pero en su caso porque es astuto) consiguiendo así un reino para su amo cómplice. Pulgarcito se defiende y también roba y mata. Nadie se lo reprocha. Es el héroe que triunfa.

El valiente, el audaz, el capaz del gesto heroico para salvar a las niñas bellas de las garras de lobos, madrastras y Barbas Azules, es siempre un varón. Con la sola excepción del Hada de Cenicienta. Pero, claro, en el mundo de la magia todo es posible.

A la Bella Durmiente, la única actividad que se le conoce, es la de haber metido su principesco dedito donde no debía. Así, fue dormida por el huso de la bruja y fue despertada por el beso del príncipe. El príncipe caza, monta, explora y descubre mientras la bella duerme.

Y se podría seguir. Pero esto ya da una idea de la misoginia implícita en los cuentos que van formando las personalidades de nuestras hijas, y también las de nuestros hijos.

> Habrá servido de algo si sólo una persona, madre o padre, se inquieta, toma conciencia y se hace capaz de contar a su hija alguno de estos hermosísmos cuentos con los cambios necesarios para que la niña pueda verse a sí misma como poseedora no sólo de ternura y afecto sino también de inteligencia, audacia, imaginación y solidaridad. Y a su hijo como poseedor no sólo de inteligencia, audacia, imaginación y solidaridad, sino también de afecto y ternura.
>
> (*Diario La Opinión,* Hilda Ocampo)

1. ¿Cuál es la pregunta central que este texto pretende contestar? ¿Cuál es la tesis?

2. El propósito de esta exposición es persuadir. ¿Cuáles son los datos específicos que se incluyen para apoyar la tesis?

3. ¿Se incluyen opiniones contrarias? ¿Cómo afecta esto la validez o la fuerza de la presentación?

4. ¿Cómo es el tono del escrito? ¿Es muy personal o más bien impersonal y objetivo? ¿Por qué piensa Ud. eso? ¿Qué hay en el texto que cree ese tono?

5. ¿Está Ud. de acuerdo con la selección de detalles que ha incluido la escritora para justificar su posición acerca de los cuentos? ¿Hay otros datos que le parezcan más importantes a Ud.? Comente. ¿Hay opiniones contrarias que se debería incluir? Explique.

6. ¿Piensa Ud. que modelar actitudes y comportamientos no sexistas en realidad puede llegar a cambiar la conducta de los niños? Por ejemplo, si a un niño no se le dan ni pistolitas ni espadas ni ametralladoras de juguete, ¿será menos agresivo? ¿Por qué sí o por qué no? Si dice que no, ¿qué otras alternativas pueden tener impacto en los niños?

Enfoque

- Repase la tabla de ideas en su *Cuaderno de práctica* y los apuntes de las actividades que Ud. ha hecho hasta este punto.

- Escoja un tema que le interesa personalmente.

- En su *Cuaderno,* haga un mapa semántico de los aspectos del tema que le parecen interesantes e importantes. No se olvide de identificar algunas de las opiniones contrarias a su postura.

TECNICAS DE ORGANIZACION Y EXPRESION

ejercicios

Pensando en el lector: Cómo establecer una «voz» creíble

Para lograr convencer a alguien de algo, importan dos factores. El primero es seleccionar, organizar y presentar la información de manera clara y memorable. El segundo, no menos importante, es establecerse como persona creíble y razonable —una persona, en fin, cuyo punto de vista merece considerarse. A fin de crear esta «persona» importa demostrar al lector que se han tomado en cuenta otras perspectivas del tema y que se han evaluado (o por lo menos que se ha intentado evaluar) los datos objetivamente.

La argumentación, aunque por definición revela la opinión o el juicio del escritor, no necesariamente se caracteriza por un tono personal. Esto se debe a que un tono demasiado fuerte puede tener el efecto contrario: en vez de ayudar a convencer al lector de la validez del argumento del escritor, acaba convenciéndolo de su falta de credibilidad.

Como en cualquier otro tipo de escrito, en la argumentación también es de gran importancia saber tanto como sea posible acerca del lector a quien va dirigido el ensayo argumentativo. Aunque la postura fundamental no cambia necesariamente, el apoyo o justificación que se usa para convencer se escoge de acuerdo con el lector. Por ejemplo, si lo que se propone en el ensayo es el control de los delitos violentos en una comunidad, los detalles usados para convencer a un grupo de ancianos jubilados serán diferentes de los que se escojan para convencer a un grupo de comerciantes.

> ### EN SU CUADERNO...
>
> examine el tema que Ud. ha escogido. ¿Tiene Ud. autoridad «automática» con respecto al tema? ¿Qué dificultades podría tener un lector en aceptar su postura acerca del tema? Haga una lista de las objeciones que podría hacer un lector respecto al tema y a la autoridad y credibilidad de Ud. ¿Puede identificar algunas técnicas para refutar estas objeciones?

Actividad A. Cómo establecer una voz creíble

1. En ciertos contextos, algunos escritores tienen una autoridad «natural» y el lector está dispuesto a aceptar su postura sin pedir mucha evidencia: por ejemplo, un campeón internacional de tenis muy conocido que escribe sobre los beneficios y los peligros de competir como un joven. Por otro lado, en ciertos contextos un escritor puede confrontar dificultades especiales en establecerse como una autoridad creíble. Por ejemplo, ¿para quién es más fácil escribir acerca del acoso sexual, para un hombre o para una mujer? ¿Por qué? ¿Qué puede hacer este escritor para convencer a su lector de que tiene conocimiento pleno de lo que escribe?

2. Trabajando con dos o tres compañeros de clase, analicen las siguientes combinaciones de escritor ~ tema. ¿Qué dificultades puede tener el escritor en cada caso en

establecer una voz creíble? ¿Qué técnica(s) recomiendan Uds. para resolver el dilema en cada caso?

a. un individuo divorciado ~ los valores familiares

b. un miembro de un group minoritario ~ la acción afirmativa

c. un joven (de entre 18 y 20 años de edad) ~ la vejez y la muerte

d. ¿ ?

Compartan sus análisis con los de los demás grupos de la clase. ¿Hay mucha diferencia de opiniones?

Actividad B.   Análisis de textos

Los dos textos que se presentan a continuación comunican abiertamente la actitud personal de cada autor. Los dos intentan convencer al lector de que el inglés debe ser la lengua oficial de los Estados Unidos y lo hacen criticando la situación actual, a veces demostrando una intolerancia que hoy en día suele disfrazarse. Examine los dos textos con cuidado. ¿Cuál de los dos le presenta una voz creíble? ¿Cómo se logra esto? ¿Presentando ambos lados de la cuestión? ¿Usando un tono más neutral? ¿Empleando una combinación de ambas estrategias? Explique.

Que hablen inglés o que no hablen

Si se camina por las calles de muchas ciudades de los Estados Unidos, se oye hablar, no inglés como pudiera esperarse, sino español, chino, vietnamita, coreano y un sinnúmero de otras lenguas. Este hecho indica que el país está en peligro de desintegrarse totalmente. Los inmigrantes recientes se niegan a aprender inglés. No están dispuestos a hacer lo que hicieron nuestros antepasados al principio de este siglo. Llegan a los Estados Unidos esperando que se les dé todo, pero insisten en mantener su cultura y sus costumbres. Pongámosle alto a esta explotación. El que no quiera aprender inglés, que se vaya. El que no quiera formar parte del crisol americano, que regrese a su patria de origen. Que no nos cuenten que toma tiempo aprender una lengua. Que no nos cuenten que viven en barrios de inmigrantes porque no pueden vivir en otra parte. No vamos a creerlo. No vamos a permitir que nos dividan. Hemos recibido ya a demasiados extranjeros, extranjeros que dan poco a este país. Hay que dar el primer paso. Hay que insistir en que en los Estados Unidos se hable solamente inglés. Es nuestra lengua, la lengua de nuestros antepasados y el símbolo tangible de que se ha aceptado la realidad americana.

Una nación: una lengua

En todo país en el cual se hablan varias lenguas puede surgir un conflicto sobre el prestigio relativo de cada una de las lenguas y de su función en la vida oficial y particular de los ciudadanos. Actualmente en los Estados Unidos se ha iniciado un movimiento político que tiene como objetivo el pasar una enmienda a la Constitución por la cual se declare que el inglés, y solamente el inglés, es la lengua oficial de esta nación.

Los que se oponen a esta enmienda insisten en que el esfuerzo por establecer el inglés como lengua única en los Estados Unidos obedece a la xenofobia que ha vuelto a surgir en este país. Explican que el proceso de aprender una segunda lengua es un proceso lento, y presentan datos sobre el número de inmigrantes recién llegados que hablan o empiezan a hablar inglés. Defienden la educación bilingüe (el uso de lenguas como el español, el chino o las lenguas indígenas en la instrucción escolar) diciendo que el uso de las lenguas maternas en la instrucción inicial permite al niño captar conceptos importantes mientras aprende inglés.

Nadie niega que sea difícil aprender una lengua extranjera, pero todo inmigrante debe aprender inglés lo más pronto posible. La educación bilingüe aísla a los niños de sus compañeros anglohablantes. Puede ser que aprendan a leer y a escribir su lengua, puede ser que logren educarse, pero es más importante que aprendan inglés. Esto es lo primordial. El educarse, quizás sea secundario.

Se acabaron los tiempos en que este país podía recibir a todo extranjero que tocaba a la puerta. Hoy ya no es posible. Debemos utilizar la lengua para asegurarnos de que los que piden la entrada a este país se comprometen a formar parte de esta sociedad. La unidad requiere cierto grado de uniformidad. Deben quedar fuera los que no quieran o no puedan ser como nosotros.

Estrategias del escritor: El tono

En el texto sobre la enseñanza de la lectura (página 155), el autor no mantiene un tono neutral con relación al tema que presenta; al contrario, expresa su opinión personal desde un principio y logra hacer una crítica fuerte de la enseñanza de la lectura. La presentación de la opinión personal aquí es de especial interés ya que se refleja en el tono que se utiliza desde el principio. Como queda demostrado, para presentar una opinión no es necesario decir «yo pienso que» o «en mi opinión»; basta escoger ciertos detalles y presentarlos de manera que provoquen en el lector la reacción que el escritor desea.

Para lograr que un lector se forme una opinión negativa de un tema, el autor no necesita decir «ésta es una actitud tonta». Puede influir en el lector escogiendo con cuidado el vocabulario que utiliza, la forma en que expresa los hechos y el orden en que los presenta. La siguiente comparación entre lo que es una actitud neutral y la actitud subjetiva del autor del ejemplo anterior ilustra las diferentes estrategias que se pueden utilizar al presentar una opinión.

ACTITUD OBJETIVA NEUTRAL	ACTITUD SUBJETIVA DEL AUTOR
La interpretación de lo que es leer ha afectado...	Desafortunadamente... la mala interpretación de lo que significa leer...
En el caso de la enseñanza de la lectura a los niños, es común creer que...	En el caso de la enseñanza de la lectura a los niños, el error más común...
Esta estrategia lo lleva, cuando se trata de leer un texto entero, a leerlo palabra por palabra.	No se consideran las limitaciones... palabra por palabra, el significado de la lectura en su totalidad se le escapará.
La enseñanza de la lectura en una lengua extranjera también parte de la teoría que se tiene de la lectura.	...también refleja una mala interpretación del proceso de la lectura.
...se usa con él el mismo método que se utiliza con los niños.	Aunque es un lector maduro con práctica en leer textos en su lengua nativa, empieza por lo elemental en la extranjera.

Por otro lado, el escritor tiene que tener mucho cuidado al seleccionar las palabras y los ejemplos, ya que puede suceder que el lenguaje provoque una reacción diferente de la que buscaba suscitar. Por ejemplo, el lenguaje del texto «Que hablen inglés o que no hablen» es fuerte y directo; sin embargo, a muchas personas esto no les parecerá persuasivo sino ofensivo, y por lo tanto resulta mucho menos efectivo que si el escritor se hubiera expresado con más moderación y tacto.

Actividad A.   Las técnicas del mercado: Cómo vender una idea

Los expertos en el arte de persuadir son los que diseñan anuncios y campañas de publicidad. ¿Cuáles de las técnicas que utilizan se aplican también al ensayo argumentativo?

1. El humor es un recurso poderoso para convencer al lector de que el locutor (o el escritor) es «buena gente» y por eso digna de confianza. Pero hay que tener cuidado, ya que es posible ofender, sin querer, con el humor y entonces el resultado puede ser lo opuesto de lo que uno deseaba. Vuelva a leer el editorial «Por culpa de la información» (páginas 151–152). El editorial no es un texto argumentativo, pero sí busca persuadir al lector. ¿Encuentra Ud. toques de humor en el texto? ¿Qué efecto tienen sobre su opinión acerca del escritor? ¿Afectan su opinión sobre el tema? Ahora mire el anuncio a continuación. ¿Es efectivo el humor en cuanto a persuadir al lector? ¿Por qué sí o por qué no? ¿Conoce Ud. otros ejemplos de anuncios publicitarios en que se haya utilizado el humor con efectividad para establecer una voz creíble y persuasiva?

2. ¿Qué otras técnicas, además del humor, utilizan los anuncios para persuadir acerca de las cualidades o ventajas de su producto o mensaje? Considere, por ejemplo, los siguientes anuncios. ¿A

quiénes tratan de convencer, y de qué? ¿Cuáles son las objeciones que anticipan? ¿Logran superarlas?

a. *Got milk?*

b. AT&T (los teléfonos inalámbricos)

c. La campaña antidrogas que se dirige a los jóvenes

d. ¿ ?

¿Se prestan algunas de estas técnicas al ensayo argumentativo? Explique.

Actividad B.   Análisis de texto: «Ciencia y crueldad»

Lea con cuidado el siguiente texto. ¿Es expositorio o argumentativo?

Ciencia y crueldad

*E*n este país, generalmente no se tolera la crueldad hacia los animales. Cuando alguna persona maltrata a un perro o a un gato, por ejemplo, no falta algún vecino que corra a dar parte a la Sociedad Protectora de Animales. En nuestra sociedad, desde chicos enseñamos a los niños a tratar bien a los animales y a creer que no debe hacérseles sufrir. ¿Cómo se explica, entonces, la crueldad y la indiferencia hacia el tratamiento infame que reciben los animales en los laboratorios científicos?

La respuesta es sencilla. Muchos compatriotas nos contestarían que no hay tal crueldad cuando se trata de experimentos científicos. Hay muy pocas cosas que no puedan justificarse en nombre de la ciencia, de los avances técnicos y del progreso en la investigación científica. Fácilmente podría decirse que en este siglo y para el hombre moderno, la ciencia es una religión que no debe cuestionarse.

Los resultados de esta religión o filosofía aunque no nos sorprenden, no deben dejar de conmovernos. El conejillo inocente a quien le cosen los ojos para que no los abra, sin usar anestesia, no puede demandar al laboratorista. El chimpancé a quien le inyectan hormonas hasta que se hincha y deja de respirar, poco se queja, pero sí siente, y sí sufre. Aunque nos digan los científicos que la muerte y el sufrimiento de los animales los ayudarán a alcanzar conocimientos que quizás sirvan para alargar la vida de los seres humanos, o les permitan descubrir los efectos de algunas sustancias experimentales, no deja de ser injusto el hecho de hacer sufrir a seres inocentes.

La inhumanidad, aun hacia los seres que no son humanos, no puede justificarse. La crueldad no es menos cruel porque hayamos categorizado a un grupo de seres con quienes compartimos este planeta como inferiores a nosotros, los que tenemos alma y los que somos seres pensantes. Si la tortura cotidiana se permite por el sólo hecho de que creemos que los animales no son como nosotros, estamos a un paso muy pequeño de la mentalidad nazista. La crueldad hacia los judíos se justificó diciendo que éste era un grupo inferior. También en los laboratorios de los nazis se defendió la experimentación y la tortura de estos seres «inferiores» en nombre de la ciencia. No debe sorprendernos si en el futuro justificamos la crueldad hacia otro grupo de seres humanos a los cuales hayamos colocado en una categoría «científica» que nos lo permita.

EN SU CUADERNO...

analice el tema que Ud. ha escogido. ¿Quién es el lector anticipado? ¿Qué tono le parece más apropiado a Ud.? ¿Qué tipo de imagen quiere Ud. proyectar? ¿seria? ¿intelectual? ¿chistosa o graciosa? ¿práctica? Apunte algunas ideas al respecto.

---

1. ¿Qué opina Ud.? ¿Es expositorio o argumentativo este texto? ¿Por qué piensa Ud. eso? ¿Qué hay en el texto que lo indique?

2. ¿Cuál es la tesis del ensayo?

3. ¿Cómo es el tono del texto? ¿impersonal y objetivo? ¿neutro? ¿Revela alguna actitud hacia el tema? ¿hacia el lector? ¿Le parece apropiado para el propósito del texto? Explique.

4. ¿Cómo se organiza la información?

5. ¿Le parece un ensayo efectivo? ¿Por qué sí o por qué no? ¿Qué le recomendaría Ud. al escritor para mejorarlo?

6. Hoy en día se oye hablar menos acerca de la experimentación con animales en el campo de la industria cosmética, pero las acusaciones de crueldad con los animales no han cesado del todo. En su opinión, ¿es cruel...
   a. comprar una prenda de ropa de piel?
   b. capturar animales salvajes para meterlos en un parque zoológico?
   c. destruir el hábitat natural de alguna especie de animal?
   d. la caza?
   Prepárese para justificar sus opiniones.

Segunda etapa: La redacción y la revisión de las versiones preliminares

---

Después de terminar las actividades de prerredacción, Ud. escribirá un borrador de su ensayo argumentativo.

Las actividades que se han llevado a cabo en la primera etapa de este capítulo le han dado a Ud. la oportunidad de desarrollar la materia prima para elaborar un texto argumentativo. En esta segunda parte del capítulo, tendrá la oportunidad de

- crear un plan de redacción para guiar la composición de su escrito
- desarrollar un borrador de su escrito
- experimentar con la técnica de revisión con grupos de consulta
- experimentar con la técnica de una lista de control
- desarrollar un plan de revisión

Tarea

Escriba un texto argumentativo que tenga como mínimo unas 800 palabras. Su texto puede organizarse según uno de los esquemas de las páginas 150–151. Si quiere, puede incorporar citas directas y otros detalles descriptivos. Su escrito debe adoptar el formato de un ensayo formal. Como en sus ensayos anteriores, es importante reconocer y apreciar las necesidades específicas de su lector. Su ensayo debe incluir una introducción y una conclusión apropiadas.

EL PLAN DE REDACCION: COMO SE ESCRIBE UN ENSAYO ARGUMENTATIVO

PLAN DE REDACCION: LA ARGUMENTACION
1. El tema
2. La idea principal que quiero comunicarle a mi lector
3. Mi propósito como escritor El lector Su propósito al leer Preguntas cuyas respuestas el lector busca en el escrito
4. Los detalles • en contra • a favor

1. El tema

- Vuelva a examinar sus notas y apuntes de la sección de Enfoque.

- Repase los varios temas examinados y escoja uno que 1) le interese y le importe a Ud. personalmente y 2) permita más de un punto de vista y sobre el cual Ud. tenga una opinión clara.

- Ahora, complete la primera parte del plan de redacción en su *Cuaderno de práctica.*

2. La tesis

- Examine los datos que Ud. ha reunido acerca del tema; estudie o considere todas las actitudes al respecto.

- Identifique y aclare la postura que Ud. tomará.

- Ahora, complete la segunda parte del plan de redacción.

3. El propósito y el lector

- Su propósito es convencer al lector de la validez de su postura. ¿Cuál es la actitud que Ud. tiene hacia su postura? ¿Por qué le parece interesante/importante/válido? ¿Cuál es la reacción que quiere provocar en su lector? ¿Cuáles son los aspectos del tema que mejor pueden dar a conocer esta actitud al lector?

- Identifique al lector y el propósito de éste. ¿Por qué va a leer lo que Ud. escribe? ¿Qué sabe ya acerca del tema? ¿Cuál puede ser su actitud al respecto? ¿Qué información busca? ¿Qué preguntas se va a hacer al respecto?

- Ahora, complete la tercera parte del plan de redacción.

4. La organización y los detalles

- Recuerde y tome notas del tema en su totalidad. Tomando en cuenta las necesidades de su lector, busque pruebas que justifiquen la postura fundamental o haga una lista de las razones por las cuales ha asumido la postura que defiende. Haga otra lista de las opiniones contrarias respecto al tema y las razones que se podrían ofrecer para justificarlas.

- Determine qué técnica o combinación de técnicas de desarrollo Ud. utilizará. Por ejemplo, en algunos casos puede ser útil usar la comparación y el contraste, o quizás la causa y el efecto. Elabore un esquema en el cual se presente la tesis y los detalles que se utilizarán para representar la(s) actitud(es) contraria(s) y los que apoyarán la postura fundamental. Organice la información para que el punto de mayor impacto aparezca al principio o al fin del ensayo.

- Ahora, complete la cuarta parte del plan de redacción.

Refiriéndose a su plan con frecuencia, escriba el borrador de su ensayo. Decida qué tono tendrá su ensayo, es decir, si va a ser formal o informal, serio o alegre o irónico. Si va a incluir ejemplos o anécdotas personales o si va a incluir datos impersonales y más bien objetivos.

Recuerde que para esta versión de su ensayo no hay que preocuparse demasiado por cuestiones de la forma, es decir, por el vocabulario ni por la gramática. Si no sabe o no recuerda una palabra o expresión en español, use un comodín o escríbala en inglés y siga escribiendo.

EL PLAN DE REVISION: ACTIVIDADES CON GRUPOS DE CONSULTA

PLAN DE REVISION: LA ARGUMENTACION [*NOMBRE DEL TEXTO*]
1. Comentarios positivos sobre el ensayo
2. La idea principal del texto   Los lectores quieren saber lo siguiente con respecto a este tema
3. Detalles que necesitan agregarse, reorganizarse o cambiarse
4. Otros cambios que se recomiendan

Los dos textos (A y B) que aparecen en esta sección son respuestas al ensayo de Hilda Ocampo «Los cuentos son muy viejos» (páginas 161–163). Después de analizarlos individualmente, la clase debe decidir cuál de ellos parece más convincente y por qué.

Leer y analizar. Cada estudiante debe leer los dos textos, apuntando todas sus notas y respuestas a las preguntas. Se debe responder a la primera pregunta antes de leer cada texto.

Texto A: «Los cuentos de hadas: un mal menor»

1. Este texto examina la postura de Hilda Ocampo respecto al papel de los cuentos infantiles en reforzar los estereotipos masculino y femenino. Identifique tres o cuatro preguntas acerca del tema cuyas respuestas a Ud. le gustaría encontrar en el texto. Después, siga con el análisis.

Texto A: Los cuentos de hadas: un mal menor

Análisis

El artículo de Hilda Ocampo me parece muy superficial. Esta escritora se preocupa de que los papeles masculinos y femeninos de los cuentos de hadas refuercen los estereotipos que existen hoy en día. De hecho, estos cuentos hacen resaltar

2. ¿Qué tal acierta el escritor en contestar sus preguntas? ¿Contesta todas?

3. ¿Cuál es la tesis que el escritor intenta justificar? ¿Se han considerado otros puntos de vista también?

los estereotipos, mostrando a todas las mujeres como ingenuas y necesitadas de un príncipe, y a todos los hombres como valientes y audaces. Sin embargo, no creo que estos cuentos tengan mucho efecto en la vida de los niños. Hay otros factores que tienen mucha más influencia en sus vidas: la televisión, el cine y los padres mismos. Todos éstos también contribuyen a poner de relieve esos papeles sexistas.

En comparación con la exposición breve que tiene un niño a los cuentos de hadas, la televisión es lo que hace falta censurar. La televisión es parte significativa de la vida de la mayoría de los niños. La programación hoy está llena de programas de los años cincuenta y sesenta que ponen énfasis en los estereotipos masculino y femenino. Por ejemplo, un programa como «Leave it to Beaver» retrata al personaje femenino principal como un ama de casa que es absolutamente inútil en asuntos financieros. En cada episodio, el trabajo más difícil de ella consiste en decidir qué cocinar para la cena. En cambio, el hombre de la familia va a la oficina todos los días, y todos cuentan con él para tomar las decisiones importantes.

Las películas también son culpables de acentuar estos estereotipos. La película *Indiana Jones and the Temple of Doom* presenta al personaje femenino principal como una cantante talentosa y al parecer una mujer inteligente. Sin embargo, después de la primera escena se transforma en una mujer débil y quejumbrosa a quien tiene que salvar continuamente el macho, héroe de la película.

Lo que quiero enfatizar aquí es que si uno va a preocuparse de la censura de los medios que contribuyen a perpetuar los estereotipos, debe empezar por aquél al que los niños estarán más expuestos por más

4. ¿Se relaciona toda la información directamente con la idea principal? Si no, ¿qué parte(s) no viene(n) al caso?

5. ¿Hay partes en las cuales le gustaría a Ud. tener más información (explicación, ejemplos, detalles)?

6. ¿Hay partes del texto en que de repente Ud. se encuentre «perdido/a»?

7. Haga rápidamente un bosquejo del texto en su totalidad. ¿Le indica lugares donde la organización del texto debe cambiarse?

8. ¿Captó su interés la introducción de manera que Ud. quisiera seguir leyendo?

9. ¿Qué parte(s) del borrador le gusta(n) más?

10. La conclusión, ¿le sirvió como buen resumen de la información en el texto? ¿Le ayudó a comprender la importancia del tema para el escritor?

tiempo. Creo que los niños todavía son demasiado jóvenes cuando oyen los cuentos de hadas para darse cuenta de los estereotipos que presentan.

Texto B: «Los cuentos de hadas y la discriminación sexual»

1. Este texto examina la postura de Hilda Ocampo respecto al papel de los cuentos infantiles en reforzar los estereotipos masculino y femenino. Identifique tres o cuatro preguntas acera del tema cuyas respuestas a Ud. le gustaría encontrar en el texto. Después, siga con el análisis.

Texto B: Los cuentos de hadas y la discriminación sexual

Análisis

En su artículo Ocampo afirma que los cuentos de hadas refuerzan los estereotipos masculino y femenino. Mientras los cuentos de hadas presentan a las mujeres como seres delicados y poco inteligentes, a los hombres se les describe como poseedores de las virtudes del heroísmo, el valor y la inteligencia. Estoy de acuerdo con ella con respecto a la interpretación de estos patrones: es una representación misoginista de la mujer. No obstante, discrepo de su recomendación a favor de la censura. No creo que ella comprenda la utilidad de estos ejemplos de discriminación.

Hace mucho tiempo que los folcloristas concuerdan en que los cuentos de hadas, al igual que los mitos y las leyendas antiguas, representan las emociones y preocupaciones subconscientes, cuando no los verdaderos sucesos históricos, de las culturas antiguas. El sexismo dentro de los cuentos de hadas indica claramente que la discriminación sexual existía en las sociedades que producían

2. ¿Qué tal acierta el escritor en contestar sus preguntas? ¿Contesta todas?

3. ¿Cuál es la tesis que el escritor intenta justificar? ¿Se han considerado otros puntos de vista también?

4. ¿Se relaciona toda la información directamente con la idea principal? Si no, ¿qué parte(s) no viene(n) al caso?

5. ¿Hay partes en las cuales le gustaría a Ud. tener más información (explicación, ejemplos, detalles)?

6. ¿Hay partes del texto en que de repente Ud. se encuentre «perdido/a»?

7. Haga rápidamente un bosquejo del texto en su totalidad. ¿Le indica lugares donde la organización del texto debe cambiarse?

8. ¿Captó su interés la introducción de manera que Ud. quisiera seguir leyendo?

9. ¿Qué parte(s) del borrador le gusta(n) más?

10. La conclusión, ¿le sirvió como buen resumen de la información en el texto? ¿Le ayudó a comprender la importancia del tema para el escritor?

estas historias. Dados los muchos ejemplos de sexismo en estos relatos, la discriminación sexual habrá sido una fuerza principal en la sociedad antigua. Ocampo parece entender este hecho. Sin embargo, los padres contemporáneos no tienen que censurar estos cuentos.

Al contrario, los padres deben leer los cuentos de hadas a sus niños y luego deben explicarles la falsedad de los estereotipos que aparecen en cada cuento. Los cuentos de hadas son armas perfectas para combatir la propagación de falsedades tales como la superioridad de los hombres en relación con las mujeres. Los cuentos de hadas son interesantes y emocionantes. Así, los niños prestarán atención mientras sus padres hacen resaltar los ejemplos de estereotipos sexuales y luego explican (en sus propias palabras) que estos estereotipos ya no operan y que tales descripciones se basan en la ignorancia. Los niños jóvenes tienen confianza en sus padres y creerán sus explicaciones. El propósito principal de los cuentos de hadas no es, no hay ni que decirlo, señalar el sexismo. Sin embargo, estos cuentos contienen la materia prima que los padres inteligentes pueden usar para enseñar a sus niños valiosas lecciones sobre los efectos dañinos de la discriminación sexual.

Ocampo reconoce el sexismo en los cuentos antiguos y sugiere que los padres deben censurarlos. Es verdad que los ejemplos de los estereotipos sexuales en los cuentos son un problema. Pero la censura sólo lo encubre. Al contrario, si reconocemos la discriminación de los cuentos abiertamente podemos sacar de ella una importante ventaja.

Consultar. La clase debe dividirse en grupos de tres o cuatro estudiantes. Los miembros de cada grupo deben compartir su análisis de cada texto. ¿Hay mucha diferencia de opiniones?

Más análisis y discusión. Los dos ensayos anteriores son respuestas o reacciones a un estímulo específico: el ensayo de Hilda Ocampo. El ensayo de Ocampo lo es también, a un film de María Luisa Bemberg.

- Comparen y contrasten las maneras en que los tres ensayos hacen referencia a la obra que los ha provocado. ¿Qué supone el escritor en cada caso con respecto al conocimiento previo de su lector? ¿Qué ventajas o limitaciones tienen estas suposiciones en cada caso?

- Analicen a «la persona» que proyecta el escritor en cada caso. ¿Parece razonable y creíble? ¿Atrae la simpatía del lector? Expliquen.

Recomendar. La mitad de la clase debe formular un plan de revisión para el texto A; la otra mitad formulará un plan para el texto B. Cada plan debe tomar en cuenta la información que resultó de las discusiones iniciadas en el segundo y el tercer paso. Se deben presentar los dos planes ante la clase.

TECNICA DE UNA LISTA DE CONTROL

El siguiente proceso de revisión puede aplicarse tanto al escrito de un compañero / una compañera como a su propia composición. Para utilizarlo, Ud. debe examinar el escrito que se propone revisar, contestando cada una de las preguntas. Formule un plan de revisión para el texto basándose en sus comentarios.

LISTA DE CONTROL PARA LA ARGUMENTACION
☐ ¿Es la meta o el propósito de mi ensayo el de justificar una postura fundamental?
☐ ¿Cuál es el tema del ensayo? ¿Cuál es la tesis?
☐ ¿Incluyo opiniones contrarias a mi posición? ¿Logro comunicar y mostrar al lector la esencia de mis ideas?
☐ ¿A quién le escribo? ¿Quién es mi lector y qué quiere saber del tema? ¿Qué puede saber ya al respecto?
☐ ¿Qué preguntas puede hacerse el lector con respecto al tema sobre el que escribo? ¿Las he contestado todas?
☐ ¿Qué impresión quiero dejar en el lector? ¿Logro establecer mi autoridad respecto al tema? ¿Es creíble mi voz?
☐ ¿Qué tono he adoptado en el ensayo? ¿Es apropiado para mi propósito?

LISTA DE CONTROL PARA LA ARGUMENTACION *(continued)*

☐ ¿Organizo progesivamente (es decir, de menos importante a más importante o vice versa) los datos en el ensayo?

☐ ¿Qué detalles he incluido en el texto? ¿Cómo contribuye cada detalle a lograr lo que me propongo? ¿Son lógicas y válidas las relaciones (por ejemplo, causa/efecto o comparación/contraste) que quiero establecer? ¿Hay otros datos que deba tomar en cuenta?

☐ ¿Hay en mi composición algún detalle que no contribuya lo suficiente a crear la impresión que quiero dejar?

☐ ¿Para qué sirve la introducción? ¿Capta el interés del lector? ¿Presenta, en breve, los puntos que se van a tratar en detalle en el ensayo?

☐ ¿Para qué sirve la conclusión? ¿Resume los puntos clave del ensayo? ¿Ayuda a establecer la importancia del tema?

☐ ¿He utilizado un vocabulario claro y preciso, o he utilizado términos generales y abstractos que no captan la esencia de lo que quiero compartir?

Tercera etapa: La revisión de la forma y la preparación de la versión final

Al llegar a esta etapa se supone que el contenido y la organización de un escrito han pasado por una revisión rigurosa y que el escritor está satisfecho con ellos. Ha llegado el momento de poner atención a las cuestiones de la forma. En esta última etapa, Ud. tendrá la oportunidad de

En el **Cuaderno de práctica** hay actividades para practicar los aspectos gramaticales y el vocabulario presentados en los siguientes pasos.

- repasar los pronombres relativos
- pulir la forma de su escrito, repasando sistemáticamente la gramática, el vocabulario y la ortografía
- redactar una versión final de la tarea para entregar

Esta revisión le resultará más fácil si la emprende por pasos; en cada paso se enfoca un solo aspecto de la forma.

PRIMER PASO   REVISION DE LOS ASPECTOS GRAMATICALES: LOS PRONOMBRES RELATIVOS

Cuando dos oraciones simples comparten un mismo elemento, es posible reemplazar uno de estos elementos con un pronombre relativo y unir las dos oraciones en una sola.

Como Ud. sabe, es importante separar la revisión del contenido de la revisión de la forma. Véase la lista de control modelo para la revisión de la forma en la página 58.

Van a leer **el libro. El libro** fue escrito por García Márquez.	→ Van a leer **el libro que** fue escrito por Gracía Márquez.
Los planes son ultrasecretos. Hablan de **los planes.**	→ **Los planes de que** hablan son ultrasecretos.

En inglés hay contextos en que se pueden omitir los pronombres relativos. En español, los pronombres relativos siempre tienen que expresarse. Como regla general, se puede decir que si en cierto contexto es *posible* usar un pronombre relativo en inglés, será *necesario* usarlo en español.

¿Cómo se llamaba la película **que** vieron?	*What was the name of the film* (*that*) *they saw?*

Estos son los pronombres relativos en español.

que	*that, which, who*
quien, quienes	*who, whom*
el que, los que, la que, las que	*that, which, who, whom*
el cual, los cuales, la cual, las cuales	*that, which, who, whom*
lo que, lo cual	*which*
cuyo, cuyos, cuya, cuyas	*whose*

El uso de los pronombres relativos depende de muchos factores: de la naturaleza del elemento reemplazado (si se refiere a una persona o a una cosa), del contexto del discurso (si es formal o informal, si está claro o si existe la posibilidad de ambigüedad), del contexto lingüístico en que la nueva oración se coloca (si viene después de una preposición, si forma parte de una cláusula explicativa o de una cláusula especificativa)[1] y, hasta cierto punto, de las preferencias personales de quien escribe. A continuación se presenta una guía general para el uso correcto de los pronombres relativos. Cuando se indica la posibilidad de usar ciertas formas indistintamente, será conveniente tener presente las siguientes reglas.

1. **Que** y **quien** son las formas más simples y, por lo tanto, las formas preferidas en los contextos informales (conversación, cartas personales).

---

[1]Una cláusula explicativa añade información extra a la oración y siempre va entre comas. La información de la cláusula especificativa es necesaria y va directamente unida al sustantivo.

Cláusula explicativa:	Ese hombre, **que vive a unos diez kilómetros de nuestra casa,** siempre pasa por aquí a las siete de la mañana.
Cláusula especificativa:	El hombre **que vimos ayer** es un gran poeta.

2. Ya que las formas **el que** y **el cual** pueden indicar el género y el número del sustantivo a que se refieren, estos pronombres relativos se prefieren cuando existe la posibilidad de ambigüedad, o sea, cuando es necesario hacer una distinción entre dos posibles antecedentes.[2]

Hablaron con las hijas de los Gómez, **las cuales** viven ahora en Madrid.	*They spoke with the Gómez daughters, who now live in Madrid.*
Hablaron con las hijas de los Gómez, **los cuales** viven ahora en Madrid.	*They spoke to the daughters of the Gómezes, who now live in Madrid.*

3. **El cual** es el pronombre relativo más «elegante» y por eso se prefiere en los contextos más formales (discursos, ensayos).

El uso de los pronombres relativos para referirse a personas

1. En las cláusulas especificativas, el único pronombre que se puede usar es **que.**

Los inmigrantes **que** llegan a este país vienen de todas partes del mundo.	*The immigrants who come to this country come from all parts of the world.*
Invitaste a todas las personas **que** conoces, ¿verdad?	*You invited everyone that you know, right?*

2. Cuando se trata de las cláusulas explicativas, se usa **que** en la conversación, pero en la lengua escrita se encuentran a menudo **quien** y las formas **el que** y **el cual.**

Los obreros, **que/quienes/los que/los cuales** pidieron un aumento de sueldo hace varios meses, presentaron hoy su nuevo contrato.	*The workers, who requested a pay raise several months ago, today presented their new contract.*

3. En los dos tipos de cláusula, después de las preposiciones se prefiere el uso de **quien,** aunque también es posible el uso de las formas **el que** y **el cual.**

---

[2]El antecedente es el sustantivo a que se refiere el pronombre relativo. Por ejemplo, en la oración «El hombre que vimos es un gran poeta», **el hombre** es el antecedente del relativo **que.**

Los indígenas norteamericanos, con **quienes/los que/los cuales** había vivido varios años, son conocidos tejedores.	*The Native Americans, with whom he had lived for several years, are famous weavers.*
La mujer detrás de **quien/la que/la cual** todos esconden su ratería es nada menos que la presidenta de la compañía.	*The woman behind whom they all hide their petty thievery is none other than the president of the company.*

Note que en español, la preposición siempre tiene que colocarse delante del relativo, a diferencia del inglés, que en el *uso informal* permite la separación del relativo de la preposición.

¿Es ése el hombre **de quien** estás enamorada?	*Is that the man **that** you're in love **with**?*

4. Para expresar la idea de *the one who* o *those who,* se usan las formas apropiadas de **el que.**

Después de varios años, **los que** habían aprendido inglés empezaron a adaptarse a la cultura nacional.	*After several years, the ones who had learned English began to adapt themselves to the national culture.*
La hija de Gómez, **la que** ganó un premio este año, no me impresionó mucho.	*Gomez's daughter—the one who won a prize this year—did not impress me much.*

5. En todos los contextos, para indicar posesión se usa **cuyo.** Note que **cuyo** concuerda en número y género con lo poseído, no con la persona que posee.

Esa mujer, **cuyos** hijos ganan más de $500.000 al año, vive en la miseria.	*That woman, whose children earn more than $500,000 a year, lives in poverty.*
El escritor de **cuyas** novelas todavía no hemos hablado nació en Nicaragua.	*The writer of whose novels we have not yet spoken was born in Nicaragua.*

El uso de los pronombres relativos para referirse a cosas

1. En las cláusulas especificativas, el único pronombre cuyo uso es posible es **que.**

Van a presentar un programa **que** describe las enfermedades cardíacas.	*They are going to show a program that describes heart diseases.*
Las excusas **que** le ofrecieron no tenían fundamento.	*The excuses that they offered her had no basis in fact.*

2. En las cláusulas explicativas, se usa **que** en la conversación, pero en la lengua escrita son frecuentes las formas **el que** y **el cual.**

Estos problemas, **que/los que/ los cuales** ni siquiera existían hace cincuenta años, ahora amenazan toda la civilización moderna.	*These problems, which did not even exist fifty years ago, now threaten all of modern civilization.*

3. En las cláusulas especificativas, después de las preposiciones **a, de, en** y **con,** se prefiere usar **que** y **el que** aunque en la lengua escrita también se usa **el cual.** En las cláusulas explicativas, es más frecuente el uso de **el cual** después de estas preposiciones.

La película de **que/la que/la cual** hablas no se filmó en Grecia sino en España.	*The movie you are talking about was not filmed in Greece, but in Spain.*
Esa película, de **la cual** ya todos han oído hablar, no se filmó en Grecia sino en España.	*That movie, about which you have all heard, was not filmed in Greece, but in Spain.*

4. En las dos cláusulas se pueden usar **el que** o **el cual** después de las preposiciones cortas (**sin, para, hacia**). Después de las preposiciones de más de dos sílabas (**durante, después de, a través de**), sólo se usa **el cual.**

El sol es una fuente de energía sin **la que/la cual** no podemos sobrevivir.	*The sun is a source of energy without which we cannot survive.*
Hicieron una presentación durante **la cual** todos los asistentes se quedaron dormidos.	*They made a presentation during which everyone fell asleep.*

5. Para expresar la idea de *the one that* o *those that,* se usan las formas apropiadas de **el que.**

La universidad, **la que** está en Salamanca, va a patrocinar un simposio literario.	*The university—the one in Salamanca—is going to sponsor a literary symposium.*

6. En todos los contextos, para indicar posesión se usa **cuyo.**

Esa es la catedral **cuya** bóveda fue diseñada por Miguel Angel.	*That is the cathedral whose dome was designed by Michelangelo.*
En un lugar de La Mancha de **cuyo** nombre no quiero acordarme...	*In a place in La Mancha, whose name I don't wish to recall . . .*

El uso de los pronombres relativos para referirse a ideas y a otras abstracciones

1. En las cláusulas explicativas y después de las preposiciones cortas, se usan **lo que** o **lo cual.** Después de las preposiciones de más de dos sílabas sólo se usa **lo cual.**

La conquista fue muy rápida, **lo que/lo cual** se explica en parte por las creencias supersticiosas de la población.	*The conquest was very rapid, which is explained in part by the superstitious beliefs of the population.*
Nadan dos millas y media, recorren otras 112 en bicicleta y luego corren un maratón, después de todo **lo cual** tienen derecho a llamarse hombres (y mujeres) de hierro.	*They swim 2.5 miles, cycle another 112, and then run a marathon, after all of which they have a right to call themselves iron men (and iron women).*

2. En las cláusulas especificativas sólo es posible usar **lo que.** En este contexto **lo que** equivale a *what* or *that which* en ingles.

No entiendo nada de **lo que** Ud. dice.	*I don't understand anything that you are saying.*
Lo que más nos molesta es la manera en que tratan a sus empleados.	*What bothers us most is the way in which they treat their employees.*

SEGUNDO PASO   REVISION DE LOS ASPECTOS GRAMATICALES YA ESTUDIADOS

Después de revisar los usos de los pronombres relativos presentados en este capítulo, revise también:

1. El uso de **ser** y **estar**

    2. El uso del pretérito y del imperfecto

    3. El uso de la voz pasiva con **ser,** la voz pasiva refleja y la construc-
ción pasiva impersonal

    4. El uso del subjuntivo

TERCER PASO REVISION DEL VOCABULARIO
Y DE LA EXPRESION

Después de revisar la gramática, lea su escrito de nuevo, con ojo crítico
particularmente en el vocabulario. En el *Cuaderno de práctica* hay una
lista de palabras y expresiones que pueden ser útiles para hacer la argumentación. Consúltela y haga las actividades correspondientes antes de
revisar su escrito.

CUARTO PASO REVISION DE LA ORTOGRAFIA

Después de revisar los aspectos gramaticales estudiados y las notas sobre
el vocabulario y la expresión, repase su escrito buscando los posibles
errores de acentuación y de ortografía.

QUINTO PASO PREPARACION DE LA
VERSION FINAL

Escriba una nueva versión de su trabajo ya con las correcciones y los
cambios necesarios.

— Piénsalo...

Si puedes, pídele a un compañero / una compañera que lea tu texto buscando los posibles errores gramaticales o en la expresión. Le puedes facilitar la
lectura si le preparas una lista de control como la de la página 58, indicándole claramente los puntos de mayor interés.

Capítulo **6**

La argumentación (Parte 2)

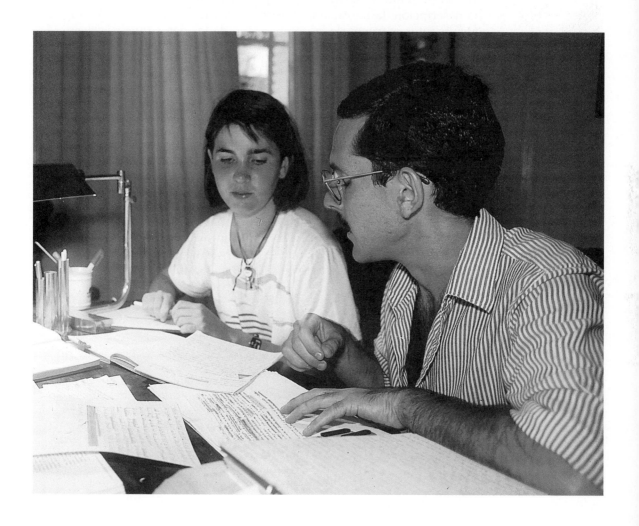

Orientación

LA ARGUMENTACION SOBRE UNA OBRA LITERARIA

Hasta este punto se ha visto cómo las varias modalidades de la redacción (la descripción, la narración, la exposición y la argumentación), al igual que distintos patrones de la organización de los datos (análisis/clasificación, comparación/contraste, causa/efecto), se pueden utilizar para escribir sobre temas de interés general y personal. Cada una de las cuatro modalidades responde a preguntas o propósitos específicos. Por ejemplo, si un escritor busca explorar la pregunta «¿Cómo es esta persona o cosa?», lo más común es que utilice la descripción; para contestar la pregunta «¿Qué sucedió?», escribirá una narración. Si el propósito es reportar, explicar o informar, es probable que utilice la exposición. Y cuando el propósito es persuadir a otro a que acepte como válida cierta postura o punto de vista, recurre a la argumentación.

En los ensayos sobre literatura, predominan dos tipos de redacción: la informativa y la argumentativa. La redacción informativa es como la exposición, ya que su propósito es informar o explicar. El texto informativo explora la trama de una obra y lo explica a nivel literal: «¿Qué ocurre en el cuento/drama/poema? ¿De qué se trata? ¿Quién hace qué, a quién y dónde?». Los textos informativos se limitan a comunicar datos basados en la obra.

Piénsalo...

¿El trabajo para mañana? ¡Pero eso ya pasó a la historia, mujer! Lo hice hace dos semanas para no tener que preocuparme por la fecha tope.

¿Te ha pasado algo como lo que le ocurrió a Margy, la estudiante del dibujo? En este capítulo, vas a redactar un ensayo argumentativo sobre un cuento o poema. En el Apéndice E del *Cuaderno de práctica* se encuentran dos textos que puedes utilizar, o tu profesor(a) te recomendará otro. Debes empezar a leer el texto cuanto antes para tener suficiente tiempo para pensar en él con cuidado antes de preparar el borrador de tu ensayo. Toma apuntes sobre el texto en tu *Cuaderno.* ¡No lo dejes para la última hora!

El resumen y la explicación son ejemplos de la redacción informativa. La información que se incluye en estos tipos de texto suele organizarse cronológicamente, es decir, según el orden en que se presentan los hechos en la obra. El texto que sigue es un resumen del cuento «A la deriva» del escritor uruguayo Horacio Quiroga. ¿Cuál parece ser el tema de este resumen? ¿Presenta una postura fundamental o una tesis?

«A la deriva»

«A la deriva», un cuento por Horacio Quiroga, describe las últimas horas en la vida de un hombre que ha intentado sobrevivir en el trópico lejos de la civilización. Enfoca la pequeñez del hombre ante la fuerza de la naturaleza.

«A la deriva» no es un cuento de acción. Los sucesos ocurren en un espacio de tiempo limitado y desde la perspectiva del protagonista. Empieza el cuento cuando éste pisa una víbora venenosa. El hombre siente el piquete del reptil y al examinarse el pie encuentra dos gotitas de sangre. Calmadamente se liga el pie con un pañuelo y regresa a su rancho. Ahí nota que el pie se le ha hinchado monstruosamente y siente una sed quemante. Decide entonces buscar ayuda. Sube a su canoa y se dirige al centro del caudaloso río Paraná. Espera llegar a un pueblo vecino dentro de cinco horas.

Ya en el río, la selva lo rodea. La corriente, casi por sí misma, lo arrastra hacia Tacurú Pucú. La pierna es ya un bloque deforme. Sabe que no alcanzará a llegar sin ayuda. Decide detenerse y buscar a su compadre. Con esfuerzo atraca y lo llama, pero éste no contesta. Ya débil el hombre regresa al río. El paisaje a su alrededor es a la vez agresivo y bello. Pasan las horas. Cae el sol. Poco a poco empieza a sentirse mejor. El dolor agudo se calma. Recuerda a su viejo patrón. Y así, dentro de la mente de un hombre moribundo, termina el cuento. El hombre no llega a su destino. Muere en camino. Quiroga describe lo que rodea al hombre y nos dice que éste simplemente deja de respirar.

Si Ud. dijo que este texto no tenía tesis, ¡tiene razón! Tiene un tema —la trama del cuento «A la deriva»— pero no presenta una tesis o postura fundamental relacionada con la obra. No es sino un resumen de los hechos más significativos del cuento.

Como se vio en el Capítulo 5, la argumentación o persuasión pretende convencer al lector de la validez de una postura fundamental (= la tesis).

Para lograr esto, reconoce la existencia de otras opiniones acerca del tema para luego presentar información que las invalida y que apoya la postura del escritor. De la misma manera, un texto argumentativo acerca de un tema literario va más allá de lo literal de los hechos del texto para ofrecer la lectura o respuesta individual del escritor, más la evidencia textual que apoya esta perspectiva. En el ensayo argumentativo se exploran preguntas como: «¿Qué significa este cuento/drama/poema? ¿Por qué es importante esta obra? ¿Qué hay de interés o de original en la construcción de este texto?». La tesis de un ensayo argumentativo sobre literatura no representa la opinión personal del escritor sobre el texto (como decir «Me gustó»), sino su juicio acerca del significado e impacto de un aspecto del texto o del texto entero. El ensayo argumentativo propone una tesis y ofrece evidencia extraída del texto para defenderla.

Piénsalo...

Como ya se ha observado en el Capítulo 5, a pesar de su nombre, que a veces puede interpretarse como indicio de algo beligerante, el tono del ensayo argumentativo no es ni agresivo ni antagónico. De hecho, es probable que el ensayo que reúna estas características será poco efectivo en persuadir al lector. Otro nombre que se aplica al ensayo argumentativo es *ensayo persuasivo*.

«A la deriva»: El hombre frente a la naturaleza

El cuento «A la deriva» de Horacio Quiroga trata el tema del hombre frente a la naturaleza. Al principio de este cuento, Paulino, el protagonista, pisa una serpiente venenosa que le da una mordedura en el pie. A causa de este incidente, Paulino inicia una serie de acciones que termina en un viaje por el río Paraná hacia un pueblo vecino donde espera que le salven la vida. Sin embargo, todos los esfuerzos del protagonista resultan inútiles y Paulino muere en su canoa flotando río abajo. La frase «a la deriva» se aplica a una embarcación que va sin dirección, a merced de las corrientes y las olas, tal como la canoa de Paulino al fin del cuento. El título señala la impotencia del ser humano frente al poder inconsciente de la naturaleza. Para comprobar la validez de esta tesis, veamos cómo el texto presenta los remedios que Paulino probó para contrarrestar los efectos mortales de este encuentro con la naturaleza.

Inmediatamente después de la mordedura, Paulino toma dos medidas perfectamente comprensibles.

El hombre echó una veloz ojeada a su pie, donde dos gotitas de sangre engrosaban dificultosamente, y sacó el machete de la cintura. La víbora vio la amenaza y hundió más la cabeza en el centro mismo de su espiral; pero el machete cayó de lomo, dislocándole las vértebras. (*Cuentos,* 92)

El hombre se bajó hasta la mordedura, quitó las gotitas de sangre, y durante un instante contempló... Apresuradamente ligó el tobillo con su pañuelo, y siguió por la picada hacia su rancho. (92)

Para referirse a un trabajo crítico publicado acerca de alguna obra, o para dar antecedentes históricos o sociales relevantes, Ud. tendrá que citar sus fuentes de información siguiendo un estilo de documentación bibliográfica apropiado. Hay unas sugerencias en el Apéndice D del **Cuaderno de práctica.**

Matar la víbora es la reacción normal de un hombre en estas circunstancias; sin embargo, es también una acción inútil. La serpiente ya lo ha mordido y el matarla ahora no puede cambiar nada. También es normal y lógico vendar una herida y tratar de impedir que el veneno invada todo el cuerpo. No obstante, este esfuerzo es igualmente vano ya que poco después, sobre «la honda ligadura del pañuelo, la carne desbordaba como una monstruosa morcilla». (94) Paulino ha hecho lo que cualquiera hubiera hecho en tales circunstancias, pero sus esfuerzos no le sirven de nada.

Al llegar a casa Paulino intenta llamar a su esposa, pero apenas puede porque, a causa del veneno, tiene la «garganta reseca» y una sed que «lo devora[ba]». (93) Por fin consigue pedirle caña y traga «uno tras otro dos vasos» sin resultado, porque no siente «nada en la garganta». (93) Bajo los efectos iniciales del veneno, el hombre es incapaz de saborear la caña y de apagar la sed que lo tortura.

Es entonces que Paulino decide que el mejor remedio es echar su canoa al río y emprender el largo viaje al pueblo vecino. Poco después de llegar al medio del río, las manos le fallan y él se da cuenta de que necesita ayuda para llegar al pueblo. Consigue atracar la canoa cerca de la casa de su compadre Alves y empieza a llamarlo. Cuando Alves no responde, el lector se queda con la duda de por qué será. Sin embargo, podemos recordar que Paulino dijo que «hacía mucho tiempo que estaban disgustados» (95) y podemos concluir que esta capacidad esencialmente humana de enemistarse con los demás explica el fracaso de su esfuerzo.

Ya casi vencido, Paulino vuelve al río. El paisaje que rodea la canoa y a su pasajero deja la impresión de una belleza poderosa y eterna, como vemos en el siguiente pasaje.

El Paraná corre allí en el fondo de una inmensa hoya, cuyas paredes, altas de cien metros, encajonan fúnebremente el río. Desde las orillas bordeadas de negros bloques de basalto asciende el bosque, negro también. Adelante, a los costados, detrás, siempre la eterna muralla lúgubre, en cuyo fondo el río arremolinado se precipita en incesantes borbollones de agua fangosa. (95)

Pero el texto nos recuerda en seguida de la amenaza escondida detrás de esta belleza: «El paisaje es agresivo, y reina en él un silencio de muerte». (95) La tarde y las fuerzas del hombre se acaban simultáneamente. El hombre moribundo se pone cada vez más débil: su «sombría energía» gradualmente se transforma en «manos dormidas» y el hombre, ya «exhausto», se reduce a un bulto sin fuerzas «tendido de pecho» en la canoa. (94–95) En contraste, la naturaleza empieza a lucir colores dorados, triunfantes: «El cielo, al Poniente, se abría ahora en pantalla de oro y el río se había coloreado también». (96)

En el contexto de esta «majestad única» y poder sempiterno, las alucinaciones que ahora tiene Paulino sirven para destacar, otra vez, la impotencia de la condición humana. El hombre ha empezado a sentirse mejor y con este bienestar viene «una somnolencia llena de recuerdos». (96) Piensa en su ex patrón Dougald y en el tiempo exacto que hace que no lo ve.

> ¿Tres años? Tal vez no, no tanto. ¿Dos años y nueve meses? ¿Ocho meses y medio? Eso sí, seguramente. (C, 97)

Tanto como la propensión de enemistarnos con otros por años, es típico de los seres humanos el tratar de pensar y operar lógica y precisamente y de imponer orden en las cosas, en este caso el intento obsesivo de asignarle una fecha exacta a un suceso. Otra vez, el texto nos muestra que en el eterno conflicto entre el hombre y la naturaleza, estas tendencias humanas no nos sirven de nada. El recuerdo de otro antiguo conocido surge en la memoria de Paulino y, mientras intenta precisar el día en que lo conoció («¿Viernes? Sí, o jueves... »),

> El hombre estiró lentamente los dedos de la mano.
> — Un jueves...
> Y cesó de respirar. (97)

«A la deriva» es un cuento breve, de aproximadamente tres páginas, asi que no llegamos a conocer bien a Paulino. A pesar de esta brevedad, observamos en él la capacidad humana de tener sentimientos como la venganza y el resentimiento, de pensar con lógica, la obsesión con la precisión y, también, el instinto de autoconservación. Estos rasgos definen gran parte del carácter del ser humano, pero son inconsecuentes contra el inmenso poder de la naturaleza, representado aquí por una víbora y el río Paraná.

¿Cuál es la tesis del ensayo anterior? ¿Qué evidencia reúne el escritor para apoyar su postura? ¿Qué otras diferencias observa Ud. entre este texto y el resumen anterior del mismo cuento?

Entre las varias estrategias o técnicas de organización que se han examinado en este libro, el análisis y la comparación / el contraste figuran como las más comunes en los ensayos argumentativos sobre literatura. El análisis enfoca un elemento específico del texto: la caracterización, por ejemplo, o el escenario o el narrador o algunos aspectos del lenguaje que utiliza el autor. La estrategia de comparación/contraste podría examinar varios textos de un mismo autor o bien varios textos de diferentes autores. Note que en ambos casos el escritor tiene que ir más allá de lo puramente descriptivo para explicar la relación que tiene un aspecto del texto con el texto entero. ¿Cómo contribuye este análisis a nuestra comprensión y aprecio de la obra en su totalidad?

El propósito fundamental del ensayo informativo o expositorio es comunicar información, reportar, resumir (la trama de un cuento, por ejemplo, o lo que han dicho otros acerca del texto) o explicar (detalles acerca del autor o del período durante el cual se escribió el texto o del género en sí). Por otro lado, el escritor del ensayo argumentativo o persuasivo propone establecer una postura fundamental y convencer al lector de la validez de ésta. Se resumen estos puntos en la tabla de la próxima página.

Las partes principales del ensayo argumentativo

La introducción

Las necesidades del lector. El ensayo sobre literatura, al igual que el ensayo sobre cualquier tema, tiene que tomar en cuenta las necesidades del lector. ¿Qué sabe éste ya acerca del texto, del escritor o de las cuestiones que se comentarán en el ensayo? Es probable que la mayoría de los ensayos que Ud. escribe examine obras que Ud. habrá leído como requisito de una clase; por lo tanto, en este caso su lector será su profesor(a) o sus compañeros de clase. Aunque lo normal es que ellos también conozcan la obra, por lo general se considera buena idea recordarles los elementos más significativos del texto. Hay dos técnicas para hacer esto. Una de ellas es comenzar su ensayo con un breve resumen de la obra (de un párrafo solamente). De esta manera Ud. le recuerda al lector los sucesos importantes de la obra; al mismo tiempo, el limitarse a un solo párrafo ayuda a controlar la tendencia de ponerse a contar los detalles detenidamente. Un párrafo de resumen de este tipo podría empezar de la siguiente manera: «El cuento/drama/poema _____ se trata de... ». Después se podría identificar al protagonista de la obra y repasar brevemente los sucesos significativos. Después del resumen viene la presentación de la tesis. El ensayo de la página 188 sobre «A la deriva» ejemplifica esta

	PREGUNTA DE ENFOQUE	PROPOSITO	ORGANIZACION	CARACTERISTICAS TIPICAS
LA EXPOSICION	• ¿De qué trata el texto?	Informar	Cronología	• Resumen de la trama • Comprensión detallada del texto • En el caso de un poema, descripción y explicación de su sentido, verso por verso (o palabra por palabra si es necesario)
LA ARGUMENTACION	• ¿Cuál es la importancia / el impacto / la contribución / la relación de un elemento *X* (ambiente, voz narrativa, uso del idioma, etcétera) dentro del contexto de la obra en su totalidad? • ¿Por qué selecciona el autor un modo particular para desarrollar la trama (los personajes, el ambiente, etcétera)?	Persuadir	Análisis	• Ahondamiento en algún aspecto de la obra
LA ARGUMENTACION	• ¿En qué se parecen o en qué se diferencian dos de los personajes de la obra? • ¿Qué nos permite entender acerca de otros personajes y obras el conocimiento de los que estamos estudiando? • ¿Qué nos revela acerca de la existencia de temas y problemas subyacentes, el conocimiento de similitudes y diferencias?	Persuadir	Comparación	• Compara personajes dentro de una obra • Compara dos o más obras del mismo autor • Compara dos o más obras de distintos autores

técnica. La otra técnica para traer a la memoria del lector la trama de la obra es comenzar el ensayo con la tesis y luego ir entretejiendo los sucesos importantes en la presentación de la evidencia.

La tesis. La tesis presenta la postura fundamental que el ensayo va a desarrollar y defender. La tesis es una afirmación contestable acerca del texto —o sea, que se puede probar o refutar. Típicamente, la tesis incluye dos componentes: la identificación del tema y una afirmación al respecto. Examine los siguientes ejemplos.

	LA TESIS: EJEMPLOS		
	Débil		*Fuerte*
1a	«A la deriva» trata de la naturaleza.	*1b*	*«A la deriva» muestra una visión de la naturaleza* **como victoriosa sobre la civilización.**
2a	«A la deriva» presenta un punto de vista crítico de la mujer.	*2b*	*«A la deriva» pinta al individuo* **como una figura sola, aislada, en el conflicto entre la naturaleza y la civilización.**
3a	«No oyes ladrar los perros» describe el sufrimiento de un hombre ante la pérdida de su hijo.	*3b*	*En «No oyes ladrar los perros», los colores cambiantes de la luna* **reflejan la actitud del padre hacia su hijo agonizante.**

Todas las tesis fuertes de la tabla anterior incluyen los dos elementos ya mencionados —la presentación de un tema (el tema está en *letra cursiva*) más una afirmación contestable al respecto (en **negrita**).

Las oraciones 1a y 3a son débiles puesto que sólo identifican el tema; no afirman nada, ni presentan ninguna postura relacionada con el tema. Cada una de estas oraciones comunica información que en gran medida es totalmente patente, o sea, que la única evidencia que se requiere se puede sacar del resumen de la trama. El defecto de la oración 2a se debe a otra cosa. Esta oración presenta un tema («"A la deriva" presenta... la mujer») más una afirmación («un punto de vista crítico [de la mujer]»). En este caso la tesis es débil porque es muy fácil de refutar: el tema hace referencia a un suceso aislado en el texto (cuando el protagonista llega a su casa, su esposa no puede ayudarle) que por sí solo no puede considerarse importante. Por eso, resultaría difícil o imposible reunir suficiente evidencia del texto para apoyar esta tesis.

Si Ud. incluye un resumen breve en la introducción, lo importante de incluir dependerá de su tesis. El resumen debe enfocarse sobre información que se relaciona directamente con la tesis.

Piénsalo...

¿Cómo sabes si un suceso es importante o no? No puedes saberlo si lo ves aislado; tienes que verlo dentro del contexto de toda la obra. ¿Hay otros sucesos o aspectos del texto que se relacionen? ¿Cambia el curso del cuento este suceso por sí mismo? ¿Conducen a este suceso otros elementos del texto? En este caso particular, por ejemplo, el hecho de que Paulino no pueda obtener ayuda de su esposa es uno entre muchos elementos del texto que apuntan a la falibilidad humana, y éste es el tipo de evidencia que se puede usar para sostener una tesis. Por otra parte, sólo este elemento apunta específicamente a la crítica de la mujer; no es suficiente para basar una tesis.

Los párrafos de apoyo: La evidencia

Presentada la tesis, cada uno de los párrafos que siguen se ha de dedicar a la presentación de la evidencia textual. Una de las características principales del ensayo argumentativo, que se vio en el Capítulo 5, es que logra establecer la legitimidad de su tesis incluyendo información que la apoya, así como también opiniones contrarias. La argumentación sobre obras literarias también puede incluir opiniones contrarias. Por ejemplo, un ensayo sobre «A la deriva» podría empezar con un resumen de lo que han dicho otros críticos sobre los textos de Quiroga y el carácter del hombre en la canoa, para luego presentar (y apoyar con evidencia textual) otra interpretación del texto. No obstante, para desarrollar la argumentación cuando se trata de literatura no es fundamental incluir opiniones contrarias; lo que sí es crítico es comunicar una afirmación específica sobre el tema (= la tesis) y luego reunir cuidadosamente suficiente evidencia textual para apoyarla.

Como se puede ver en el ensayo sobre «A la deriva» (páginas 188–190), la evidencia no siempre tiene la forma de citas directas del texto: el escritor advierte las acciones de los varios personajes, señalando las relaciones entre éstos y las repercusiones de sus decisiones. Sin embargo, es muy importante que la evidencia incluya algunas citas para así utilizar el lenguaje del texto mismo (y no el lenguaje de quien lo lee y comenta) para apoyar la tesis. Note que toda la evidencia, sea cita directa o no, se vincula directamente con las ideas afirmadas en la tesis. Toda la evidencia tiene que contribuir directamente a la defensa de la tesis.

Los párrafos de evidencia no deben parecer una simple lista de puntos, citas o comentarios sin ninguna relación entre sí. Es importante que la defensa que apoya la tesis se desarrolle sucesivamente: el argumento de cada párrafo se construye sobre el párrafo anterior y lleva lógicamente al párrafo que sigue. De hecho, al igual que un bastidor o andamio, la tesis es lo que le da solidez y coherencia al ensayo. Una vez presentada en la introducción, la tesis aparece en cada párrafo del ensayo, vinculándose con cada parte de la

*En el Apéndice D del **Cuaderno de práctica** hay más información sobre el formato de las citas que se incluyen en el texto de un trabajo argumentativo.*

*Como se vio en el Capítulo 4, cada párrafo típicamente presenta una idea central que se puede encontrar en **la oración temática** del párrafo. Esta oración identifica el tema que se va a tratar en el párrafo y permite a la vez que el lector determine el contenido del conjunto.*

evidencia textual para repetirse una vez más en la conclusión del ensayo.

La conclusión

La conclusión de un ensayo sobre literatura se caracteriza por las dos funciones que realiza cualquier conclusión: recapitula la tesis y comunica algunas perspectivas o comentarios generales del escritor relacionados con la obra que se acaba de analizar. En la conclusión no se debe incluir nuevas ideas importantes —éstas deben introducirse en el cuerpo del ensayo— ni tampoco se espera que se proclame que el escrito contribuye a la comprensión de la obra de manera genial. Pero sí es posible apuntar por qué se pensó que el tema era importante o qué fue lo que intrigó al autor de la obra, o las investigaciones que todavía quedan por hacer respecto a la obra.

Las tres partes principales del ensayo argumentativo típicamente demuestran la estructura que se resume en la siguiente tabla.

ESTRUCTURA TÍPICA DEL ENSAYO ARGUMENTATIVO	
INTRODUCCIÓN • *breve* resumen • la tesis	• ____ es un (cuento/drama/poema) que trata de... • detalles de tipo quién/qué/cuándo/por qué/dónde/cómo, todos relacionados claramente con la tesis • tema + afirmación contestable
EVIDENCIA • idea de apoyo #1 • idea de apoyo #2 • idea de apoyo #3 • ...y así sucesivamente hasta completar la defensa.	• ejemplos específicos del texto; citas • la defensa se desarrolla lógicamente de un párrafo a otro • todas las citas y los ejemplos han de vincularse directamente con la tesis • generalmente se dedica un párrafo a cada idea principal
CONCLUSIÓN • resumen de las ideas centrales • últimas perspectivas	• recapitulación de la tesis • ideas adicionales sobre el tema

El proceso de escribir un ensayo argumentativo: Del texto a la tesis y a la vuelta

Como ya se ha mencionado, la clave de redactar un buen ensayo argumentativo es formular una tesis sólida. Una vez que se ha identificado una postura que se pueda sostener con evidencia sacada del texto, el trabajo ya se puede dar por hecho; lo que queda es básicamente trabajo de organización y estilo. ¿Qué se hace para identificar una postura fundamental, pues? ¿Cómo se formula una tesis fuerte? Los siguientes procesos pueden ser útiles: 1) obtener nada más los hechos, 2) ir más allá de los hechos, 3) enfocar y buscar los patrones, 4) formular su tesis. Los examinaremos uno por uno.

1. Obtener nada más los hechos

   - Lea el texto con mucho cuidado, aplicándole las preguntas periodísticas clásicas: ¿quién? ¿qué? ¿dónde? ¿cuándo? ¿por qué? ¿cómo?

   - Haga estas preguntas varias veces mientras lee la obra y tome apuntes detenidamente. Busque en un diccionario el significado de las palabras que no conozca. En este momento, es necesario que comprenda clara y completamente lo que ocurre en el texto, quién(es) figuran como protagonistas, dónde y cuándo ocurre la acción principal, etcétera. Lea para llegar a una comprensión literal del texto.

2. Ir más allá de los hechos

   - Repase sus apuntes, tomando en cuenta el impacto que el texto ha tenido en Ud. como lector.

   - Con frecuencia, el mejor punto de partida es recordar o identificar un problema que Ud. tuvo al tratar de conferirle sentido al texto. Considere las siguientes preguntas y comentarios.
     a. ¿Qué es diferente/interesante/curioso/intrigante acerca de _____? ¿Por qué piensa Ud. eso?
     b. Identifique un problema en el texto: algo que Ud. no pueda explicar. (Es extraño que el personaje haga esto. ¿Por qué se va el relato en aquella dirección en vez de seguir ésta? En todas las otras obras del autor —o en las otras obras de la época— sucede esto o lo otro, pero no en este texto. ¿Por qué no, y qué puede significar?)
     c. Es sorprendente/raro/único que este autor se decida a _____ porque....
     d. ¿Qué es peculiar/raro/diferente acerca de la manera en que el texto presenta la materia (trama, tema, personajes)?
     e. ¿Cómo le afecta a Ud. el autor o el texto? ¿Qué hace que le lleva a aceptar algo que de otra manera no aceptaría?
     f. ¿Qué tiene de parecido este texto con cualquier cosa que ha leído anteriormente? ¿En qué es diferente?

┌─ **Piénsalo...** ──────────────────────────────────

Toda obra literaria representa un reto para sus lectores. Si tienes dificultades en entender un texto, ¡vas por buen camino! Válete de esa dificultad para ayudarte a hallar la tesis de tu escrito. Lo que no entiendes, lo que parece no tener sentido, es tu punto de partida. Buscar la manera de desenredar lo que no está claro y resolver el problema que tienes con el texto es el proceso que te permite conferirle sentido. Y cuando hayas logrado esto, habrás identificado tu tesis.

Las siguientes preguntas de muestra son sólo sugerencias. Ud. puede desarrollar preguntas semejantes para otros aspectos del texto (el ambiente, el lenguaje). Véase la Actividad A en la página 213.

3. Enfocar y buscar los patrones

- Identificado un problema en el texto, Ud. puede recurrir a la técnica de la redacción libre como manera de examinar o explorar el problema desde varias perspectivas.

- Las preguntas periodísticas también pueden servirle como punto de partida para examinar el problema en más detalle. Por ejemplo, imagínese que hay algo en el carácter del protagonista que le parece raro o inquietante. Aquí hay algunas preguntas relacionadas con el carácter que Ud. podría considerar para ayudarse a explicárselo a sí mismo/a. Al considerar las preguntas, busque patrones en las respuestas: semejanzas o repeticiones que sugieren alguna relación con una idea singular subyacente.

PREGUNTAS DE MUESTRA SOBRE EL CARACTER[1]	
¿QUIEN?	• ¿Quiénes son los personajes más interesantes? ¿Por qué?
	• ¿Quién parece ayudar o inquietar a estos personajes? ¿Por qué? ¿Cómo les ayuda/inquieta?
	• ¿Representa algo el/la protagonista —por ejemplo, un grupo determinado de personas, una característica o valor en particular, un comportamiento especial?
¿QUE?	• ¿Cuál es el problema principal de este personaje?
	• ¿Qué dice este personaje sobre sí mismo/a? ¿Qué dicen otros de él/ella? ¿Es necesario reevaluar la autoopinión del personaje según la opinión de los demás?
	• ¿Qué nos revela el comportamiento o apariencia del personaje acerca de su persona?
	• ¿Qué relaciones existen entre este personaje y otros personajes en el texto?

---

[1] Adapted from Joyce MacAllister, *Writing about Literature: Aims and Processes.* New York: Macmillan, 1987.

PREGUNTAS DE MUESTRA SOBRE EL CARACTER (*continued*)	
¿DONDE?	• ¿Dónde se siente cómodo (poderoso/feliz/infeliz/solo) este personaje? ¿Por qué? • ¿Dónde suele encontrar problemas o dificultades? ¿Por qué? ¿Qué nos indica esto acerca del personaje?
¿CUANDO?	• ¿Cuándo empieza a intensificarse el conflicto que sufre el personaje? • ¿Cuándo se da cuenta este personaje (u otros) de la existencia o gravedad del problema que tiene? • ¿Cuándo queda fijo o preciso el destino del personaje?
¿POR QUE?	• ¿Por qué se siente feliz (infeliz/inquieto/etcétera) este personaje? • ¿Por qué se comporta este personaje tal y como lo hace (o de manera habitual o en momentos significativos de la obra)?
¿COMO?	• ¿Cómo podría haber modificado este personaje sus circunstancias? • ¿Cómo podría haberse conseguido que los antagonistas del personaje quedaran frustrados? • ¿Cómo forman al personaje las circunstancias que lo rodean?

Piénsalo...

Cuando escribes un ensayo (ya sea explicativo o argumentativo) sobre cualquier tema dado, es muy probable que tengas que hacer varias lecturas preliminares e investigaciones con el objeto de hallar información adicional y detalles para incluir en tu ensayo. Cuando escribes un ensayo argumentativo sobre literatura, ya mencionamos que no es absolutamente necesario investigar lo que los críticos literarios han dicho acerca de la obra. La investigación que *sí* es crucial requiere que leas el texto detenidamente más de una vez. Son muy pocas las reglas inquebrantables acerca de la lectura y comentario escrito sobre literatura, pero éstas son dos de ellas: leer el texto detenidamente y leer el texto más de una vez.

---

4. Formular su tesis

   • Ud. ha identificado un posible problema en el texto y lo ha examinado desde varias perspectivas. Ha encontrado una respuesta o conjunto de respuestas que parece resolver el problema. Esta respuesta será su tesis. Pero, por el momento, su solución no puede ser sino una hipótesis y su tesis todavia es una postura preliminar.

   • Ahora hay que volver a leer el texto para decubrir si la hipótesis resulta válida: busque evidencia textual para apoyar su hipótesis. Busque también información en el texto que refute la hipótesis o que no concuerde con su análisis.

- En este punto algunos escritores recurren a la técnica del mapa semántico para organizar y evaluar la evidencia textual: el mapa guía la composición del ensayo. La preponderancia de la evidencia, ¿apoya su hipótesis o la refuta? Si la apoya, tiene una tesis fuerte: una afirmación contestable que Ud. puede sustanciar con evidencia textual. Si no, ¿es posible reformular la hipótesis de manera que se llegue a reconciliar con la evidencia contraria?

- Otros escritores —por ejemplo, el autor del ensayo sobre «A la deriva» (páginas 188–190)— descubren la validez de su tesis por el proceso mismo de escribir el borrador. Ambas técnicas hacen resaltar la importancia de cuestionar continuamente la validez de la tesis, evaluándola según se identifiquen huecos o puntos débiles en el argumento donde el texto parece discrepar de su análisis. En este caso, hay que modificar la tesis o hay que examinar el texto de nuevo. A veces resultan necesarias las dos cosas.

Piénsalo...

Cuando descubres tu tesis por primera vez —especialmente si te tomó esfuerzo lograrlo— podrías sentir la tentación de creer que el trabajo está hecho. Pero muchos escritores se encuentran con que la tesis cambia y evoluciona todavía más mientras van trabajando en su ensayo. Tienes que estar seguro, al final, de que la tesis y la evidencia todavía encajan la una con la otra, y tienes que estar dispuesto a cambiar la una o la otra si ya no están de acuerdo.

El trabajo que has hecho en las actividades con grupos de consulta ha sido diseñado para ayudarte a desarrollar tus habilidades como lector cauteloso y crítico. Estas son las mismas habilidades que necesitas para escribir ensayos argumentativos exigentes: tienes que ser un lector crítico y aun escéptico de lo que tú mismo escribes para poder localizar y corregir posibles debilidades en tu argumento.

A continuación Ud. puede ver cómo estos procesos terminaron en el ensayo sobre «A la deriva» en las páginas 188–190.

1. Obtener nada más los hechos

¿Quién?:   Un hombre (¿pobre? campesino); se llama Paulino; vive en un rancho cerca del río Paraná; tiene una esposa (Dorotea); parece tener pocos amigos o por lo menos vive lejos de ellos.

¿Qué?:   El hombre pisa una serpiente venenosa; la serpiente lo pica; el hombre sube a su canoa para ir en busca de ayuda pero el veneno lo mata antes de que pueda encontrar nada (ni nadie) que lo salve.

¿Dónde?:   Parte de la acción transcurre en la selva del Uruguay (¿o del Paraguay? No se indica explícitamente a menos que uno sepa dónde se encuentra el Paraná), y parte transcurre en el río Paraná; lejos de un pueblo o ciudad.

¿Cuándo?:   La serpiente lo muerde en la tarde, unas horas antes de la puesta del sol; el hombre muere a la puesta del sol.

¿Cómo?:   Los efectos del veneno son terribles en el hombre: el pie transforma en «un bloque deforme» y «monstruoso... con lustre gangrenoso»; siente muchísima sed («una sed quemante»); pero muere pensando en que los efectos del veneno van pasando y que pronto se pondrá bien. No parece darse cuenta de que la sensación de bienestar que experimenta significa que está muriéndose.

¿Por qué?:   ¡Buena pregunta!

2. Ir más allá de los hechos: Identificar un problema con el texto

¿Por qué muere el hombre? No es nada raro que muera —¡en todas las obras que hemos leído este semestre siempre muere alguien!— pero en este caso, ¿por qué?

¿Muere porque es un hombre malo? ¿porque es un hombre bueno y no hay justicia divina?

Estos son los apuntes de Margy mientras busca una solución al problema: ¿Por qué muere el hombre? Ud. puede ver dónde a ella se le ocurren varias posibilidades que rechaza basándose en la pregunta de que si la evidencia del texto sostiene cada idea.

También puede ver que su examen conduce a una idea completamente nueva: el conflicto entre el hombre y la naturaleza. Al final, ella concluye que este concepto tiene mayor mérito.

¿porque es un ser incapacitado para vivir en la selva? ¿porque está solo? ¿Es importante o necesario que muera? ¿¿Por qué??

3. Enfocar y buscar los patrones

¿la muerte = la resignación, pasividad humana? ¡no!

- El hombre no quiere morir.
- Hace muchas cosas para combatir la situación: se liga el tobillo, busca a su mujer, busca a su compadre, decide viajar al pueblo, corta el pantalón.
- No importa lo que hace, no es suficiente; a veces sus esfuerzos incluso parecen empeorar las cosas (se liga el tobillo → morcilla monstruosa) o no tienen efecto ninguno (no puede satisfacer su sed, no puede obtener ayuda de su compadre, trata de recordar cuándo conoció a su ex patrón).
- Las cosas no están bajo su control (la futilidad): mata la culebra, pero el veneno es incontrolable; aborda su canoa y comienza a remar, pero la corriente lo lleva a la deriva.

¿Por qué muere el hombre?

¿la muerte = un (in)justo castigo divino?

- Ninguna referencia a Dios.
- Sólo una referencia a la religión (¿Viernes Santo? ¿Jueves?).

¿la muerte = la venganza de familiares/amistades?

Es decir, ¿fue un hombre malo? ¿Se lo merecía?

- Hay muy poca información sobre sus relaciones con otros –tiene mujer, tiene amigos y compadres, pero no se dan muchos detalles.
- Se ha enemistado con un compadre. Lo busca a pesar de eso. El compadre no está (= no puede o no quiere ayudarle).
- Su mujer trata de ayudarle.
- Se sabe poco del hombre: no parece ni malo ni bueno.
- Está solo, sale solo, muere solo.

El hombre muere; ¿por qué? ¿Qué significa su muerte? ¿Es posible ⇨ improbable que la muerte = la venganza de un amigo o familiar? En realidad se sabe muy poco del hombre ni de sus amigos y familiares. Se ha enemistado con uno

Mientras Margy hace su mapa semántico, piensa en lo que pueden significar las varias ideas que resultan. Apunta sus reflexiones en otro papel y llega, por fin, a lo que le va a llevar a una tesis: la naturaleza es más poderosa que el hombre.

de sus compadres; busca su ayuda pero el compadre no está en casa cuando Paulino pasa (es decir, no parece que el compadre esté allí y que se niegue a ayudarle); le habla con irritación a su mujer pero ella le trae lo que le ha pedido y trata de ayudarle.

Por otro lado, ¿por qué su mujer no lo acompaña a buscar ayuda? ⇨ posibilidad
Hace el viaje solo. Hummm...

=¿un (in)justo castigo divino? Soló hay una cosa en el cuento que ⇨ improbable
tiene relación con la religión (su lucha por recordar si conoció a su
ex patrón Dougald en un Jueves o Viernes Santo). Y el hombre no parece
ser ni bueno ni malo; tendrá que morir porque todos los hombres tienen que
morir, pero no hay nada en el cuento que indique que su muerte tenga
implicaciones cósmicas...

¿Por qué muere, pues? Bien, la víbora es la culpable directa de su muerte.
¿Un mensaje antivíboras? ⇨ C'mon!

En realidad, no es tanto antivíbora... La serpiente pica por ⇨ posibilidad
defensa propia —la pisada del hombre se describe como «un ataque»—
así que la serpiente es inocente... y la culpa es del hombre, aunque
haya sido un accidente. ¿Muere, pues, porque la vida
no tiene significado y la muerte es sólo un accidente?

Por otro lado, aunque el pobre se está muriendo a través de todo el ⇨ posibilidad
relato, no creo que el relato sea realmente acerca de la muerte. De lo
que más llegamos a saber es... de los cambios de la forma y del color
de su pierna, de sus esfuerzos por salvarse y del paisaje a

su alrededor –tremenda cantidad de descripciones del río y de la selva.

Y él no parece del todo incompetente: hace muchas cosas específicas

para tratar de cuidarse la mordedura de la serpiente (se liga el tobillo,

vuelve a casa, busca la ayuda de un compadre, decide viajar al pueblo,

corta el pantalón, etcétera). Es sólo que después de la mordedura, no

importa lo que haga, las cosas simplemente están fuera de su control, los

sucesos van más allá de sus fuerzas. Parece muy solo. ¿Hay algo sobre lo

que tenga control? ¿El veneno; la corriente del río (su canoa va «a la

deriva») –la naturaleza? ¡Ajá! El relato trata del hombre frente a la

naturaleza. Y la naturaleza termina ganando.   ⇨ OK!

4: Formular la tesis

El hombre muere porque la naturaleza es más poderosa que él. Todas

 sus acciones para contrarrestar los efectos terribles del veneno son inútiles.

No es que la naturaleza mate al hombre (la víbora pica en defensa propia contra la

pisada del hombre, pisada que se describe como «un ataque»), pero el poder de la

naturaleza es más grande que la fuerza del hombre.

Referencias a la naturaleza	Referencias al hombre
• no es que sea mala (evil) –pero tampoco es idílica, pastoral: es fuerte, poderosa, lúgubre, fúnebre, agresiva	• acciones resueltas, pero inútiles • sufrimiento: referencias a fenómenos naturales –relámpagos (el dolor), la sed quemante, puntitos fulgurantes
• enormous size: inmensa hoya, paredes altas de 100 metros	
• speed and power: corriente veloz [used many times], se precipita	• efectos del veneno: la pierna se transforma en algo

Por fin Margy repasa el texto una vez más, buscando evidencia para sostener su idea de que la mejor explicación de la muerte del hombre es que la naturaleza es poderosa y el hombre es débil. Ella observa los sucesos del relato y el lenguaje que se usa para describir la lucha, la muerte y el medio ambiente. Concluye que ya tiene bastante para un primer borrador. Ud. verá que ella no utiliza toda la información de este borrador y también incluye ideas que no se le habían ocurrido al principio.

- timeless: eterna muralla, incesantes   deforme, monstruoso
  - acciones inútiles –tratar de recordar la fecha exacta en que conoció a su ex patrón

También: mientras más débil se pone el hombre, más luminosos se hacen los colores y la descripción del río, de la hoya...

- El cielo, al Poniente, se abría ahora en pantalla de oro, y el río se había coloreado ...silvestre.   ⇨   • sombría energía gradually gives way to manos dormidas, exhausto, tendido de pecho (man is getting progressively weaker)

⇩

Tesis: En «A la deriva» se presenta al hombre como un ser impotente frente al terrible poder de la naturaleza.

Después de llegar a una formulación de su tesis, Margy utilizó sus notas y apuntes como base para una versión preliminar de su ensayo. Luego le pidió a un compañero de clase que leyera el texto de ella. En las páginas 205–212 se reproduce la versión preliminar del ensayo de Margy sobre «A la deriva», más los comentarios que le hicieron al respecto su compañero de clase. Lea el texto y los comentarios con cuidado. Después, compare el texto con la versión final del ensayo, que aparece en las páginas 188–190. ¿Qué diferencias nota?

A la deriva

El cuento «A la deriva» de Horacio Quiroga trata de los temas del hombre frente a la muerte y del hombre frente a la naturaleza. Al principio de este cuento, Paulino, el protagonista, pisa una serpiente venenosa que le da una mordedura en el pie. A causa de este accidente, Paulino inicia una serie de acciones que termina en un viaje por el río Paraná hacia un pueblo vecino donde espera que le salven la vida. Sin embargo, todos los esfuerzos del protagonista resultan inútiles y Paulino muere en su canoa flotando río abajo. La frase «a la deriva» se aplica a una embarcación que va sin dirección, a merced de las corrientes y las olas, tal como la canoa de Paulino al fin del cuento. El título señala la impotencia del intelecto del ser humano frente al poder inconsciente de la naturaleza. Para comprobar la validez de esta tesis, veamos cómo el texto presenta las acciones precipitadas por la mordedura fatal de la víbora.

Inmediatamente después de la mordedura, Paulino toma dos medidas perfectamente comprensibles.

• *Este es el título del cuento; ¿cuál es el de tu ensayo?*

• *No hablas para nada sobre cómo el hombre se enfrenta con la muerte. ¿En qué sentido demuestras que el cuento trata de este tema?*

• *Este contraste es interesante, pero muchos de tus ejemplos van más allá de lo intelectual. Mira las palabras que utilizas para recapitular la tesis en tu conclusión...*

• *En el ensayo incluyes información que no se limita a las acciones de Paulino y esto parece bueno; quizás debas pensar esto un poco más.*

El hombre echó una veloz ojeada a su pie, donde dos

gotitas de sangre engrosaban dificultosamente, y

sacó el machete de la cintura. La víbora vio la amenaza y

hundió más la cabeza en el centro mismo de su espiral;

pero el machete cayó de lomo, dislocándole las vértebras.

El hombre se bajó hasta la mordedura, quitó las gotitas

de sangre, y durante un instante contempló...

Apresuradamente ligó el tobillo con su pañuelo y

siguió por la picada hacia su rancho. (*Cuentos*, 92)

Matar la víbora es la reacción normal de un hombre en estas circunstancias; sin embargo, es también una acción inútil. La serpiente ya lo ha mordido y el matarla ahora no puede cambiar nada. También es normal y lógico vendar una herida y tratar de impedir que el veneno invada todo el cuerpo. No obstante, este esfuerzo es igualmente vano ya que poco después, sobre «la honda ligadura del pañuelo, la carne desbordaba como una monstruosa morcilla». (94) Paulino ha hecho lo que cualquiera hubiera hecho en tales circunstancias, pero sus esfuerzos no le sirven de nada. <u>Aunque es frecuente</u>

• *Me gustan estos ejemplos porque establecen una clara relación con tu tesis.*

asociar la serpiente con el mal, es interesante notar

que en este cuento la serpiente muerde sólo

en defensa propia contra la pisada del hombre. Otra

cosa fuera de lo normal es que la serpiente parece

intuir que Paulino va a matarla.

• Esto es interesante, pero no veo la relación con tu tesis.

Al llegar a casa Paulino intenta llamar a su esposa,
pero apenas puede porque, a causa del veneno, tiene la
«garganta reseca» y una sed que «lo devora[ba]». (93)
Por fin consigue pedirle caña y traga «uno tras otro dos
vasos» sin resultado, porque no siente «nada en la
garganta». (93) Bajo los efectos iniciales del veneno, el
hombre es incapaz de saborear la caña y de apagar la
sed que lo tortura.

✓✓ *• Es interesante ver cómo explicas la relación de esto con la tesis.*

Es entonces que Paulino decide que el mejor remedio
es echar su canoa al río que «lo llevaría antes de cinco
horas a Tacurú-Pucú». (94) Poco después de llegar al
medio del río, las manos le fallan y él se da cuenta de que
necesita ayuda para llegar al pueblo. Consigue atracar la
canoa cerca de la casa de su compadre Alves y empieza a
llamarlo.

• ¿Por qué escogiste esta cita? ¿Qué tiene que ver con la tesis?

Con el pie doliente —«ya era un bloque deforme»—

Paulino casi no puede caminar y se arrastra por el suelo

como una serpiente. Cuando Alves no responde, el lector

se queda con la duda de por qué será. Sin embargo,

podemos recordar que Paulino dijo que «hacía mucho

tiempo que estaban disgustados» (95) y podemos

concluir que esta capacidad esencialmente humana de

enemistarse con los demás explica el fracaso de su

esfuerzo. El compadre evidentemente está vengándose

de Paulino como Paulino se vengó de la serpiente.

    Ya casi vencido, Paulino vuelve al río. El paisaje que

rodea la canoa y a su pasajero deja la impresión de una

belleza poderosa y eterna, como vemos en el siguiente

pasaje.

> El Paraná corre allí en el fondo de una inmensa hoya,
>
> cuyas paredes, altas de cien metros encajonan
>
> fúnebremente el río. Desde las orillas bordeadas de
>
> negros bloques de basalto asciende el bosque, negro
>
> también. Adelante, a los costados, detrás, siempre la

Margin annotations:

• *¿Relación con la tesis?*

• *Esto se relaciona bien con tu tesis.*

• *¿Qué evidencia tienes para asegurar esto? ¿Y qué tiene que ver con tu tesis?*

• *¡Esta cita es muy fuerte!*

eterna muralla lúgubre, en cuyo fondo el río
arremolinado se precipita en incesantes borbollones de
agua fangosa. (95)

Pero el texto nos recuerda enseguida de la amenaza
escondida detrás de esta belleza: «El paisaje es agresivo,
y reina en él un silencio de muerte». (95) En el contexto
de este poder sempiterno, las alucinaciones que ahora
tiene Paulino sirven para destacar, otra vez, la
impotencia de imponer orden en las cosas, en este caso
el intento obsesivo de asignarle una fecha exacta a un
suceso. Otra vez, el texto nos muestra que en el eterno
conflicto entre el hombre y la naturaleza, estas
tendencias humanas no nos sirven de nada. El recuerdo
de otro antiguo conocido surge en la memoria de
Paulino y, mientras intenta precisar el día en que lo
conoció («¿Viernes? Sí, o jueves... »),

El hombre estiró lentamente los
dedos de la mano.

• ¡Buenos ejemplos del contraste que propone tu tesis!

—Un jueves...

Y cesó de respirar. (C, 97)

«A la deriva» es un cuento breve, de aproximadamente tres páginas, así que no llegamos a conocer bien a Paulino. A pesar de esta brevedad, observamos en él <u>la capacidad humana de tener sentimientos como la venganza y el resentimiento, de pensar con lógica, la obsesión con la precisión y, también, el instinto de autoconservación.</u> Estos rasgos definen gran parte del carácter del ser humano, pero son inconsecuentes contra el inmenso poder de la naturaleza, representado aquí por una víbora y el río Paraná.

• *Esta formulación de tu tesis es mejor (a la vez más amplia y más precisa) que la formulación que ofreces en la introducción.*

Resumen de comentarios

1. ¿Cuál es la tesis que el escritor intenta justificar?

   Ofreces dos tesis: una en la introducción y otra, algo más amplia, en la conclusión.

2. ¿Se relaciona toda la información directamente con la idea principal?
   Si no, ¿qué parte(s) no viene(n) al caso?

   La mayor parte de tu ensayo tiene muy buenos ejemplos que ayudan a explicar y a defender tu
   tesis de manera sucesiva y coherente. Sólo en algunos lugares (muchos de los cuales son
   comentarios sobre la víbora) pareces desviarte.

3. ¿Hay partes en las cuales le gustaría a Ud. tener más información
   (explicación, ejemplos, detalles)?

   Sí. Sólo has hecho una cita para hablar de la manera en que las imágenes visuales del texto
   (y no la acción) respaldan y hacen resaltar el contraste entre la naturaleza (el poder) y el
   hombre (la impotencia). ¿Hay otros lugares en que ocurre esto? Por ejemplo, ¿habrá evidencia
   para tu tesis en la manera en que se describen los efectos del veneno en Paulino?

4. ¿Hay partes del texto en que de repente Ud. se encuentre «perdido/a»?

   No. Todo me pareció muy claro.

5. Haga rápidamente un bosquejo del texto en su totalidad. ¿Le indica
   lugares donde la organización del texto debe cambiarse?

   No. El desarrollo del argumento y la presentación de los ejemplos parecían bastante lógicos.

6. La introducción, ¿presentó la tesis y le ayudó a recordar los sucesos
   importantes de la obra?

   Sí; además, tus comentarios sobre el título eran muy aptos.

7. ¿Qué parte(s) del borrador le gusta(n) más?

Cuando leí el cuento, no pude ver la relación entre la visita al compadre ausente y el último resultado de la historia; ¡tu explicación sobre esto me ayudó a entenderlo!

8. ¿Le sirvió la conclusión como buen resumen de la información en el texto? ¿Le ayudó a comprender la importancia del tema para el escritor?

La manera en que resumes la tesis al final parece más amplia que en la presentación; creo que el argumento va mejor con la tesis del final que con la tesis de la introducción. No mencionas nada con respecto a tus impresiones de la importancia del tema o de la obra...

EN SU CUADERNO...

resuma en una tabla de ideas los puntos significativos del texto que ha leído. Luego, identifique un problema con el texto, algo que le confunde o que le deja perplejo/a. Haga la redacción libre brevemente para explorar este problema. ¿Por qué le resulta problemático este aspecto?

Tarea

En este capítulo, Ud. va a redactar un ensayo argumentativo para elaborar y defender una tesis que se base en una de las obras literarias que aparecen en el Apéndice E del *Cuaderno de práctica* o en otra que sea de interés para Ud.

Primera etapa: Antes de redactar

En esta primera parte del capítulo, Ud. tendrá la oportunidad de experimentar con varias técnicas de prerredacción para decidir con respecto a la tesis.

LA GENERACION Y RECOLECCION DE IDEAS

Actividad A.   Las preguntas periodísticas y la tabla de ideas

1. Entre todos, identifiquen algunos de los elementos principales de un cuento (por ejemplo, el narrador o el punto de vista, la escena, los protagonistas, la acción, el lenguaje, etcétera) y los de un poema (por ejemplo, el narrador o el punto de vista, el lenguaje, los símbolos, etcétera). Cuando hayan identificado los elementos principales, divídanse en pequeños grupos. Algunos grupos trabajarán con los elementos de un cuento y otros con los elementos de un poema.

2. En su grupo, identifiquen algunas preguntas que se podrían aplicar a cada elemento del género que se les ha asignado (poema o cuento).

3. Compartan sus preguntas con los demás de la clase para ver si faltan algunas preguntas importantes.

4. Recopilen las preguntas en una tabla de ideas como la siguiente; hagan una tabla diferente para cada elemento principal de un cuento y para cada elemento principal de un poema.

TABLA DE IDEAS: _____ [(*NOMBRE DEL TEXTO*)]	
Problemas/Dilemas/Curiosidades	*Para explorar más: Posibles respuestas o resoluciones*
1.	a.
	b.
	c.
2.	a.
	b.
	c.
3.	a.
	b.
	c.

Actividad B.   La redacción libre

Escoja uno de los dilemas que ha apuntado en la tabla de ideas y haga la redacción libre acerca de esta idea por tres o cuatro minutos. ¿Cuál parece ser la idea principal que resulta de esto? Apúntela en la tabla de ideas.

Actividad C.   El mapa semántico y cómo llegar al núcleo del mensaje

1. Trabaje con un compañero / una compañera de clase que haya seleccionado el mismo texto que Ud., y, siguiendo el modelo de Margy (páginas 201–202), hagan un mapa semántico de la evidencia relacionada con cada una de las posibles soluciones que propusieron antes respecto a su texto. ¿Surgen patrones o repeticiones de ideas? ¿Cuáles parecen ser los más fuertes? ¿Pueden formular una tesis que abarque los patrones de la evidencia?

2. Trabajando con un compañero / una compañera de clase diferente (pero que también haya seleccionado el mismo texto que Ud.), hagan una actividad para llegar al núcleo del mensaje, como se hizo en el Capítulo 4 (páginas 126–128).

Actividad D.   La lectura: «La ciencia-ficción anticipa el futuro»

El texto a continuación examina el valor de la literatura de ciencia ficción. Léalo con cuidado.

> **EN SU CUADERNO...**
>
> vuelva al problema textual que identificó anteriormente y aplíquele las preguntas periodísticas apropiadas. ¿Empiezan a surgir algunas respuestas posibles? ¿algunos nuevos dilemas? Haga una tabla de ideas para su texto.

La ciencia-ficción anticipa el futuro: Entre el paraíso y la desolación

A finales de los años cincuenta, el editor de *Astennding* —la revista de ciencia-ficción más famosa del mundo— descubrió que en un remoto pueblo de Alabama llamado Huntsville se producía un número de ventas de ejemplares sorprendentemente alto. Intrigado, indagó y descubrió que allí estaba establecida la residencia del equipo de científicos alemanes *Redstone*, cuya cabeza visible era Wernher von Braun, el padre de la bomba volante V-2. Habían sido rescatados por los aliados y acomodados en Huntsville. Curiosamente, todos ellos eran fanáticos de la ciencia-ficción.

Esta anécdota refleja la estrecha conexión que existe entre la ciencia y la literatura de anticipación. El escritor inglés Arthur C. Clarke ha llegado a decir que han sido los autores de ciencia-ficción como él quienes han proporcionado las ideas generales de la tecnología del siglo XX, salvo los microchips. El caso del propio Clarke es aleccionador. En 1948, escribió un artículo de prospectiva científica en el que describía cómo podrían colocarse en órbitas geoestacionarias satélites que pudieran ser utilizados eficazmente como transmisores de comunicaciones, diez años antes de que el primer satélite fuese lanzado. Predicción exacta hasta el punto de que el autor se arrepiente de no tener patentado dicho artilugio espacial.

Todavía tuvo otro atisbo de videncia Clarke cuando en *Preludio al Espacio* (1951) describió con bastante precisión una nave que en 1978 podría realizar misiones espaciales y tomar tierra como si fuera un avión. En esa misma década, la NASA puso en marcha el programa de transbordadores espaciales, el ambicioso *Space Shuttle*.

El escritor de ciencia-ficción es un pionero, un visionario que abre camino a nuevas ideas. Menospreciada durante décadas, la literatura de ciencia-ficción es hoy aceptada como la que mejor refleja los vertiginosos cambios que sufre la sociedad actual, y la que mejor nos prepara para afrontarlos. «Este género literario no es más que la exploración del futuro utilizando las herramientas de la ciencia. Desafortunadamente, la ciencia-ficción adquirió una pésima reputación debido a una mala ficción y a una ciencia aún peor», dice el físico de la Universidad de Princeton, Freeman Dyson, uno de los científicos más visionarios y apasionado lector de ciencia-ficción.

Sin embargo, cuando la base científica de una novela es sólida, parece inevitable que se produzca la predicción. En este sentido, los ejemplos más famosos los encontramos varios siglos atrás. El propio ingeniero espacial von Braun no tuvo reparos en afirmar que, para el diseño de los cohetes de tres fases utilizados habitualmente en la conquista espacial, se inspiró ni más ni menos que en *Viaje a la Luna*, de Cyrano de Bergerac, escrita en 1633: « ...el cohete está formado por varias etapas, que se queman sucesivamente hasta situar en órbita la cápsula tripulada». En esta obra, el escritor francés también describe la gravedad cincuenta años antes que Newton, y la radio dos siglos antes que Marconi.

No sorprende menos el caso de Jonathan Swift, autor de *Viajes de Gulliver* (1726), donde describe con increíble precisión los satélites de Marte, Fobos y Deimos, 150 años antes de que los descubriera el astrónomo Asaph Hall. Asimismo, en la aventura que transcurre en el país de los liliputienses, éstos hacen un cálculo matemático para alimentar al gigantón Gulliver. Los enanos establecen de forma racional que la cantidad de alimento requerida por un animal es proporcional a tres cuartos del peso de su cuerpo. Como dice el escritor de ciencia-ficción Frederik Pohl, «es una buena ley, ¡sólo que no se descubrió hasta 1932!»

Las predicciones de la literatura *fantacientífica* son mucho más amplias de lo que comúnmente se piensa. Basta tan sólo con aplicar la conocida *ley del reloj roto*: hasta un reloj estropeado marca la hora exacta dos veces al día. Así, los aciertos en los pronósticos deben de ser muchos, aunque consecuentemente, los errores tienen que multiplicarse, al menos, por diez. Dyson afirma que hay dos formas de predecir el progreso tecnológico, «una es por medio de las previsiones económicas; la otra, mediante la ciencia-ficción. Para el futuro más allá de los diez años, la ciencia-ficción es una guía más útil que las previsiones de los economistas.»

Por desgracia es poco el caso que se presta a la ciencia-ficción, incluso sus enemigos la tachan de literatura de evasión. Si se la hubiera tenido en cuenta, Einstein, pongamos por caso, no habría afirmado en 1933 que la energía atómica carecía de valor práctico «porque siempre habrá que aportar a la reacción más energía de la que pueda producir ésta». En esa misma época, escritores como Campbell, Heinlein o Lester del Rey, apoyándose en breves artículos de divulgación, hablaban en sus relatos de reacciones nucleares para matar, para extraer energía e incluso sopesaban los posibles riesgos y las fuentes energéticas alternativas. Es más, en 1944, Cleve Cartmill escribió una historia que describía algunos detalles técnicos de la bomba atómica con tal precisión, que el gobierno pensó que se habían filtrado secretos del *Proyecto Manhattan*. Pero Cartmill tan sólo se había documentado en ciertos artículos científicos anteriores a la guerra.

¿Es realmente escapista esta literatura? En los años cuarenta, la ciencia-ficción hablaba de superpoblación cuando los tecnócratas tan sólo pensaban en el crecimiento indiscriminado. ¿Es esto escapismo? Robert A. Heinlein, en *Solución insatisfactoria* (1941), proponía un proyecto para fabricar la bomba atómica, sus efectos devastadores, el final de la guerra y más sorprendente aún, la situación de equilibrio de terror nuclear entre potencias que seguiría al holocausto.

En la novela de Philip K. Dick ¿*Sueñan los androides con ovejas eléctricas?*, en la que Hampton Facher y David Peoples se inspiraron para hacer el guión de la película *Blade Runner*, el protagonista sueña con aniquilar muchos androides replicantes para conseguir el dinero suficiente con el que adquirir un animal de verdad en un planeta superpoblado y en el que se han exterminado casi todas las especies. El mismo tan sólo posee una oveja eléctrica. ¿Escapismo? Cuando el *ciberpunk* William Gibson publicó *Neuromante* no podía imaginar que su terminología serviría para definir la incipiente tecnología del ciberespacio o realidad virtual. El mundo que Gibson describe es una gran ciudad donde, al estilo de la *Ecumenópolis* imaginada por Marchetti, la violencia, las drogas y el crimen son moneda de curso legal. Cualquier parecido con la realidad es pura evasión.

Desde Julio Verne, el arte predictivo de la ciencia-ficción está íntimamente relacionado con la ciencia. El propio Verne era un consumado lector de las revistas de divulgación de su época. Cuenta el escritor Frederik Pohl la leyenda en torno a la descripción de Julio Verne de un vehículo para surcar las profundidades marinas que, cuando se presentaron las primeras patentes de algunos componentes de los submarinos, éstas fueron denegadas porque el escritor ya las había hecho de dominio público.

Los descubrimientos y nuevas teorías son captadas de inmediato por los escritores, que imaginan desde todos los ángulos posibles sus aplicaciones. Incluso dan nombres y proponen acciones que algún día pueden convertirse en realidad. A veces las coincidencias son asombrosas. En 1954, el escritor Lester del Rey comenzó una novela corta con la frase: «La primera nave espacial aterrizó en la Luna y el comandante Armstrong salió de ella... » Quince años más tarde esa inconsciente predicción se hizo realidad hasta en el detalle del apellido del primer hombre que pisó la Luna.

Un caso semejante es el de *Marooned,* una novela de Martín Caidin, que posteriormente fue llevada al cine. En ella, dos naves espaciales, una rusa y otra estadounidense, que orbitan alrededor de la Tierra, tienen que apoyarse mutuamente al encontrarse en problemas. De esta obra surgió la idea de una colaboración conjunta por parte de las dos superpotencias que se concretó en julio de 1975: la conexión en el espacio del Apollo y el Soyuz.

A veces, son los propios escritores los científicos: Asimov, E.E. Smith, Fred Hoyle, Stapledon, Tsiolkovsky... Este último, padre de la astronáutica rusa, en su novela *Más allá del planeta Tierra* (1920), hablaba de hombres viviendo en el espacio y especificaba muchos de los problemas que más tarde encontrarían los cosmonautas soviéticos.

Pero no toda la ciencia-ficción está relacionada con la ciencia. Buena parte de ella es fantasía disfrazada o historias de aventuras al estilo fronterizo que se desarrollan en escenarios nuevos y exóticos, como señala el editor Peter Nicholls.

Es cierto que siguen floreciendo las novelas baratas con ambientes espaciales y cibernéticos pero, afortunadamente, la ciencia-ficción actual se ha hecho más seria, más adulta. Por ejemplo, el autor británico Ian Watson en su libro *Empotrados* analiza la importancia del lenguaje en el orden y creación de la realidad. En *Cronopaisaje*, Gregory Benford logra ejecutar un virtuoso ensayo sobre sociología de la ciencia, con la fantástica idea de enviar mensajes taquiónicos al pasado. Otra muestra es el último éxito editorial de Orson Scott Card, *El otro juego de Ender,* y su posterior saga. En su obra Scott analiza cómo debe ser el perfil psicológico de un líder de nuestra época. Por último, la magnífica antiutopía del australiano George Turner, *Las torres del olvido,* examina las relaciones económicas y sus efectos en la organización social del siglo XXI.

La buena ciencia-ficción no dice qué ocurrirá mañana, sino que despliega todas las posibilidades sobre lo que puede acontecer y cómo ese futuro puede afectar a una persona normal. Esa es la gran fuerza de esta literatura, que hace futurología aplicada o, como dicen otros críticos, prospectiva social. El recientemente fallecido Asimov decía: «el hábito de mirar cuidadosamente hacia el futuro, la costumbre de aceptar el cambio e intentar ir más allá del simple hecho del cambio para ver sus efectos y los nuevos problemas que planteará, la costumbre de aceptar el cambio como algo más importante para el ser humano que las estériles verdades eternas, sólo se encuentran en la ciencia-ficción, o en los serios análisis no literarios que hacen del futuro personas que, casi siempre, están o han estado interesadas en la ciencia-ficción».

María Estalayo

1. ¿Cuál es la pregunta central que este texto busca contestar? ¿Es un texto informativo o un texto argumentativo? Si dice que es argumentativo, ¿cuál es la tesis?

2. ¿Qué evidencia se incluye para apoyar la tesis? ¿Se incluyen también algunos argumentos que presentan el punto de vista contrario? ¿Por qué cree Ud. que se han incluido? ¿A qué necesidades del lector responde esta técnica?

3. ¿Cómo se organiza la evidencia? ¿comparación/contraste? ¿análisis/clasificación? ¿causa/efecto? ¿una combinación de estas técnicas?

4. ¿Cómo es el tono del escrito? ¿Es muy personal o más bien impersonal y objetivo?

5. ¿Conoce Ud. algunas de las obras mencionadas en el texto? ¿Le gusta la literatura de ciencia-ficción? ¿Por qué sí o por qué no? ¿Está Ud. de acuerdo con el juicio de la autora de que la literatura de ciencia-ficción «refleja los vertiginosos cambios que sufre la sociedad actual y... nos prepara para afrontarlos»? Comente. ¿Hacen lo mismo las películas o los programas televisivos de ciencia-ficción? ¿Conoce Ud. alguna obra literaria que haya servido de

base para una película o programa de televisión? ¿Cuál de las dos versiones le gusta más? ¿Por qué?

6. Y la literatura que no es de ciencia-ficción, ¿nos prepara para algo? Explique.

Enfoque

- Repase la tabla de ideas en su *Cuaderno de práctica* y los apuntes de las actividades que Ud. ha hecho hasta este punto.

- Identifique la idea que mejor parezca encajar la evidencia que Ud. resumió en el mapa semántico.

- Elabore una tesis que

    1. incluya los dos componentes identificados en la página 193 (tema + afirmación contestable).

    2. sea específica y precisa.

TECNICAS DE ORGANIZACION Y EXPRESION

Pensando en el lector: Guías y señales retóricas

La titulación

Lo primero que ve el lector en un trabajo escrito es su título. El título es un elemento de tal importancia, que en muchos casos, éste solo es suficiente para despertar el interés del lector o provocar su apatía hacia algo escrito. El escritor que se proponga causar una buena primera impresión en sus lectores necesita aprender a elaborar títulos que transmitan desde el principio la impresión total que desea comunicar.

Específicamente, un título tiene las siguientes funciones.

1. Informar al lector sobre el tema que se presenta, sugiriendo el enfoque u objetivo del escrito

2. Captar la atención del lector

3. Reflejar el tono de la presentación y ser apropiado para el lector y para la exposición

No siempre es posible que un solo título abarque todas estas especificaciones; pero en todo caso, es importante que el escritor esté consciente de las funciones que desempeña en particular. Las siguientes indicaciones pueden utilizarse como guía.

El título debe informar al lector sobre el tema que se presenta, sugiriendo el enfoque u objetivo del escrito. Un título bien escrito informa; es decir, refleja claramente el contenido del trabajo. Por lo tanto, los títulos demasiado generales deben evitarse. Si se aplica el título «El teatro» a una exposición en la cual se analiza la comedia del Siglo de Oro, tal título no le permite al lector adivinar que se trata de la discusión de una época específica del teatro español. Es demasiado general para dar una idea cabal del tema que realmente se presenta.

De ser posible, el título de un trabajo debe sugerir el enfoque particular de lo que se comenta. Por ejemplo, el título «Los sueños» aplicado a una exposición sobre las causas de las pesadillas sería demasiado global. El lector no lograría darse cuenta de que aquí no se habla de los sueños en su totalidad. Un título mejor enfocado, dado el propósito de la exposición, sería: «De los sueños a las pesadillas: Causas y posibles soluciones», o quizás: «¿Por qué tenemos pesadillas?»

De la misma manera, el título de un ensayo sobre literatura comúnmente resume o hace hincapié en las ideas que componen la tesis. En los ejemplos a continuación, note que también es común que se mencione el autor o que se mencione el nombre de la obra analizada, a veces ambos en el mismo título.

Tesis: La visión del teatro de Rafael Dieste revela una concepción integradora que conjuga, en equilibrio armónico, literatura dramática y representación escénica.

Título: Literatura y espectáculo: La concepción teatral de Rafael Dieste

Tesis: En *La nave de los locos* de Cristina Peri Rossi, los personajes, los espacios e incluso la obra misma sufren constantes metamorfosis, que hacen que el lector se sienta como un exiliado en el mundo hostil de la novela y debe enfrentarse de forma creativa al proceso de lectura.

Título: Un desafío para el lector: Metamorfosis e identidad en *La nave de los locos* de Cristina Peri Rossi

Tesis: La novela policíaca española posfranquista y la novela social de los años cincuenta comparten ciertas actitudes que se reúnen en la primera novela de Mario Lacruz, *El inocente*: la crítica social y la convicción de que la sociedad de su momento es fundamentalmente corrupta.

Título: *El inocente* de Mario Lacruz: Novela precursora sociopolicíaca

El título debe captar la atención del lector. El título que se propone lograr esto generalmente utiliza el humor, la sorpresa o la interrogación. Por ejemplo, una exposición sobre la contaminación del ambiente pudiera llevar por título «La región menos transparente». Este título plagia con cierto tono humorístico el de la famosa novela de Carlos Fuentes, *La región más transparente*. Tal adaptación reflejaría el contenido de la exposición mientras que al mismo tiempo haría pensar al lector informado sobre su significado.

El título debe reflejar el tono de la presentación y ser apropiado para el lector y para la exposición. Si acaso se decide utilizar un título que capte la atención del lector, importa recordar que el título siempre debe ser apropiado para el lector y para la exposición. Teóricamente, una exposición seria lleva un título serio. Una exposición menos formal puede reflejar esta característica a través de su título. En el caso de una exposición sobre la contaminación ambiental, es claro que si ésta va dirigida a un grupo de expertos en la materia, el título «La región menos transparente» no es muy apropiado. Sería más conveniente un título técnico que sugiriera las dimensiones del tema. Es obvio también que la presentación misma del tema, si va dirigida a ese grupo de expertos, sería diferente de una presentación orientada a concientizar a un grupo de jóvenes acerca de las consecuencias de la contaminación ambiental.

El título de una exposición puede contribuir marcadamente a crear la impresión que el escritor quiere dejar en el lector. Quien escribe necesita estar consciente del efecto que puede tener un título y aprender a utilizarlo con confianza.

Las transiciones

En el *Cuaderno de práctica* hay una lista de vocabulario para marcar las transiciones.

Aunque en una exposición bien estructurada cada uno de los párrafos se relaciona con los demás, ya que todos desarrollan o apoyan la idea principal expresada en la tesis, es necesario facilitarle al lector el paso de un párrafo a otro. Una **transición** es sencillamente una señal que indica al lector que se cambia de tema o que se pasa a otro asunto.

En la mayoría de los casos, las transiciones que se usan para ligar el contenido de un párrafo con lo que le precede son palabras o frases de transición. Por ejemplo, si habláramos de las causas de la delincuencia, las siguientes frases de transición podrían ser útiles.

- **La primera** causa...

- **Otra** causa importante...

- **También** actúa como factor decisivo...

El propósito es simplemente dejar saber al lector que se pasa a hablar de la siguiente causa y, luego, de la que le sigue.

En algunos casos, una frase u oración de transición no es suficiente y es necesario incluir un párrafo de transición. Aquí también el propósito es formar un puente entre los conceptos ya tratados y el concepto que les sigue. A veces, un párrafo de este tipo puede explicar por qué se pasará a examinar otro aspecto.

EN SU CUADERNO...

examine el tema (o el borrador, si ya ha empezado a escribir) que Ud. ha escogido. De acuerdo con su tesis, ¿cuál podría ser un título apropiado? Apunte algunas ideas al respecto.

Actividad.   Análisis de texto

1. Vuelva a examinar el texto sobre la literatura de ciencia-ficción (páginas 214–218). Examine el título. ¿Le parece bueno? ¿Por qué sí o por qué no?

2. Los siguientes títulos fueron sugeridos para el mismo texto. Trabajando con un compañero / una compañera de clase, comenten los puntos positivos y los puntos negativos de cada uno. Después, compartan su análisis con los demás de la clase. ¿Hay mucha diferencia de opiniones?

   a. «La literatura de ciencia-ficción: Agujeros negros, agujeros de gusano e hiperespacio»
   b. «Lo que no es ficción en la literatura de ciencia-ficción»
   c. «La literatura de ciencia-ficción: Una reevaluación de la misma»
   d. «"¡Beam me up, Scotty!": La literatura de ciencia-ficción, la ciencia y la cultura popular»
   e. «Un análisis crítico de lo científico en las obras de ciencia-ficción desde Cyrano de Bergerac hasta Isaac Asimov»

3. Examine el texto sobre la ciencia-ficción e identifique las palabras o frases de transición que se utilizan. ¿Cuál es el propósito de cada una? ¿Cómo ayudan a establecer las relaciones entre las varias ideas presentadas en el texto?

4. Examine el resumen y el ensayo argumentativo sobre «A la deriva» (página 187 y páginas 188–190, respectivamente). Identifique las palabras o frases de transición que se utilizan en estos dos textos. ¿Cuál es el propósito de cada una? ¿Cómo ayudan a establecer las relaciones entre las varias ideas presentadas en el texto?

Estrategias del escritor: El lenguaje personal

Durante una conversación, si una persona le explica sus ideas a otra, el que escucha puede interrumpir y hacer preguntas en cualquier momento si el que habla usa un lenguaje o terminología poco clara. Por otra parte, cuando se escribe, parte de la tarea del escritor es anticipar las necesidades del lector y reconocer cualquier expresión o palabra que sea parte de un «lenguaje personal». En la redacción, el lenguaje personal incluye expresiones o frases que pueden ser significativas para el escritor por sus experiencias previas o por su conocimiento del tema, pero ambiguas o incluso confusas para el lector.

El proceso de identificar el «lenguaje personal» en lo que se escribe puede ocurrir en el mismo momento en que se empieza a generar ideas o después de que se haya empezado a escribir el borrador. Es útil aclarar cada ejemplo que se encuentre de este lenguaje personal, amplificándolo por medio de una explicación detallada de lo que se desea comunicar, de una lista de ejemplos específicos o de una definición. Esta ampliación de la prosa le ayuda a veces al escritor a identificar los aspectos débiles de su argumento: es posible que las implicaciones de algún vocablo determinado vayan más allá de lo que realmente se puede sostener con la información que se tiene. Generalmente la clarificación del «lenguaje personal» le es útil al escritor ya que le permite reunir más datos sobre el tema que trata, datos que puede incorporar en versiones revisadas del escrito.

En el borrador inicial que se presenta a continuación, están subrayados los ejemplos de «lenguaje personal», con las aclaraciones del escritor anotadas en el margen. Debe notarse que estas aclaraciones luego fueron incorporadas en el segundo borrador.

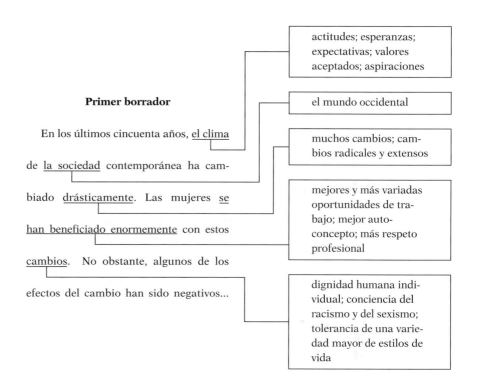

Primer borrador

En los últimos cincuenta años, <u>el clima</u> de <u>la sociedad</u> contemporánea ha cambiado <u>drásticamente</u>. Las mujeres <u>se</u> <u>han beneficiado enormemente</u> con estos <u>cambios</u>. No obstante, algunos de los efectos del cambio han sido negativos...

actitudes; esperanzas; expectativas; valores aceptados; aspiraciones

el mundo occidental

muchos cambios; cambios radicales y extensos

mejores y más variadas oportunidades de trabajo; mejor autoconcepto; más respeto profesional

dignidad humana individual; conciencia del racismo y del sexismo; tolerancia de una variedad mayor de estilos de vida

Segundo borrador

En los últimos cincuenta años, los cambios en las actitudes y valores característicos de la sociedad occidental contemporánea han alterado drásticamente las formas en que los individuos se valorizan mutuamente y las formas en que interaccionan en el mundo. Como resultado, las mujeres han empezado a disfrutar de una gama más amplia de alternativas en cuanto a su vida profesional y personal, opciones que conllevan el desarrollo de un autoconcepto positivo que a su vez las capacita para desenvolverse con mayor confianza. No obstante, algunos de los efectos de estos cambios en actitudes y valores han sido negativos...

Note que desde la perspectiva del lector, el segundo borrador es más explícito. No es tan fácil para el lector sacar conclusiones precipitadas al leer entre líneas lo que no intentaba decir el escritor.

Piénsalo...

Cuando los lectores se encuentran con dificultades para entender un ensayo, con frecuencia el problema se debe al uso que el escritor hace en la tesis de un lenguaje personal. Los síntomas más comunes son el empleo de términos muy generales y la carencia de un contexto específico: por ejemplo, declaraciones que son tan generales que se pueden aplicar a *cualquier* obra. Puedes evitar algunos de estos problemas teniendo cuidado de eliminar de tu ensayo el uso de un lenguaje personal y, particularmente, eliminándolo de la tesis.

Actividad.   Análisis de texto

Analice los siguientes trozos e identifique ejemplos de lenguaje personal. Luego sugiera una manera de ampliar o clarificar el lenguaje.

1. La perra va ganando más y más terreno en la casa. Este animal intruso poco a poco se transforma en una cosa normal en la familia del niño. [texto comentado: «Paseo» de José Donoso]

2. El padre se esfuerza por salvarle la vida a su hijo en memoria de su esposa muerta. Aunque su mujer ya murió, el hombre hará cualquier cosa por ella. Muchos seres humanos se empujan hasta lo máximo para hacer cualquier cosa para los que quieren. [texto comentado: «No oyes ladrar los perros» de Juan Rulfo]

3. El padre del cuento sólo hizo lo que cualquier padre verdadero hubiera hecho. Cada hombre en este mundo en algún momento ha hecho algo que lo empujó hasta sus límites por una simple razón. Esta razón podría ser cualquier cosa, pero en este caso, el pobre padre lo hizo por su dignidad y alma. [texto comentado: «No oyes... » de Juan Rulfo]

4. Según el niño, su familia es amarga y hay una falta absoluta de sentimientos entre sus miembros. [texto comentado: «Paseo» de José Donoso]

5. El cuento sugiere que lo humano significa poco. El hombre Paulino vive y muere sin afectar en lo más mínimo sus alrededores. Nadie nota cuando estira los dedos de la mano y deja de respirar. [texto comentado: «A la deriva» de Horacio Quiroga]

Busque ejemplos de lenguaje personal en los borradores preliminares de los compañeros de clase. ¿Qué se puede hacer para clarificar la idea en cada caso?

Segunda etapa: La redacción y la revisión de las versiones preliminares

Tarea

Escriba un ensayo argumentativo que tenga como mínimo unas 800 palabras. Su escrito debe adoptar el formato de un ensayo formal. Como en sus ensayos anteriores, es importante reconocer y apreciar las necesidades específicas del lector anticipado. Su ensayo también debe incluir un título, una introducción y una conclusión apropiados.

EL PLAN DE REDACCION: COMO SE ESCRIBE UN ENSAYO ARGUMENTATIVO SOBRE LA LITERATURA

PLAN DE REDACCION: LA ARGUMENTACION
1. El tema
2. La tesis que quiero defender

3. Mi propósito como escritor
   El lector
   Su propósito al leer
   Preguntas cuyas respuestas el lector busca en el escrito

4. Los detalles

1. El tema

- Anteriormente en este capítulo, Ud. escogió una obra literaria para leer como base de su ensayo. En la primera parte del plan de redacción en su *Cuaderno de práctica,* identifique la obra que seleccionó y explique brevemente el tema de la obra.

2. La tesis

- Examine los datos que ha reunido acerca de la obra a través de las varias actividades de la Primera etapa (en especial, las preguntas periodísticas, la redacción libre y el mapa semántico) e identifique la tesis que apoyan.

- Ahora, complete la segunda parte del plan de redacción.

3. El propósito y el lector

- Su propósito es convencer al lector de la validez de su tesis. ¿Por qué le parece a Ud. válida su postura? ¿Cuál es la reacción que quiere provocar en el lector? ¿Cuáles son los aspectos del tema que mejor puedan dar a conocer esta actitud al lector?

- Identifique al lector y el propósito de éste. ¿Por qué va a leer lo que Ud. escribe? ¿Qué sabe ya acerca del tema? ¿Cuál puede ser su actitud al respecto? ¿Qué información busca? ¿Qué preguntas se va a hacer al respecto?

- Ahora, complete la tercera parte del plan de redacción.

4. La organización y los detalles

- Examine sus notas y escoja los detalles que mejor se presten para apoyar la tesis que Ud. ha identificado. Elimine aquéllos que no se relacionen directamente con la tesis ni contribuyan a producir el impacto que Ud. deseaba.

- Decida cómo organizar el ensayo; elabore un esquema en el cual se presente la tesis y los detalles que se utilizarán para apoyarla, todo organizado de manera lógica. Busque citas directas del texto para cada punto importante.

- Ahora, complete la cuarta parte del plan de redacción.

Refiriéndose a su plan con frecuencia, escriba el borrador de su ensayo.

Recuerde que para esta versión de su ensayo no hay que preocuparse demasiado por cuestiones de la forma, es decir, por el vocabulario ni por la gramática. Si no sabe o no recuerda una palabra o expresión en español, introduzca un comodín o escríbala en inglés y siga escribiendo.

EL PLAN DE REVISION: ACTIVIDADES CON GRUPOS DE CONSULTA

PLAN DE REVISION: LA ARGUMENTACION [*NOMBRE DEL TEXTO*]
1. Comentarios positivos sobre el ensayo
2. La idea principal del ensayo Los lectores quieren saber lo siguiente con respecto a este tema
3. Detalles que necesitan agregarse, reorganizarse o cambiarse
4. Otros cambios que se recomiendan

En este capítulo se ofrece un solo texto modelo para las actividades en grupos de consulta. Para practicar más, se puede aplicar esta misma técnica al borrador de un compañero / una compañera de clase. En el Apéndice B del **Cuaderno de práctica** hay sugerencias sobre la etiqueta de trabajar en el texto de un compañero.

Leer y analizar. Cada estudiante debe leer el siguiente texto y apuntar todas sus notas y respuestas a las preguntas. Se debe responder a la primera pregunta antes de leer el texto.

Texto: «¡Por la familia!»

1. Se les ha pedido a los estudiantes de una clase de composición que escriban un ensayo argumentativo sobre un cuento hispano. Este texto examina el cuento «No oyes ladrar los perros» del escritor mexicano Juan Rulfo. Identifique tres o cuatro preguntas acerca del tema cuyas respuestas a Ud. le gustaría encontrar en el texto. Después, siga con el análisis.

Texto: ¡Por la familia!

«Me derrengaré, pero llegaré con usted a Tonaya, para que le alivien esas heridas que le han hecho». Estas son las palabras de un padre que pondría su vida en peligro para salvar a su familia. En el cuento de Juan Rulfo «No oyes ladrar los perros», el pobre padre trata de salvarle la vida a su hijo, quien fue herido por algunos hombres. Mientras van para el pueblo, el padre le habla a su hijo sobre cosas importantes de la vida. Trata de aconsejarle que ya no debe seguir por mal camino. El hijo oye al padre pero no le responde porque tiene sed y sueño. El padre hasta le dice que ya no le importa lo que haga con su vida, con tal de que la viva lejos de su presencia. Durante todo el cuento, el padre lleva cargado a su hijo sobre los hombros y le pregunta si oye ladrar los perros. ¿Por qué hace el padre todo lo posible por salvarle la vida a su hijo? La respuesta es

Análisis

2. ¿Qué tal acierta el escritor en contestar sus preguntas? ¿Contesta todas?

3. ¿Cuál es la tesis que el escritor intenta justificar? ¿Incluye un tema más una afirmación contestable?

4. ¿Se relaciona toda la información directamente con la idea principal? Si no, ¿qué parte(s) no viene(n) al caso?

5. ¿Hay partes en las cuales le gustaría a Ud. tener más información (explicación, ejemplos, detalles)?

6. ¿Se relacionan todas las citas con la tesis?

7. ¿Hay partes del texto en que de repente Ud. se encuentre «perdido/a»? ¿Hay ejemplos de lenguaje personal que se necesitan aclarar?

8. Haga rápidamente un bosquejo del texto en su totalidad. ¿Le indica lugares en que la organización del texto debe cambiarse?

que una persona se esforzaría hasta lo último por salvar lo único que él considera noble y puro y la razón de seguir viviendo en este mundo.

La primera razón por la cual el padre se esfuerza por salvarle la vida a su hijo es por la noble memoria de su esposa. Parece que el padre amaba mucho a su esposa porque aunque ella ya murió, él todavía hace todo lo posible por cumplir con su deber de padre y madre al mismo tiempo. No le importa que ella ya esté muerta, él todavía sigue con la responsabilidad de mantener su casa y su familia. Cuando un hombre ama a una persona y esa persona muere, la memoria de esa persona se quedará con él pura y noble por el resto de su vida. Esa noble memoria es lo que motiva al hombre del cuento a continuar con el esfuerzo de salvarle la vida a su hijo. El hecho de aconsejarle a llevar una buena vida por su madre también sugiere que el padre lo hace por la memoria de su esposa. En muchas situaciones cuando un padre tiene un hijo que lleva una vida de violencia, el padre trata de hacerlo cambiar por el bien del hijo mismo. El padre de este cuento simplemente se comporta como cualquier ser humano que quiere ser bueno por su querida familia.

Otra razón por la cual el padre se esfuerza por salvar a su hijo es que el hijo es lo único que lo motiva a seguir viviendo. El hijo parece ser el último familiar que le queda al padre, y por eso se esfuerza hasta lo último por salvarlo. Todo ser humano tiene una idea de por qué tiene que vivir en este mundo cruel. En este caso, el padre mexicano vive sólo por su familia y, como ya se le murió su esposa, sólo le queda el hijo. El hecho de cargar a su hijo sobre los hombros y caminar muchos kilómetros en

9. La introducción, ¿presenta la tesis? ¿Le ayuda a recordar los sucesos importantes de la historia?

10. ¿Qué parte(s) del borrador le gusta(n) más?

11. ¿Le sirvió la conclusión como buen resumen de la información en el texto? ¿Le ayudó a comprender la importancia del tema para el escritor?

el monte significa que el hijo es su única razón de existir en este mundo. Siendo ya viejo, un padre que sacrifica su cuerpo de esa manera por tratar de salvar a su hijo lo hace porque el hijo es en gran parte su motivo de vivir. Muchos seres humanos hacen cualquier cosa por los que quieren. Por eso hoy día existe el concepto de «hacer cualquier cosa por la familia».

En conclusión, el padre del cuento sólo hizo lo que cualquier padre verdadero hubiera hecho. Todo hombre en este mundo en algún momento ha hecho algo que lo ha empujado hasta los límites de su resistencia por una simple razón. Esta razón podría ser cualquier cosa, pero en este caso, el pobre padre lo hizo por su dignidad y su alma. Quizás el hijo del cuento no lo haya comprendido; pero no importa, porque lo importante es que el padre ama a su familia y hace cualquier cosa por ella.

Consultar y recomendar. La clase debe dividirse en grupos de tres o cuatro estudiantes. Los miembros de cada grupo deben compartir su análisis de «¡Por la familia!» o de otro texto asignado. ¿Hay mucha diferencia de opiniones? Después de llegar a un acuerdo mutuo, cada grupo debe formular un plan de revisión para su texto basándose en sus comentarios. Presenten su plan al resto de la clase; prepárense para justificar sus sugerencias.

TECNICA DE UNA LISTA DE CONTROL

El siguiente proceso de revisión puede aplicarse tanto al escrito de un compañero / una compañera como a su propia composición. Para utilizarlo, Ud. debe examinar el escrito que se propone revisar, contestando cada una de las preguntas. Formule un plan de revisión para el texto basándose en sus comentarios.

	LISTA DE CONTROL PARA LA ARGUMENTACION
☐	¿Es la meta o el propósito de mi ensayo el de justificar una postura fundamental?
☐	¿Cuál es el tema del ensayo? ¿Cuál es la tesis?
☐	¿Logro comunicar y mostrar al lector la esencia de mis ideas?
☐	¿A quién le escribo? ¿Quién es mi lector y qué quiere saber éste de mi tema? ¿Qué puede saber ya al respecto?
☐	¿Qué preguntas puede hacerse el lector con respecto al tema sobre el que escribo? ¿Las he contestado todas?
☐	¿Qué impresión quiero dejar en el lector? ¿Logro establecer mi autoridad respecto al tema? ¿Es creíble mi voz?
☐	¿Qué tono he adoptado en el ensayo? ¿Es apropiado para mi propósito?
☐	¿Organizo progresivamente (es decir, de menos importante a más importante o viceversa) los datos en el ensayo?
☐	¿Qué detalles he incluido en el texto? ¿Cómo contribuye cada detalle a lograr lo que me propongo? ¿Son lógicas y válidas las relaciones (por ejemplo, causa/efecto o comparación/contraste) que quiero establecer? ¿Hay otros datos que deba tomar en cuenta?
☐	¿Hay en mi composición algún detalle que no contribuya lo suficiente a crear la impresión que quiero dejar?
☐	¿Para qué sirve la introducción? ¿Capta el interés del lector? ¿Presenta, en breve, los puntos que se van a tratar en detalle en el ensayo?
☐	¿Para qué sirve la conclusión? ¿Resume los puntos clave del ensayo? ¿Ayuda a establecer la importancia del tema?
☐	¿He utilizado un vocabulario claro y preciso, o términos generales y abstractos que no captan la esencia de lo que quiero compartir?

Tercera etapa: La revisión de la forma y la preparación de la versión final

 Al llegar a esta etapa se supone que el contenido y la organización de un escrito han pasado por una revisión rigurosa y que el escritor está satisfecho con ellos. Ha llegado el momento de poner atención a las cues-

En el **Cuaderno de práctica** hay actividades para practicar los aspectos gramaticales y el vocabulario presentados en los pasos a continuación.

tiones de la forma. En esta última etapa, Ud. tendrá la oportunidad de

- repasar las formas no personales del verbo

- pulir la forma de su escrito, repasando sistemáticamente la gramática, el vocabulario y la ortografía

- redactar una versión final de la tarea para entregar

Esta revisión le será más fácil si la emprende por pasos; en cada paso se enfoca un solo aspecto de la forma.

PRIMER PASO   REVISION DE LOS ASPECTOS GRAMATICALES: LAS FORMAS NO PERSONALES DEL VERBO

Las formas no personales de los verbos en español —llamadas así porque su terminación no indica la persona o agente que ejecuta la acción— incluyen **el infinitivo (hablar, comer, vivir)**, **el participio (hablado, comido, vivido)** y **el gerundio (hablando, comiendo, viviendo)**. Estas tres formas son un importante recurso para el escritor, pues le ofrecen alternativas para variar el estilo de su prosa.

El infinitivo: El «sustantivo verbal»

Dos de los usos frecuentes del infinitivo son funciones sustantivales: el sujeto de una oración o cláusula y el complemento del verbo o de una preposición. Note que dos de estas funciones no se expresan en inglés con el infinitivo sino con la forma *-ing* del verbo.

Sujeto:	**Cantar** y **bailar** son destrezas que uno debe aprender desde joven.
	Singing *and* ***dancing*** *are skills that one should learn very young.*
Complemento verbal:	Resulta cada vez más importante **saber utilizar** una computadora.
	It is becoming more and more important ***to know how to use*** *a computer.*
Complemento de preposición:	Saldrán después de **regar** las plantas.
	They'll go out after ***watering*** *the plants.*

Como complemento de preposición, una de las construcciones más frecuentes y útiles es **al** + *infinitivo*. Esta construcción se utiliza para referirse a

1. una acción que se completa inmediatamente antes de la acción del verbo principal.

Al abrir la puerta, se encontró cara a cara con su ex esposo.	*Upon opening the door, she found herself face to face with her ex-husband.*

2. una acción en progreso que coincide con la acción del verbo principal.

José Luis siempre canta **al ducharse.**	*José Luis always sings **while he showers.***
Sufro horrores **al hablar** en público.	*I suffer horribly **when I speak** in public.*

El participio: El «adjetivo verbal»

El participio se refiere a una acción completada en algún momento antes de la acción del verbo principal. En su función adjetival, concuerda en número y género con el sustantivo que modifica. Observe que en las siguientes construcciones el participio precede al sustantivo.

Completadas las tareas, los estudiantes volvieron a su casa.	*With the assignments **finished,** the students returned to their homes.*
Resuelto el problema, decidieron continuar el viaje.	*With the problem **solved,** they decided to continue the trip.*

El gerundio: El «adverbio verbal»

El gerundio puede funcionar como un adverbio: indica el cómo, el porqué y el cuándo de una acción. Se coloca antes del verbo principal en la oración.

Cómo: **Trabajando** toda la noche, podremos terminar a tiempo.
By working all night, we will be able to finish on time.

Por qué: **Siendo** una persona inteligente, Ud. va a entender nuestro apuro.
Since you are an intelligent person, you will appreciate our predicament.

Cuándo: **Apeando** a la mujer del carruaje, pudo notar el diseño
sospechoso de su zapato.
*As **he helped** the woman down from the carriage, he
noted the suspicious design of her shoe.*

El uso verbal del gerundio

El gerundio se usa con **estar** y con otros verbos para formar los tiempos
progresivos. Estos se forman más comúnmente con **estar.**

Estoy leyendo una novela.

Miguel **estaba durmiendo** cuando llegué.

Ya para las ocho **estaremos comiendo.**

He estado estudiando toda la tarde.

Espera que su hija **esté practicando** el piano ahora.

Los tiempos progresivos también se pueden formar con **seguir/conti-
nuar, ir, andar** y **venir.**

1. El progresivo con **seguir/continuar** describe la duración o la
repetición de una acción.

Siguió corriendo cuando vio el perro.

Continuaba trabajando aun después de las cinco.

2. El progresivo con **ir, venir** y **andar** también describe la duración o
repetición de una acción, y a la vez da una idea de progreso o
movimiento.

Cada vez que practicaba, **iba mejorando** un poco.

Vienen pidiendo limosnas.

Anda buscando el anillo que le regaló su novio.

Hay ciertos límites en el uso de las construcciones progresivas.

1. Los verbos que no se refieren a acciones o a procesos no se usan
en los tiempos progresivos. Algunos de estos verbos son **tener,
haber, poder** y **ser.**

2. El progresivo con **estar** generalmente no se usa para referirse a un tiempo o a una acción futura como se hace en inglés. Para este propósito se usa un tiempo simple.

Llega (Llegará) mañana.	*She is arriving tomorrow.*
Dijo que nos **escribiría** pronto.	*He said **he would be writing** to us soon.*

3. La construcción progresiva no se usa en español con los verbos **parar, sentar, acostar** y **reclinar** para indicar una postura física. Se usa **estar** + *participio perfecto.*

El joven **está sentado** cerca del escenario.	*The young man **is sitting** near the stage.*
El policía **estaba parado** en la bocacalle.	*The police officer **was standing** in the intersection.*
Ese perro **ha estado acostado** todo el día.	*That dog **has been lying down** all day.*

Usos inapropiados del gerundio

El uso del gerundio en español es mucho más limitado que el de su equivalente en inglés. En las secciones anteriores se han explicado los usos verbales y adverbiales del gerundio que son idénticos en las dos lenguas. En inglés las palabras que terminan en *-ing* también pueden funcionar como sustantivo o adjetivo, pero estos usos son incorrectos en español. Para expresar las mismas ideas en español se usan otras construcciones. Se expresa el *-ing* sustantivado con un infinitivo.

(El) **Nadar** es bueno para el corazón.	***Swimming*** *is good for the heart.*
Detesta **lavar** los platos.	*She hates **washing** the dishes.*
Hay gran mérito en **trabajar.**	*There is great value in **working**.*

Se expresa el *-ing* que funciona como adjetivo con una frase o con un adjetivo.

Se ha perdido la guía **que contiene** los nombres y las direcciones que necesito.	*The directory **containing** the names and addresses I need has been lost.*
Esa máquina **de coser** no es muy moderna.	*That **sewing** machine is not very modern.*
Es un joven **divertido.**	*He is an **amusing** young man.*

SEGUNDO PASO   REVISION DE LOS ASPECTOS GRAMATICALES YA ESTUDIADOS

Después de revisar los usos de las formas no personales del verbo, revise también:

1. El uso de **ser** y **estar**

2. El uso del pretérito y del imperfecto

3. El uso de la voz pasiva con ser, la voz pasiva refleja y la construcción pasiva impersonal

4. El uso del subjuntivo

5. El uso de los pronombres relativos

TERCER PASO   REVISION DEL VOCABULARIO Y DE LA EXPRESION

Después de revisar la gramática, lea su escrito de nuevo, con ojo crítico particularmente en el vocabulario. En el *Cuaderno de práctica* hay listas de vocabulario que puede ser útil para hacer la argumentación sobre una obra literaria. Consúltelas y haga las actividades correspondientes antes de revisar su escrito.

CUARTO PASO   REVISION DE LA ORTOGRAFIA

Después de revisar los aspectos gramaticales estudiados y las notas sobre el vocabulario y la expresión, repase su escrito buscando los posibles errores de acentuación y de ortografía.

QUINTO PASO   PREPARACION DE LA VERSION FINAL

Escriba una nueva versión de su trabajo ya con las correcciones y los cambios necesarios.

Piénsalo...

Si puedes, pídele a un compañero / una compañera que lea tu texto buscando los posibles errores de gramática o de expresión. Le puedes facilitar la lectura si le preparas una lista de control como la de la página 58, indicándole claramente los puntos de mayor interés.

Appendix A

El trabajo de investigación

El trabajo de investigación se conoce por varios nombres. En inglés se le da el nombre de *term paper* o *research paper;* en español se le conoce por los nombres de **trabajo formal, trabajo de investigación, informe** e **informe técnico.**

El trabajo de investigación tiene tres características que lo diferencian de los demás tipos de escrito. En primer lugar, es un escrito de cierta extensión. Generalmente se trata de un trabajo escrito a máquina que contiene más de cinco hojas. En segundo lugar, el trabajo contiene el resultado de la investigación de un estudiante sobre un tema determinado. Es decir, se supone que el estudiante no escribe sobre algo que puede comentar basado en su propia experiencia, sino sobre algún tema que le interesa y que ha decidido investigar sistemáticamente. Para esto, utiliza la biblioteca y consulta varias fuentes de información. Finalmente, el trabajo de investigación es un escrito que documenta las ideas y las citas que se han tomado de las diferentes obras que se han consultado. Contiene notas que dan a conocer al lector de dónde se tomaron los datos que se presentan e incluye una bibliografía completa del material consultado.

Los dos tipos de trabajo de investigación

En general, el trabajo de investigación puede escribirse desde dos diferentes perspectivas: puede escribirse un trabajo informativo o un trabajo crítico. El trabajo informativo, como lo indica su nombre, sencillamente informa. El autor presenta el fruto de su investigación: lo que se sabe sobre el tema y la postura actual de los peritos (*experts*) en la materia. Si descubre que hay controversias entre éstos, las presenta objetivamente. El trabajo informativo no contiene el juicio del escritor sobre el tema. El profesor lo evalúa tomando en cuenta la profundidad de la investigación, el número y clase de obras consultadas y la claridad con que se haya presentado lo que hasta el momento se sabe sobre la materia.

El trabajo crítico, tanto como el trabajo informativo, contiene datos que se han encontrado como producto de una investigación. Pero el propósito del trabajo crítico no es informar, sino persuadir. Por lo tanto, el escritor del trabajo crítico no solamente presenta el resultado de su investigación sino también su *interpretación* de los datos. Cuando se encuentra frente a un tema que es objeto de una controversia entre expertos en la materia, el escritor del trabajo crítico adopta una de las posturas y comparte con el lector las razones que justifican su elección. Tanto el trabajo crítico como el trabajo informativo se evalúan por la profundidad de la investigación y la claridad de la presentación. En este caso, sin embargo, también se mide la calidad y solidez de los juicios que ofrece el escritor.

El proceso de escribir el trabajo de investigación

El proceso de escribir un trabajo de investigación es similar al proceso de escribir una exposición elaborada según las varias estrategias de desarrollo (comparación y contraste, análisis y clasificación) que se han presentado en este texto. Lo que es distinto es la extensión del trabajo y las etapas que se completan *antes de escribir.* El siguiente cuadro presenta un resumen del orden en que tales etapas se efectúan.

EL PROCESO DE ESCRIBIR UN TRABAJO DE INVESTIGACION		
Paso	*Etapa*	*Método*
1	Seleccionar un tema	1. Leer las sugerencias del profesor 2. Repasar las ideas principales del curso 3. Recordar los intereses fundamentales
2	Hacer una lectura preliminar	4. Buscar las fuentes principales de información 5. Leer sobre el tema en general
3	Limitar el tema	6. Usar los procesos que se aprendieron en el Capítulo 3
4	Elaborar una tesis preliminar	7. Hacer preguntas de enfoque
5	Enfocar la lectura	8. Leer acerca del aspecto del tema original que se haya decidido enfocar
6	Apuntar ideas	9. Apuntar ideas que apoyen la tesis 10. Incluir los datos bibliográficos de cada nota

EL PROCESO DE ESCRIBIR UN TRABAJO DE INVESTIGACION *(continued)*		
Paso	*Etapa*	*Método*
7	Organizar la información	11. Clasificar los datos que se encontraron
8	Revisar la tesis	12. Elaborar una tesis definitiva
9	Escribir la primera versión	13. Utilizar los principios de organización que se estudiaron
10	Revisar el trabajo y escribir una segunda versión	14. Utilizar las técnicas de revisión que se estudiaron
11	Incluir la documentación	15. Preparar notas 16. Preparar la bibliografía
12	Corregir el trabajo	17. Poner atención al contenido, a los aspectos gramaticales y a los aspectos estilísticos

*Véase el Apéndice D del **Cuaderno de práctica** para informarse sobre la documentación bibliográfica.*

La selección de un tema

En el Capítulo 3 se habló del proceso que se debe seguir para enfocar un tema. Al escribir un trabajo de investigación también se necesita limitar y luego enfocar el tema. El problema que tienen muchos estudiantes, sin embargo, es el de decidir qué tema global escoger como punto de partida.

Lógicamente, un tema que se va a tratar en un trabajo de investigación necesita prestarse para tal investigación. Es decir, no puede escogerse un tema que haya sido comentado solamente en *un* libro. Al mismo tiempo, tampoco puede escribirse sobre un tema tan amplio que requiera la lectura de cientos de libros. Como guía general, entonces, puede decirse que los temas que se prestan para el trabajo de investigación son aquéllos que

1. se relacionan con la materia que se estudia en clase
2. le interesan al estudiante en lo personal
3. ya han sido tratados en varios libros y/o artículos
4. se pueden enfocar con facilidad concentrándose en un solo aspecto
5. se pueden investigar objetivamente

La elaboración de la tesis definitiva

Al escribir un trabajo de investigación, se empieza con un tema y después de limitarlo, se elabora una tesis preliminar. Esta tesis sirve para enfocar la lectura sobre un aspecto específico. Generalmente, a medida que se lee y se apuntan las ideas más relevantes, se aprende mucho más sobre el tema. Después de terminar la lectura y organizar la información, conviene repasar la tesis preliminar para decidir si todavía es de utilidad. Con gran frecuencia se descubre que es posible enfocar el tema con más precisión.

El trabajo de investigación sobre temas literarios

El trabajo de investigación sobre temas literarios presenta problemas muy especiales tanto en la investigación como en la selección de temas enfocados. El primer problema se relaciona con la bibliografía: existen muchísimas obras sobre casi todos los temas literarios que se estudian a nivel universitario. El seleccionar obras de consulta entre una lista de cientos de tratados, aun en la primera etapa de la lectura, puede ser muy difícil. Un segundo problema hace la situación más compleja: generalmente el estudiante tiene conocimientos limitados acerca del tema que desea investigar. Esto lo lleva con frecuencia a empezar la lectura preliminar sin una idea concreta de lo que quiere buscar o encontrar.

Como regla general, puede ser útil hacerse las siguientes preguntas antes de empezar el proceso de investigación.

1. ¿Quiero escribir sobre alguna época literaria? (el Siglo de Oro, el siglo XIX, etcétera)

2. ¿Quiero escribir sobre algún género literario en general? (la novela, la poesía, el teatro, el cuento)

3. ¿Quiero escribir sobre algún movimiento literario? (el romanticismo, el modernismo, el realismo)

4. ¿Quiero escribir sobre algún autor? (su vida, su obra en general)

5. ¿Quiero escribir sobre alguna obra en particular? (*El burlador de Sevilla, Doña Bárbara*)

Después de haber decidido qué dirección tomará la investigación, se empieza a leer ya sea sobre un autor, sobre una época o sobre una obra. Cuando se termina la lectura general y se sabe más del tema, éste ya puede limitarse y enfocarse. Por ejemplo, si se decide escribir sobre una obra literaria, hay tres tipos diferentes de enfoque.

1. *Puede enfocarse la trayectoria u origen de una obra.* ¿Qué circunstancias históricas o sociales fueron la fuente de origen de la obra? ¿Qué circunstancias en la vida del autor influyeron en su perspectiva? ¿Qué movimientos literarios se reflejan en la obra?

2. *Puede enfocarse la obra en sí.* ¿Cuál es el significado de la obra? ¿Cuál es su punto de vista? ¿su tono? ¿la tesis general de la obra? ¿Cómo es su estructura? ¿Cuál es la función del lenguaje? ¿Qúe símbolos se utilizan?

Desde esta perspectiva, también pueden enfocarse varias obras al mismo tiempo. Puede hacerse una comparación y/o contraste entre dos obras escritas por autores diferentes; o pueden señalarse los cambios ocurridos en un mismo autor, comparando sus obras tempranas con las obras escritas en su madurez.

3. *Puede enfocarse la influencia de una obra.* ¿Qué influencia tuvo, por ejemplo, el teatro clásico francés en el teatro español? ¿Qué influencia ha tenido la novela *Rayuela* en la novelística hispanoamericana?

La estructura del trabajo de investigación

Hay dos tipos de formato que pueden utilizarse en la organización del trabajo de investigación. Al primer tipo se le da el nombre de *formato separado;* al segundo se le llama *formato integrado.* La organización del *formato separado* puede verse en el siguiente esquema.

FORMATO SEPARADO	
Trabajo informativo	*Trabajo crítico*
I. Presentación del tema en general e identificación de la tesis	I. Presentación del tema en general e identificación de la tesis
II. Presentación de todos los aspectos del tema y de los datos obtenidos	II. Presentación de todos los aspectos del tema y de los datos obtenidos
III. Presentación de los juicios de los expertos acerca de los datos obtenidos	III. Presentación de los juicios de los expertos acerca de los datos obtenidos
IV. Conclusión	IV. Presentación de los juicios personales
	V. Conclusión

Como se notará, este formato consta de tres o cuatro partes principales. Cada una de estas partes se puede identificar dentro del trabajo utilizando títulos para cada sección o por medio de párrafos de transición que le indiquen al lector el contenido de lo que leerá a continuación. La primera parte siempre contiene una presentación general o una introducción. La segunda contiene los datos que se encontraron a través de la investigación. La tercera incluye los juicios que se han emitido sobre los datos obtenidos y, finalmente, si se trata de un trabajo crítico, la cuarta parte contiene la evaluación del escritor sobre la materia de su investigación.

El *formato integrado,* así como su nombre lo sugiere, *integra* en una misma sección datos, juicios de los expertos y juicios personales. Este formato es mucho más flexible que el formato separado ya que el escritor puede presentar en forma diferente los distintos datos y aspectos del tema. También le permite al escritor poner de relieve las semejanzas y diferencias existentes entre un dato, el juicio de un experto y un juicio personal a la vez. La estructura de este tipo de trabajo se presenta en el esquema que aparece a continuación.

FORMATO INTEGRADO
I. Presentación del tema en general e identificación de la tesis

II. Presentación de un aspecto del tema
  A. Datos
  B. Juicios de los expertos
  C. Juicios personales

III. Presentación de otro aspecto del tema
  A. Datos
  B. Juicios de los expertos
  C. Juicios personales

IV. Presentación de otro aspecto
  A. Datos
  B. Juicios de los expertos
  C. Juicios personales

V. Conclusión

Antes de escribir el trabajo de investigación, es necesario decidir cómo organizar el trabajo. Es buena idea elaborar dos esquemas; esto ayuda a conceptualizar el escrito en su totalidad y a ver las ventajas y desventajas de cada formato. Por ejemplo, si se hubieran recogido datos sobre las obras de Cervantes, se podría hacer una comparación como la de la próxima página, vista de dos maneras.

FORMATO SEPARADO	FORMATO INTEGRADO
I. Introducción	I. Introducción
II. Las novelas ejemplares	II. Las novelas ejemplares A. Juicios de los expertos B. Juicios personales
III. *La Galatea*	III. *La Galatea* A. Juicios de los expertos B. Juicios personales
IV. La poesía de Cervantes	IV. La poesía de Cervantes A. Juicios de los expertos B. Juicios personales
V. El teatro de Cervantes	V. El teatro de Cervantes A. Juicios de los expertos B. Juicios personales
VI. *Don Quijote*	VI. *Don Quijote* A. Juicios de los expertos B. Juicios personales
VII. Juicios de los expertos sobre todas las obras	VII. Conclusión
VIII. Juicios personales sobre todas las obras	
IX. Conclusión	

El uso de uno u otro de los formatos en este caso dependería del propósito del escritor. El formato separado podría utilizarse si el propósito del escritor fuera hablar de las obras de Cervantes *en general,* dando información sobre los diferentes géneros literarios que cultivó este autor, los juicios de los expertos sobre la producción de Cervantes *en conjunto* y del juicio del escritor mismo. El formato integrado se prestaría más para una exposición cuyo fin fuera comparar las diferentes obras del autor entre sí, lo cual exigiría un trabajo más detallado.

Appendix B

La respuesta en forma de ensayo

Un tipo de ensayo que muchos estudiantes conocen es la respuesta más o menos extensa que tienen que escribir en un examen. Un examen que requiere respuestas en forma de ensayo consiste en una serie de preguntas generales sobre algún tema. El estudiante contesta escribiendo un breve ensayo como respuesta a cada pregunta. Esta clase de examen no pide que el estudiante escriba una obra literaria sino que demuestre de manera organizada y coherente su comprensión de cierta materia.

Al contestar un examen de ensayo, el estudiante revela al profesor

1. los conceptos que comprendió y los conocimientos que asimiló durante el curso.

2. la forma en que puede aplicar estos conceptos a nuevas situaciones o experiencias.

3. la forma en que puede organizar la información (los conceptos que aprendió) y apoyar generalizaciones sobre el tema.

4. la originalidad con la cual presenta soluciones o respuestas.

5. su habilidad en utilizar las ideas y el vocabulario del curso.

Al responder a una pregunta con una respuesta de ensayo

1. se debe hacer de cuenta que se escribe para un lector que, aunque es inteligente y educado, *no* conoce a fondo la materia tratada. Esto impedirá que se dejen fuera algunos elementos fundamentales que sirven de base a la respuesta. El objetivo principal debe ser lucir o demostrar los conocimientos que se tengan sobre el tema en la forma más completa posible.

2. se escribe la respuesta utilizando cualquier técnica de desarrollo que parezca apropiada.

3. se expresa y se defiende el juicio personal sobre el tema según lo requiera la pregunta.

4. se utiliza un tono relativamente formal. Preferiblemente, deben evitarse el humor y el sarcasmo.

5. se tiene cuidado de que la tesis de la respuesta responda directamente a la pregunta que se contesta.

Dada la situación particular en que se escribe (límite de tema, límite de tiempo, etcétera), el desarrollar respuestas en forma de ensayo puede ser difícil para muchos estudiantes porque es necesario elaborarlas rápidamente sin tener la oportunidad de planear cuidadosamente ni de revisar lo escrito con detenimiento. Sin embargo, el estudiante que siente confianza en su habilidad de presentar información en forma escrita encontrará que el hacerlo en un tiempo limitado no cambia lo que es fundamental en este proceso. Cuando se contesta una pregunta por medio de un ensayo, el orden que se sigue al escribir es el mismo que se sigue al escribir una exposición cualquiera. Primero se decide con qué propósito se escribe: ¿reportar? ¿evaluar? ¿analizar, establecer un contraste o definir? Entonces se elabora una tesis que conteste la pregunta directamente; se recuerdan detalles y ejemplos que apoyen la tesis; y finalmente se organiza la respuesta en un orden lógico y coherente.

El siguiente modelo se escribe como respuesta a la pregunta: «¿Cuáles son las características estructurales de la novela picaresca española?»

Las características estructurales de la novela picaresca española

La novela picaresca española es un tipo de novela que se escribió durante los siglos XVI y XVII. Su estructura se caracteriza por cuatro rasgos distintivos importantes.

En primer lugar, la novela picaresca española es autobiográfica. El protagonista cuenta en primera persona sus propias aventuras. Los demás personajes son vistos a través de sus ojos.

La segunda característica importante se relaciona con la vida del pícaro. La novela picaresca cuenta las aventuras de éste en su interacción con los diferentes amos a quienes sirve. La sucesión de amos incluye una galería de tipos humanos que reflejan la realidad social de la España de esa época.

Todas las obras picarescas se caracterizan por su estructura episódica. Cada una de las aventuras del pícaro forma un episodio distinto en la novela. La única relación entre los episodios es la presencia del pícaro. La novela picaresca no parece seguir un plan de desarrollo fijo. Generalmente pueden añadirse o quitarse capítulos o episodios sin alterar seriamente la novela.

Finalmente, la novela picaresca se caracteriza por su perspectiva de la realidad. Lo picaresco es, ante todo, una forma de ver la vida. El pícaro, amargado por sus experiencias, sólo logra ver los aspectos más infames de la sociedad. No le es posible enfocar su visión en lo noble, lo bueno y lo heroico.

Esta respuesta en forma de ensayo se ha limitado rígidamente al **tema** de la pregunta. La pregunta pide una descripción de las características y, por lo tanto, la respuesta se limita a hacer una lista de cuatro elementos dando suficiente información sobre cada uno para demostrar que se tiene conocimiento de la materia. Dada la forma en que se ha presentado la pregunta, no vendría al caso que quien escribe la respuesta diera su propia opinión sobre la novela picaresca en general, y por lo tanto una evaluación del género resultaría innecesaria.

El **propósito** de la respuesta es **informar.** Ya que la pregunta se encuentra en un examen, la respuesta también busca demostrar al lector (en este caso, el profesor) que se ha entendido claramente alguna información proveniente de los estudios. El ensayo está escrito en **tercera persona.** El **tono** es absolutamente neutral y no hay asomo de la actitud del escritor hacia el tema.

Esta respuesta consta de cinco párrafos. El primer párrafo sirve de introducción. Aquí se presenta una definición a grandes rasgos del género, situándolo dentro de un marco histórico. Este párrafo también contiene la tesis, la cual contesta directamente la pregunta que se hizo. Establece que hay cuatro características importantes de la novela picaresca.

Siguiendo la técnica de análisis, los cuatro párrafos que siguen se dedican a comentar cada una de las cuatro características. En cada párrafo se menciona un elemento clave y se incluye lo esencial para explicar lo que se propone.

ESTRATEGIAS DEL ESCRITOR: COMO ENFOCAR LA RESPUESTA

El enfoque específico de la respuesta de ensayo

Al escribir una respuesta en forma de ensayo, lo más importante es estructurarla para que responda directamente a lo que pide la pregunta. En otras palabras, lo crucial es *contestar la pregunta.* Esto quiere decir que se tendrá cuidado en interpretarla, en ceñirse a lo que pide y en no incluir ninguna información innecesaria.

Las preguntas que requieren un ensayo como respuesta, por lo general, piden que el estudiante se aproxime al tema de manera específica. El verbo imperativo que se utiliza en la pregunta casi siempre indica exactamente qué perspectiva debe tomarse. Es importante, entonces, que el estudiante ponga especial atención a esta dimensión de las preguntas.

A continuación se presentan varios ejemplos de preguntas que piden una respuesta en forma de ensayo y en las cuales se examinarán los verbos imperativos.

1. ANALICE la estructura del <u>Poema del Cid.</u>

Un análisis examina las diferentes partes o elementos de un conjunto o entidad. Aquí la respuesta tendría que incluir comentarios sobre las divisiones principales de la obra, de la acción dentro de cada una de esas divisiones, de la versificación y su función, etcétera.

2. DESCRIBA al personaje principal del <u>Poema del Cid.</u>

La respuesta a esta pregunta incluiría una descripción física del personaje (su gran fuerza, por ejemplo) y una descripción de su carácter (su valentía, lealtad, etcétera) según sus acciones en la obra.

3. EXPLIQUE el verso «Dios qué buen vassallo, si oviesse buen señore!»

Esta pregunta pide que el estudiante interprete el verso citado. Una interpretación pudiera incluir una identificación de la obra de la cual se tomó la cita, del personaje de quien se habla o quizás de su significado dada la acción de la obra.

4. COMPARE el <u>Poema del Cid</u> con la épica francesa <u>La Chanson de Roland.</u>

En este caso el estudiante ha de contestar la pregunta mostrando las semejanzas y diferencias entre los dos poemas épicos. La comparación y/o el contraste puede hacerse desde diferentes perspectivas. Pueden compararse las estructuras, los personajes principales, los argumentos, el uso de la versificación y del lenguaje en ambas obras, la realidad histórica, etcétera. Para contestar esta pregunta, es necesario hablar de las *dos* obras.

5. DEFINA la poesía épica.

La respuesta a esta pregunta, como lo hace la definición en general, colocaría lo que se define dentro de una clase en general y luego seleccionaría los detalles que hicieran sobresalir las características particulares del género.

6. COMENTE lo siguiente: el <u>Poema del Cid</u> idealiza la venganza.

En este caso, el estudiante tendrá que determinar si hay aspectos de la obra que puedan interpretarse como una idealización de la venganza. Según su conocimiento o comprensión de la obra, el estudiante estará de acuerdo o rechazará tal afirmación, presentando su interpretación lógicamente y apoyándola con ejemplos tomados de la obra.

El enfoque específico de la respuesta en forma de ensayo, entonces, depende de la pregunta. Antes de empezar a escribir es necesario leer con cuidado cada pregunta y, si es posible, subrayar el verbo imperativo. Además de los verbos que se han incluido anteriormente, con frecuencia aparecen los siguientes.

Aclare: Explicar según el contexto específico de una obra
Resuma: Dar los puntos principales de un ensayo u obra literaria
Enumere: Nombrar los elementos
Cite: Dar ejemplos

Algunos imperativos utilizados en esta clase de preguntas, por ejemplo *analice* o *compare,* automáticamente imponen una técnica de desarrollo. Otros, sin embargo, como *explique* o *comente,* permiten que el estudiante decida desde qué punto de vista quiere aproximarse a la pregunta.

La elaboración de la tesis de una respuesta en forma de ensayo

La respuesta en forma de ensayo tiene que escribirse de manera que conteste la pregunta directamente. Para lograr esto, se puede convertir la pregunta misma en una oración que sirva como tesis del ensayo que se va a desarrollar. Obsérvense los siguientes ejemplos.

Pregunta: Compare la poesía lírica con la poesía épica.
Tesis: Hay tres diferencias principales entre la poesía lírica y la poesía épica.

Pregunta: Analice el impacto de la Alianza para el Progreso en los países latinoamericanos.
Tesis: Es posible ver los efectos de la Alianza para el Progreso en la economía, la sociedad y la política de varios países latinoamericanos.

Pregunta: Comente el conflicto entre Ignacio y Carlos en *En la ardiente oscuridad.*
Tesis: El conflicto entre Ignacio y Carlos forma uno de los ejes alrededor del cual gira la obra. Por un lado fue motivado por ciertas diferencias filosóficas entre los dos jóvenes y, por otro, por rivalidades en asuntos amorosos.

COMO SE ESCRIBE UNA RESPUESTA EN FORMA DE ENSAYO

Para escribir una buena respuesta en forma de ensayo, conviene seguir el siguiente proceso.

1. Es necesario prepararse para el examen. Repase los apuntes toma-dos en clase y estudie el libro de texto. También es útil formular y contestar preguntas de ensayo sobre aspectos de importancia.

2. A la hora del examen, examine las preguntas cuidadosamente.

   - Determine qué pide el examen (cuántas preguntas tienen que contestarse).

   - Decida cómo dividir el tiempo.

3. Antes de contestar cada una de las preguntas,

   - estudie la pregunta para estar seguro/a de que la comprende.

   - determine cuál es el propósito de la pregunta.

   - elabore una tesis que responda directamente a la pregunta.

   - haga un esquema breve y apunte los detalles de apoyo.

4. Escriba sin perder tiempo, teniendo cuidado de no apartarse del tema.

5. Evite el uso de toda información innecesaria.

6. Después de contestar todas las preguntas, revíselas rápidamente.

Appendix C

Responding to Student Writing: Notes to the Instructor

Whenever students are asked to write for a course, the inevitable question that faces both teachers and students is how to evaluate what they write, how to grade it? Teachers have long favored grading systems that take into account evaluation of the "mechanics" of written language (i.e., grammar, vocabulary, spelling, accentuation) as well as other aspects of the text (i.e., content, organization, style). Two principal means exist for evaluating writing in this way: holistic assessment and analytical assessment. Each of these presents a number of useful options to the instructor, but before further discussion of the specifics, the following general observations are suggested as a point of departure.

1. *Evaluate as a reader, not as a judge.*
   Respond to the writing in terms of its effectiveness in achieving its purpose. Has the text's content been selected and organized in such a way as to achieve the writer's purpose? Has the writer correctly gauged the reader's purpose? Have the needs of the reader been taken into account? Is the text easy to read? Is it interesting? Is it worth reading?

2. *Not all feedback entails grading and evaluation.*
   Instructors sometimes feel duty-bound to respond to student writing either by putting a grade on it or by indicating and/or correcting mistakes. One of the most important research findings about writing, however, indicates the crucial importance of getting feedback on the content of what one writes—on the message—*whether or not* this is accompanied by a grade or by corrections of form. Such feedback reinforces the central notion that writing is, at its core, a communicative act rather than a language exercise. Getting feedback on what they say is a tremendous motivator for students, particularly if the comments come from a classmate. Interestingly, recent research seems to indicate that language students (particularly advanced students) look for and appreciate *grammatical* feedback from their instructors, and *content* feedback from their peers.

3. *Create opportunities for frequent feedback.*
   Encourage students to approach writing as a multiple-draft
   process rather than a "one-shot" effort. The corollary to this,
   of course, involves reading and responding to student writing at
   several points in the writing process, not just after the final version
   has been handed in.

   Suggest that students write their drafts leaving a large right
   margin, as shown in the **actividades con grupos de consulta**
   sections. Instead of writing over the student's text, use this large
   margin for your comments. In this way, editorial suggestions are
   easy to see, without "taking over" the student's text.

   Multiple drafts and multiple feedback may appear to burden
   the teacher with paperwork. Responding to the content of a text,
   however, often takes less time than correcting or even just indicating language errors, and the response does not always have to
   come from you.

4. *Train students to be effective "peer editors."*
   Although critical reading skills, like effective writing, do not come
   naturally to all students, they can be trained to provide useful,
   constructive criticism of their classmates' texts. In this way students also develop important skills they will be able to apply to
   their own writing. Suggestions regarding procedures for peer editing are given throughout *Composición: Proceso y síntesis* in the
   actividades con grupos de consulta sections. Additional suggestions about the "etiquette" of reading and criticizing a classmate's
   work are found in Appendix B of the *Cuaderno de práctica*.

5. *Establish realistic expectations.*
   Developing skill in writing can take a very long time, and will
   require a great deal of effort and commitment from the students.
   In order to encourage their efforts, it is important to identify
   specific areas in which improvements can be readily attained, and
   to recognize and reward progress in these areas. You might have
   students create a personal "log" of these topics in order to chart
   their own progress over time. (See, for example, Chastain's system
   for helping students keep track of progress with respect to grammar;[1] the same system could be expanded to include other elements as well.) Another tactic is to identify a restricted set of
   goals for each writing assignment. For example, early assignments
   might expect relative mastery only of "simple" syntax (present
   tense, indicative mood) and vocabulary related to familiar, con-

---

[1]Kenneth Chastain, *Toward a Philosophy of Second-Language Learning and Teaching* (Boston:
Heinle & Heinle, 1980), 73.

crete topics; later assignments could gradually raise the bar to expect control of more complex syntax (past tenses, subjunctive mood) and vocabulary for abstract topics.

6. ***Consider formally grading fewer compositions.***

    From the learner's perspective, the two factors that are crucial for improving writing skill are the amount of writing they do and the amount of quality feedback they receive. Teachers, on the other hand, must arrive at a grade for the course without having killed themselves with paperwork in the process.

    One way of addressing both students' and teachers' needs is to rely on the combined efforts of teacher and peer editors to provide frequent response to everything that students write, while at the same time grading only three or four compositions formally. For example, the first compositions could all receive feedback, but only the final few receive a grade. Or students could be asked to submit for grading the requisite number of compositions that they feel represent their best efforts.

    Either way, it is often a good idea to have students maintain a "composition portfolio" of all their work during the semester. Such a file helps students—and teachers—be aware of their progress and of areas still needing remediation.

HOLISTIC AND ANALYTICAL SCORING

"Excellent!," "Interesting ideas and well-supported argument! Very nice," and "Oh, dear . . ." are all comments on a text's overall impact and impression. Evaluating a text in this way is known as *holistic assessment*: a single score or valuation sums up the quality of the text in its entirety. Although specific elements of the text are taken into account to arrive at a score, it is not possible to break that score down into its component parts. *Analytical assessment,* on the other hand, evaluates specific elements of the text individually, providing a separate score for each. These component scores may be reported individually or may be averaged or summed to create a single grade. When a composition is given a grade for language mechanics, organization, content, and style, this represents an analytical assessment of the text.

Both holistic and analytical scoring have advantages and disadvantages. Holistic scoring is generally considered to reflect how readers respond to a text: that is, in its entirety rather than breaking it into component parts. In that sense, the evaluation feels more valid and "authentic" than analytical assessment. Once an individual is trained in holistic techniques, this method of scoring can be done with great speed and reliability. The biggest disadvantage of holistic scoring is that it provides relatively little feedback to the learner about the strengths and weaknesses of a text, and typically is not sensitive enough to identify changes over a short period of time. Analytical scoring is less valid for many because of the implication that the quality of a text is somehow equal to the sum of its parts; also problematic is that analytical scoring can take considerable time. Nevertheless, analytical scoring has a single great advantage: it can provide a great deal of useful feedback to the learner.

One commonly hears of holistic scoring being used for program entrance and/or exit requirements; for example, essays high school seniors submit for college entrance are scored holistically. The Advanced Placement writing exams are also scored holistically. A sample of the scoring rubrics for AP composition in Spanish is reproduced below. In 1992, the state of Pennsylvania developed holistic scoring rubrics to assess and track progress in writing in grades 6–12; these rubrics are reproduced on pages 253–254. Note that in both cases, specific elements of the texts are identified and the quality of each is taken into account to arrive at a single holistic score. No individual, component scores are given, however.

1996 Advanced Placement Spanish Language Exam Composition Rubrics[2]

---

9   DEMONSTRATES EXCELLENCE IN WRITTEN EXPRESSION

Control of complex syntax and good use of verbs, although a few errors may occur. Rich, precise idiomatic vocabulary; ease of expression. Very good command of conventions of the written language (orthography, sentence structure, paragraphing and punctuation).

7-8   DEMONSTRATES VERY GOOD COMMAND IN WRITTEN EXPRESSION

Evidence of complex syntax and appropriate use of verbs, although more than a few grammatical errors may occur; very good control of elementary structures. Considerable breadth of vocabulary. Conventions of the written language generally correct.

4-5-6   DEMONSTRATES A BASIC TO GOOD COMPETENCE IN WRITTEN EXPRESSION

Control of elementary structures and common verb tenses; frequent errors may occur in complex structures. Vocabulary appropriate but limited; occasional second language interference. May have frequent errors in orthography and other conventions of the written language.

---

[2]*AP Spanish: Free Response Guide with Multiple Choice Section,* ©College Entrance Examination Board (1996).

1996 Advanced Placement Spanish Language Exam Composition Rubrics (*continued*)

2-3 Suggests lack of competence in written expression	Numerous grammatical errors even in elementary structures; there may be an occasional redeeming feature, such as correct advanced structure. Limited vocabulary, significant second language interference. Pervasive errors of orthography may be present.

2-3   SUGGESTS LACK OF COMPETENCE IN WRITTEN EXPRESSION
Numerous grammatical errors even in elementary structures; there may be an occasional redeeming feature, such as correct advanced structure. Limited vocabulary, significant second language interference. Pervasive errors of orthography may be present.

0-1   DEMONSTRATES LACK OF COMPETENCE IN WRITTEN EXPRESSION
Constant grammatical errors impede communication. Insufficient vocabulary; frequent second language interference. Severe problems with orthography may interfere with written communication.

-   CONTAINS NOTHING THAT EARNS POINTS
Blank or off-task answers (obscenity, nonsense poetry, drawings, etc.) or mere restatement of the question.

Note: Organization will be taken into account in determining scores. Scores may be lowered on papers shorter than 200 words.

Pennsylvania Writing Assessment Holistic Scoring Guide[3]

CHARACTERISTICS OF EFFECTIVE WRITING				
Focus	*Content*	*Organization*	*Style*	*Conventions*
• demonstrates an awareness of audience and task • establishes and maintains a clear purpose • sustains a single point of view • exhibits clarity of ideas	• information and details are specific to topic • information and details are relevant to focus • ideas are fully developed	• logical order of sequence is maintained • paragraphs deal with one subject • logical transitions are made within sentences and between paragraphs • introduction and conclusion are evident	• precise language • effective word choice • voice, tone, originality of language • variety of sentence structures, types, and lengths	• mechanics: spelling, capitalization, punctuation • usage (e.g., pronoun references, subject-verb agreement) • sentence completeness

---

[3]*The Pennsylvania Writing Assessment Handbook,* ©Pennsylvania Department of Education, Division of Evaluation and Reports (1992).

Pennsylvania Writing Assessment
Holistic Scoring Guide (*continued*)

	6	5	4	3	2	1
Focus	• sharp, distinct focus	• clear focus	• adequate focus	• vague focus	• confused focus	• absence of focus
Content	• substantial, specific, and/or illustrative content; sophisticated ideas that are particularly well developed	• specific and illustrative content	• sufficient content	• content limited to a listing, repetition, or mere sequence of ideas	• superficial content	• absence of relevant content
Organization	• obviously controlled and/or subtle organization	• logical and appropriate organization	• appropriate organization	• inconsistent organization	• confused organization	• absence of organization
Style	• writer's voice apparent in tone, sentence structure, and word choice	• precision and variety in sentence structure and word choice	• some precision and variety in sentence structure and word choice	• limited sentence variety and word choice	• lack of sentence and word choice variety	• no apparent control over sentence structure and word choice
Conventions	• few mechanical and usage errors	• some mechanical and usage errors	• mechanical and usage errors not severe enough to interfere significantly with the writer's purpose	• repeated weaknesses in mechanics and usage	• mechanical and usage errors that seriously interfere with the writer's purpose	• mechanical and usage errors so severe that writer's ideas are difficult if not impossible to understand

Non-Scoreable (NS)

• is illegible: i.e., includes so many undecipherable words that no sense can be made of the response
  or
• is incoherent: i.e., words are legible but syntax is so garbled that response makes no sense
  or
• is a blank paper

Off-Prompt (OP)
• is readable but did not respond to the prompt

Analytical scoring is more typically used within a course to guide student development. Many different suggestions have been proposed for which elements should be included in the scoring rubric, and how each should be weighted. For example, Gaudiani includes four elements, weighting each of them equally: grammar/vocabulary, stylistic technique, organization, and content.[4] The individual scores are averaged to create a single grade for the text. Another variation on analytical scoring is reproduced on the following pages. In this "profile," five factors—including the writer's success in anticipating and responding to the needs of the reader—are identified and differentially weighted; the individual scores are totaled to create a single grade.

	COMPOSITION PROFILE[5]		
FOCUS/CONTENT	30–27	Excellent—Very Good	has fully anticipated reader questions in selecting information; topic well-thought-out and carefully developed with effective supporting detail; interesting to read
	26–22	Good—Adequate	has anticipated most reader questions in selecting information; topic may not be fully explored; development is adequate although some ideas may be incompletely supported or irrelevant; interesting ideas in places
	21–17	Fair—Poor	has anticipated few reader needs in selecting information; topic explored only superficially and inadequately developed with many ideas unsupported or irrelevant
	16–13	Needs a lot of work	shows no awareness of reader needs; ideas superficial and/or uninteresting with little development; OR not enough to evaluate

---

[4]Claire Gaudiani, *Teaching Writing in the Foreign Language Curriculum* (Washington, D.C.: Center for Applied Linguistics, 1981), 20.

[5]This profile has been adapted from similar material originally developed for ESL composition. Two particularly useful profiles are available in *Teaching ESL Composition: Principles and Techniques* (Newbury House, 1983) by Jane B. Hughey et al., and *Study Writing* (Cambridge University Press, 1987) by Liz Hamp-Lyons and Ben Heasley.

COMPOSITION PROFILE *(continued)*			
ORGANIZATION	20–18	Excellent—Very Good	has fully anticipated reader needs in organizing and presenting information; clear thesis; flow of ideas fluid and logical; a pleasure to read
	17–14	Good—Adequate	has anticipated most reader needs in organizing and presenting information; main ideas stand out, but sequencing of ideas sometimes choppy or disconnected; reader may sometimes have difficulty following flow of ideas
	13–10	Fair—Poor	has anticipated few reader needs in organizing and presenting information; ideas frequently confused and/or disconnected, with logical breakdowns apparent; reader frequently has difficulty "getting the point" of message as communicated
	9–7	Needs a lot of work	shows no awareness of reader needs; logical organization absent; OR not enough to evaluate
GRAMMAR	25–22	Excellent—Very Good	wide range of structures with few or no significant errors (e.g., sentence structure)
	21–18	Good—Adequate	adequate range of structures, but little variety; tends to overuse simple constructions; both significant and minor errors (e.g., agreement) present, but meaning seldom obscured
	17–11	Fair—Poor	limited range of structures with control of grammar uncertain; errors frequent, especially when more complex constructions attempted; meaning often confused or obscured
	10–5	Needs a lot of work	frequent and persistent errors of basic grammar and sentence construction; meaning blocked as text dominated by errors; OR, not enough to evaluate

COMPOSITION PROFILE *(continued)*			
VOCABULARY	20–18	Excellent—Very Good	language choices appropriate for topic, purpose and reader; excellent use of idioms and precise, colorful vocabulary; little or no evidence of English interference
	17–14	Good—Adequate	language choices usually appropriate for topic, purpose and reader; vocabulary accurate but may be somewhat limited; some errors or interference may be present but meaning rarely obscured
	13–10	Fair—Poor	language choices sometimes inappropriate for topic, purpose and reader; vocabulary very limited, with overuse of imprecise or vague terms; English interference evident, particularly with respect to idioms; meaning often confused or obscured
	9–7	Needs a lot of work	language choices often inappropriate for topic, purpose and reader; range of vocabulary extremely limited; English interference frequent; OR not enough to evaluate

COMPOSITION PROFILE *(continued)*			
CONVENTIONS	5	Excellent—Very Good	very few or no faults with respect to spelling/accentuation, punctuation or presentation (handwriting or typing)
	4	Good—Adequate	occasional faults in spelling/accentuation, punctuation or presentation (handwriting or typing)
	3	Fair—Poor	frequent errors in spelling/accentuation or punctuation; messy presentation that is sometimes illegible
	2	Needs a lot of work	persistent errors in spelling/accentuation and punctuation; handwriting often illegible; OR not enough to evaluate
TOTAL	/100	Comments:	

There is clearly no single, correct way of evaluating student writing; the elements that inform instruction and practice, however, ought to be the ones that guide feedback.

Vocabulario español-inglés

This vocabulary does not include exact or reasonably close cognates with English; also omitted are common words well within the mastery of third-year students.

The gender of all nouns is indicated, but feminine variants are not listed. Adjectives are given only in the masculine singular form. Irregular verbs are noted, and both stem changes and spelling changes are indicated for verbs.

The following abbreviations are used in this vocabulary:

adj.	adjective	*m.*	masculine noun
adv.	adverb	*p.p.*	past participle
conj.	conjunction	*pl.*	plural
f.	feminine noun	*prep.*	preposition
gram.	grammar	*rel. pro.*	relative pronoun
inf.	infinitive	*s.*	singular
inv.	invariable	*v.*	verb
irreg.	irregular		

A

abajo: de arriba abajo *adv.* from top to bottom; from head to foot; **río abajo** *adv.* downstream
abarcar (qu) *v.* to embrace, encompass
abarrotado *adj.* crowded
abeja *f.* bee
abnegación *f.* self-denial
abogar (gu) *v.* to plead, defend; to advocate
abordar *v.* to board (*train, airplane*); to undertake, approach
abrazo *m.* hug
abrigo *m.* overcoat
abrochar *v.* to fasten
abrogar (gu) *v.* to abrogate, repeal
abrumar *v.* to overwhelm
aburrido: estar (*v. irreg.*) **aburrido** to be bored; **ser** (*v. irreg.*) **aburrido** to be boring
aburrirse *v.* to get bored
acabar *v.* to end up; **acabar de** + *inf.* to have just (*done something*); **acabar por** + *inf.* to end up (*doing something*); **acabarse** to finish, end
acariciar *v.* to caress, stroke
acarrear *v.* to cause

acaso *adv.* perhaps; by chance
aceptación *f.* acceptance, popularity
acerca de *prep.* about, concerning
acercamiento *m.* approach, drawing near
acercarse (qu) *v.* to approach
acertado *adj.* correct, proper
acertar (ie) *v.* to guess correctly, get right
acierto *m.* success
aclaración *f.* clarification
aclarar *v.* to clarify
acomodarse *v.* to settle into a comfortable position
acondicionamiento *m.* conditioning
aconsejar *v.* to give advice, advise
acontecer (zc) *v.* to happen
acontecimiento *m.* event
acordarse (ue) *v.* to agree; to remember
acoso (*m.*) **sexual** sexual harassment
acostarse (ue) *v.* to go to bed
acostumbrarse (*v.*) **a** to get used to
acrecentar (ie) *v.* to increase
acreditado *adj.* reputable
actuación *f.* action; performance; conduct, behavior

actual *adj.* present, current
actualidad: en la actualidad *adv.* at present, now
actuar (actúo) *v.* to work, function; to act, perform
acudir *v.* to come; to go
acuerdo *m.* agreement; **de acuerdo con** *prep.* in accordance with
adecuar *v.* to fit; to adapt
adelantar *v.* to advance
adelante *adv.* forward; **sacar (qu)** (*v.*) **adelante** to produce, turn out
además *adv.* moreover; **además de** *prep.* besides
adentrarse (*v.*) **en** to go into, penetrate into
aderezo *m.* decoration, adornment
adivinar *v.* to guess; to divine, make out
adquirir (ie) *v.* to acquire
adular *v.* to flatter
advertencia *f.* warning, advice
advertir (ie, i) *v.* to notice; to warn
afán *m.* zeal, eagerness
afecto *m.* feeling, emotion
aferrarse (ie) *v.* to stand by, maintain (*an opinion*)
afición *f.* hobby; interest; liking

aficionado *m.* fan, enthusiast
afilado *adj.* sharp
afortunadamente *adv.* fortunately, luckily
afrontar *v.* to confront, face
afuera *adv.* outside
agacharse *v.* to crouch, squat
agonizar (c) *v.* to agonize; to be dying
agradecimiento *m.* gratefulness, gratitude
agrario *adj.* land, agricultural
agregar (gu) *v.* to add
agua (*f.* [*but* **el agua**]) **corriente** running water
aguardiente *m.* liquor
agudeza *f.* sharpness, wit
agudo *adj.* sharp
águila *f.* (*but* **el águila**) eagle
aguileño *adj.* aquiline
agujero *m.* hole; **agujero de gusano** wormhole
ahogar (gu) *v.* to drown; to suffocate
ahondamiento *m.* deepening, going more deeply into
aislado *adj.* isolated
aislamiento *m.* isolation
aislar (aíslo) *v.* to isolate
ajeno *adj.* another's; **personas** (*f. pl.*) **ajenas** outsiders
alambrado *m.* wire fence
alargar (gu) *v.* to lengthen
alarido *m.* shout, cry; **último alarido** last gasp
alcance: al alcance *adv.* within reach
alcanzar (c) *v.* to reach; **alcanzar a** + *inf.* to succeed in (*doing something*)
alcoba *f.* bedroom
aldea *f.* village
aleccionador *adj.* instructive, enlightening
alegrarse *v.* to be glad, be happy
alegre *adj.* happy
alegría *f.* happiness, joy
alejarse *v.* to withdraw, move away
alemán: pastor (*m.*) **alemán** German shepherd
aleta *f.* wing
alfombra *f.* rug, carpet
aliado *m.* ally
aliciente *m.* attraction, inducement, lure
alienígena *m.* foreigner; alien, extraterrestrial
alimentación *f.* food, nourishment
alimentar *v.* to feed

alimentario *adj.* food
alimenticio *adj.* food
alimento *m.* food
alistar *v.* to prepare, make ready
aliviar *v.* to relieve, soothe
alma *f.* (*but* **el alma**) soul, spirit
almacén *m.* warehouse, store
almacenar *v.* to store
almendrado *adj.* almond-shaped
almohada *f.* pillow
alojamiento *m.* lodging
alquilar *v.* to rent
alquiler: de alquiler *adj.* rental
alrededor de *prep.* around
altivo *adj.* haughty, arrogant
alto: poner (*v. irreg.*) **alto a** to put a stop to
alza: en alza *adv.* on the rise
ama (*f.* [*but* **el ama**]) **de casa** housewife
amanecer (zc) *v.* to dawn
amargo *adj.* bitter; painful
ambiental *adj.* environmental
ambiente *m.* atmosphere; environment; surrounding; milieu; **medio ambiente** environment
ámbito *m.* scale, basis, sphere
ambos *adj. pl.* both
amenazante *adj.* threatening
amenazar (c) *v.* to threaten
ametralladora *f.* machine gun
amo *m.* master
ampliación *f.* enlargement, expansion
ampliar (amplío) *v.* to extend, widen
analfabetismo *m.* illiteracy
ancho *adj.* wide, full
andamio *m.* scaffold
andén *m.* platform (*train station*)
anglohablante *m., f.* English speaker
angosto *adj.* narrow
angustia *f.* anguish, anxiety
angustioso *adj.* anguished
anillo *m.* ring (*jewelry*)
animado: dibujo (*m.*) **animado** cartoon
ánimo *m.* spirit; mind; **estado** (*m.*) **de ánimo** mood
aniquilar *v.* to annihilate, destroy
anonimato *m.* anonymity
anotar *v.* to note down, jot down
antagónico *adj.* antagonistic
ante *prep.* in front of; before
anteceder *v.* to precede, go before
antedicho *adj.* aforementioned
antemano: de antemano *adv.* beforehand
anteojos *m. pl.* eyeglasses

antepasado *m.* ancestor
anteponer *v. irreg.* to prefer
antigüedad *f.* age, antiquity
antivíbora *adj.* anti-snake
anuncio *m.* announcement; advertisement; **anuncio publicitario** advertisement
añadir *v.* to add
apagar (gu) *v.* to put out, turn off; to quench
aparato *m.* gadget
aparecer (zc) *v.* to appear
apartado *adj.* separated
apartarse *v.* to move away
aparte de *prep.* apart from
apear (*v.*) **de** to help down from
apelativo *m.* name
apellido *m.* (family) name
apenas *adv.* barely
apetitoso *adj.* appetizing
aplacar (qu) *v.* to appease, placate
apodo *m.* nickname
aportar *v.* to contribute; to bring
apostar (ue) (*v.*) (**por**) to bet (on)
apoyar *v.* to support
apoyo *m.* support
aprendizaje *m.* (act of) learning
apresuradamente *adv.* hurriedly
apresurar(se) *v.* to hurry
aprisa *adv.* quickly, hurriedly
aprobar (ue) *v.* to pass (*a course*)
aprovechamiento *m.* development
aprovechar *v.* to take advantage of
aproximación *f.* approach
apuesto *adj.* good-looking
apuntar *v.* to point out; to jot down
apunte *m.* note, memorandum
apuro *m.* distress; difficulty
araña *f.* spider
árbitro *m.* judge, arbiter
arcano *m.* secret, mystery
archivar *v.* to file
archivo *m.* file, record
arco *m.* bow (*violin, etc.*); arch
ardiente *adv.* passionate, fiery
argüir (y) *v.* to argue, contend
argumento *m.* plot, argument (*literary*)
arma (*f.* [*but* **el arma**]) **de fuego** firearm
arquitectónicamente *adv.* architecturally
arrastrar *v.* to drag, pull
arreglar *v.* to arrange, put in order
arreglo *m.* arrangement
arremolinado *adj.* swirling, eddying

arrepentirse (ie, i) *v.* to repent
arriba: de arriba abajo *adv.* from top to bottom; from head to foot
arroyo *m.* stream; ravine
artesanía *f. s.* handicrafts
artilugio *m.* contraption
ascender (ie) *v.* to rise, go up
ascensor *m.* elevator
asegurar(se) *v.* to make sure
asemejarse *v.* to resemble
asentir (ie, i) *v.* to agree; to nod
asesinato *m.* murder
asesino *adj.* killer; **ballena** (*f.*) **asesina** killer whale
asesor *m.* counselor
asiduo *adj.* frequent, regular; persistent
asiento *m.* seat
asomar *v.* to begin to be seen; to show
asombrar *v.* to amaze; to frighten
asombroso *adv.* astonishing
asonante *adj.* assonant; **rima** (*f.*) **asonante** assonance (*poetry*)
áspero *adj.* rough, harsh
aspirante *m.* candidate, applicant
asqueado *adj.* nauseated
astucia *f.* cleverness
asunto *m.* subject, topic
asustar *v.* to frighten
atar *v.* to tie
atención: prestar (*v.*) **atención** to pay attention
atender (ie) *v.* to pay attention
aterrizar (c) *v.* to land
atestado *adj.* packed
atisbo *m.* inkling, first indication
atracar (qu) *v.* to assault; to moor (*nautical*)
atraer *v. irreg.* to attract
atrapar *v.* to trap, catch
atrás *adv.* back, behind; ago
atravesado *adj.* pierced, run through
atravesar (ie) *v.* to cross
atrevido *adj.* bold, daring
audacia *f.* audacity, daring
audaz (*pl.* **audaces**) *adj.* daring, bold
aula *f.* (*but* **el aula**) classroom
aumentar *v.* to increase
aumento *m.* raise (*salary*); **en aumento** *prep.* on the rise
autobán *m.* (*German*) freeway
autobús: parada (*f.*) **de autobús** bus stop
autocensura *f.* self-censorship
autopista *f.* highway
autorretrato *m.* self-portrait
ave *f.* (*but* **el ave**) bird

avena *f. s.* oats
averiguar (ü) *v.* to find out, ascertain
avisar *v.* to notify, tell
azafata *f.* flight attendant
azulejo *m.* tile

B
bajar *v.* to lower
bajo *adj.* low, poor; *prep.* under
balbuceo *m.* stammering, babbling
ballena *f.* whale; **ballena asesina** killer whale
balsa *f.* raft, ferry
bananal *m.* banana plantation
bañar *v.* to bathe; **bañarse** to take a bath
bancarrota *f.* bankruptcy
baraja *f.* quarrel, fight
barato *adj.* cheap
barba *f.* beard; chin
barbarie *f.* savagery, cruelty
barco *m.* ship
barra *f.* bar, railing
barrer *v.* to sweep
barrera *f.* barrier; bar
bastar *v.* to suffice
bastidor *m.* framework
basura *f.* trash
batido: helado (*m.*) **batido** milk shake
beca *f.* scholarship
Bella Durmiente Sleeping Beauty
belleza *f.* beauty
bendición *f.* blessing
berberisco *adj.* Berber
beso *m.* kiss
bien: llevarse (*v.*) **bien** to get along well
bienestar *m.* well-being
bifurcarse (qu) *v.* to fork, branch
bigote *m.* mustache
Blancanieves Snow White
bobo *adj.* stupid, foolish
bocacalle *f.* (*street*) intersection
bocado *m.* mouthful
bocina *f.* horn (*car*)
boleta *f.* ticket
bolígrafo *m.* (ball-point) pen
bolsa *f.* purse, bag
bono *m.* bond, voucher
bonoloto *f.* lottery
borbollón *adj.* bubbling, gushing
bordear *v.* to skirt, go along the edge of
borrachera *f.* drunkenness, drunken state
borracho *adj.* drunk; *m.* drunkard

borrador *m.* rough draft
bosque *m.* forest, woods
bosquejo *m.* sketch; unfinished composition; outline
bote *m.* boat
bóveda *f.* vault (*architecture*)
brillar *v.* to shine
brincar (qu) *v.* to jump, skip
bruja *f.* witch
brujo *m.* sorcerer, wizard
bueno: en buena medida *adv.* in large part; **sacar (qu)** (*v.*) **buenas notas** to get good grades
bulbo *m.* bulb; **bulbo piloso** hair follicle
bullicio *m.* noise, racket
bulto *m.* shape, form, mass
bumerán *m.* boomerang
burla: hacer (*v. irreg.*) **burla de** to make fun of
burlarse (*v.*) **de** to make fun of

C
cabal *adj.* complete
caballeresco *adj.* chivalrous, of chivalry
caballero *m.* nobleman; gentleman
cabello *m.* hair
cabelludo: cuero (*m.*) **cabelludo** scalp
caber (v. irreg.): no cabe duda there is no doubt
cabo *m.* end; **al cabo de** *prep.* at the end of, after; **al fin y al cabo** *adv.* after all; at last; **llevar** (*v.*) **a cabo** to carry out, complete, achieve
cabra *f.* goat
cachalote *m.* sperm whale
cada *adj.* each; **cada vez más** *adv.* more and more
cadena *f.* chain
caer *v. irreg.* to fall
cafetera *f.* coffeepot
caja *f.* box, strongbox
calamar *m.* squid
caldo *m.* broth
calificación *f.* judgment; grade (*academic*); **sacar (qu)** (*v.*) **calificaciones** to get grades
callado *adj.* quiet
callejero *adj.* street
calvo *adj.* bald
cambio: de cambios *adj.* with standard transmission; **en cambio** *conj.* on the other hand
caminata *f.* walk; hike
camisón *m.* nightgown
campana *f.* bell
campaña *f.* campaign

campesino *m.* peasant
campo *m.* field; countryside
canasto *m.* large basket, hamper
canela *f.* cinammon
canónigo *m.* canon (*churchman*)
canturrear *v.* to hum; to sing softly
caña *f.* cane; whiskey
capacitar *v.* to prepare (*someone for a task*); to enable
capaz (*pl.* **capaces**) *adj.* capable, able
Caperucita Roja Little Red Riding Hood
caperuza *f.* hood
capilar *adj.* hair
caprichoso *adj.* capricious, whimsical; moody
captar *v.* to capture; to attract; to perceive; to draw, depict (*person, character*)
carabela *f.* caravel (*small, light ship*)
carcajada: reírse (**me río**) (*v.*) **a carcajadas** to laugh heartily
carcajearse *v.* to roar with laughter
cárcel *f.* prison
cardenal *m.* geranium
carecer (**zc**) (*v.*) **de** to lack
carencia *f.* lack
carente *adj.* lacking
carga *f.* load, burden
cargar (**gu**) *v.* to load down
cargo *m.* remorse, guilty feeling; **hacerse** (*v. irreg.*) **cargo de** to take charge of, take responsibility for; **de cargo vitalicio** *adj.* tenure
cariño *m.* affection
carnero *m.* ram
carnoso *adj.* fleshy, thick
carrera *f.* race
carretera *f.* highway; road
carrocería *f.* chassis (*car*)
carruaje *m.* carriage
casa: ama (*f.* [*but* **el ama**]) **de casa** housewife
Cascanueces Nutcracker (*ballet*)
caso: hacer (*v. irreg.*) **caso** to pay attention; **venir** (*v. irreg.*) **al caso** to be appropriate, be relevant
castaño *adj.* chestnut-colored, brown
castigar (**gu**) *v.* to punish
castigo *m.* punishment
castillo *m.* castle
casualidad *f.* chance, accident; coincidence
caudaloso *adj.* rushing (*river*)

cauteloso *adj.* cautious
cautiverio *m.* captivity
cautividad *f.* captivity
caza *f.* hunting
cazador *adj.* hunter
cazar (**c**) *v.* to hunt
ceder *v.* to yield, give up
ceja *f.* eyebrow
Cenicienta Cinderella
centrar *v.* to concentrate, focus
cera *f.* wax
cercano *adj.* near, close
cerdo *m.* pig; pork
cereza (*f.*) **silvestre** wild cherry
certidumbre *f.* certainty
cesta *f.* basket
cetáceo *m.* cetacean (*aquatic marine mammal*)
chamuscarse (**qu**) *v.* to get scorched, get singed
charco *m.* pool, puddle
charla *f.* chat, talk
chato *adj.* button-nosed, pug-nosed
chillar *v.* to yell, shriek, scream
chiquitín *m.* small child, tiny tot
chiste *m.* trick; smart idea; joke
chistoso *adj.* funny, amusing, witty
chocar (**qu**) (*v.*) **con** to crash, collide into
cicatriz (*pl.* **cicatrices**) *f.* scar
ciego *adj.* blind
ciervo *m.* stag
cifra *f.* number
cinta *f.* tape, ribbon
cintura *f.* waist
cita *f.* quotation, citation
citar *v.* to quote, cite
ciudadano *m.* citizen
clave *f.* key
clavel *m.* carnation
clavija *f.* peg
coartar *v.* to limit, restrict
cobija *f.* cover, covering; blanket
cobrar *v.* to charge (*money*)
código *m.* code
cofia *f.* nightcap; kerchief
coger (**j**) *v.* to take hold of, seize, grasp; to catch; **coger de la mano** to go hand in hand
cohete *m.* rocket
cola: hacer (*v. irreg.*) **cola** to stand in line
colador *m.* filter (*coffee*)
colar (**ue**) *v.* to filter, brew (*coffee*)
colgar (**gu**) *v.* to hang
colina *f.* hill
colocar (**qu**) *v.* to place
columpio *m.* swing
cómico: tira (*f.*) **cómica** comic strip

comillas *f. pl.* quotation marks
como de costumbre *adv.* as usual
comodidad *f.* comfort
comodín *m.* placeholder
cómodo *adj.* comfortable; convenient
comoquiera que *conj.* however
compadre *m.* godfather; friend, pal, buddy
compartir *v.* to share
competencia *f.* competition
complejo *adj.* complex, complicated; *m.* complex (*psychology*)
complemento *m.* object (*gram.*)
cómplice *m.* accomplice
componer *v. irreg.* to compose, make up
comportamiento *m.* behavior
comportarse *v.* to behave
comprimir *v.* to condense
comprobar (**ue**) *v.* to check, verify; to prove, show
comprometerse *v.* to commit oneself
compuesto *adj.* compound
común y corriente *adj.* common, ordinary, everyday
concebir (**i, i**) *v.* to conceive (*mentally*); to depict (*artistically*)
conceder *v.* to concede, admit
concientizar (**c**) *v.* to raise (*one's*) consciousness
conclusión: sacar (**qu**) (*v.*) **conclusiones** to draw conclusions
concordancia *f.* agreement (*gram.*)
concordar (**ue**) *v.* to agree
concretarse *v.* to make concrete, make (more) specific
concurso *m.* competition, contest
condicionamiento *m.* agreement; condition
conducir *v. irreg.* to lead; to drive (*vehicle*)
conductor *m.* driver
conejillo *m.* bunny rabbit
confeccionar *v.* to make up, concoct
conferencia *f.* lecture
confiar (**confío**) *v.* to trust
congénere *m., f.* fellow; like-minded person
conjugar (**gu**) *v.* to combine, blend
conjunto *adj.* joint; *m.* whole, entirety; group; **en conjunto** *adv.* as a whole
conjuro *m.* spell, incantation
conllevar *v.* to aid, assist
conmover (**ue**) *v.* to move (*emotionally*)

conocedor *m.* knowledgeable person

conseguir (i, i) (g) *v.* to attain (*goal*)

consejo *m.* advice; council

consiguiente: por consiguiente *adv.* consequently

constar *v.* to be clear; **constar de** to consist of

constituir (y) *v.* to constitute

consuelo *m.* consolation, comfort

consumado *adj.* consummate

contaminación *f.* pollution

contar (ue) *v.* to tell

contener *v. irreg.* to contain

contestable *adj.* contestable, i.e., that which can be proven or disproven

continuación: a continuación *adv.* following

contradecir *v. irreg.* to contradict; to oppose

contraer (*v. irreg.*) **matrimonio** to marry

contraproducente *adj.* counterproductive, self-defeating

contrarrestar *v.* to counteract, combat

contrincante *m.* opponent

controvertible *adj.* controversial

controvertido *adj.* controversial

convencimiento *m.* conviction, belief

conveniente *adj.* suitable

convenir (*v. irreg.*) **+ inf.** to be a good idea to (*do something*)

convivencia *f.* living together, coexistence

coquetón *adj.* flirtatious, attractive

coraje *m.* courage, spirit

corona *f.* crown

corredor *m.* runner; corridor, passage

correo *m.* mail

correr *v.* to run

corretear *v.* to run, rush about

corriente *adj.* running; current; *f.* current; **agua** (*f.* [*but* **el agua**]) **corriente** running water; **al corriente** *adv.* up-to-date; **común y corriente** *adj.* common, ordinary, everyday

cortar *v.* to cut

corte *f.* law court

cortés *adj.* courteous

cortina *f.* curtain

cosecha *f.* harvest

coser *v.* to sew

cosquillas *f. pl.* tickling

costado *m.* side

costumbre: como de costumbre *adv.* as usual

cotidiano *adj.* daily

crecer (zc) *v.* to grow

crecido *adj.* large

creciente *adj.* growing, increasing

crecimiento *m.* growth

creencia *f.* belief

crespo *adj.* curly, kinky

criado *m.* servant

criarse (me crío) *v.* to be raised, be reared

criollismo *m. literary movement with focus on Latin American indigenous themes*

crisol *m.* melting pot

cristalino *adj.* clear, pure

cruzar (c) *v.* to cross

cuadro *m.* painting; chart

cuarto *m.* room; fourth; quarter

cubo *m.* trashcan

cuchicheo *m.* whispering

cuello *m.* neck

cuenta: a fin de cuentas *adv.* in the end; **darse** (*v. irreg.*) **cuenta** (**de**) to realize; **en resumidas cuentas** *adv.* in short; **tener** (*v. irreg.*) **en cuenta** to keep in mind; **tomar** (*v.*) **en cuenta** to consider

cuento *m.* story; **cuento de hadas** fairy tale

cuerda *f.* key (*musical*); string (*musical instrument*)

cuerno *m.* horn

cuero *m.* leather; hide; **cuero cabelludo** scalp

cueva *f.* cave

cuidar *v.* to care for, take care of

culebra *f.* snake

culpa *f.* fault

culpable *adj.* guilty; *m., f.* guilty one

culpar *v.* to blame

cumplir *v.* to complete, fulfill

cuna *f.* cradle

cuñada *f.* sister-in-law

cursar *v.* to study

cutis *m. inv.* skin; complexion

cuyo *rel. pro.* whose

D

dañar *v.* to hurt, harm

dañino *adj.* harmful

daño *m.* harm

dar (*v. irreg.*) **a** to face; to overlook; **dar con** to meet, run into; **dar las** (*hour*) to strike (*hour*) o' clock; **dar por descontado** to take for granted; **dar por hecho** to consider done; **dar por sabido** to assume; **dar por sentado** to take for granted, assume; **darse cuenta (de)** to realize

dato *m.* fact

debido a *prep.* due to

débil *adj.* weak

debilidad *f.* weakness

debilitar *v.* to weaken

decano *m.* dean

decir: querer (*v. irreg.*) **decir** to mean

dedo *m.* finger

dejar (*v.*) **de + inf.** to stop (*doing something*)

deleitarse *v.* to delight, take pleasure in

delfín *m.* dolphin

delfinido *m. family to which dolphins and whales belong*

delgado *adj.* thin, slim

delito *m.* crime

demás: los demás *m. pl.* the remaining, the rest

denegar (ie) (gu) *v.* to refuse, reject; to deny

deporte *m.* sport

deprimente *adj.* depressing

deprimido *adj.* depressed

derecho *m.* right (*privilege*); law, justice

deriva: a la deriva *adv.* adrift

derrengarse (gu) *v.* to loathe oneself, hate oneself

derretir (i, i) *v.* to melt

derribar *v.* to overthrow

derrota *f.* defeat

desafiar (desafío) *v.* to challenge, defy

desafío *m.* challenge

desagradecido *m.* ungrateful person

desagrado *m.* displeasure

desahogo *m.* comfort, ease

desalentado *adj.* discouraged

desapercibido *adj.* unnoticed

desarrollar *v.* to develop

desarrollo *m.* development

desbancar (qu) *v.* to supplant, replace

desbordar *v.* to overflow

descalzo *adj.* barefoot

descansar *v.* to rest

descarriado *adj.* errant, gone astray

descartar *v.* to discard, reject

descascarado *adj.* with the paint peeling off

descender (ie) *v.* to be derived; to descend

descomponerse *v. irreg.* to be divided; to break down

desconcertado *adj.* troubled, upset; puzzled

desconocer (**zc**) *v.* to be ignorant of, not know

desconsuelo *m.* distress, despair

descontado: dar (*v. irreg.*) **por descontado** to take for granted

descubierto: poner (*v. irreg.*) **al descubierto** to expose, reveal

desempeñar *v.* to fulfill; to fill; to carry out; to play (*role*)

desempleo *m.* unemployment

desencadenar *v.* to unleash

desenfadado *adj.* casual

desenlace *m.* conclusion, outcome

desenmascarar *v.* to unmask, expose

desenredar *v.* to unravel, straighten out; to resolve

desenvolverse (**ue**) *v.* to develop

deseoso *adj.* eager, anxious

desfile *m.* parade

desgracia: por desgracia *adv.* unfortunately

desmentir (**ie, i**) *v.* to deny

desnudarse *v.* to undress

desordenado *adj.* disorderly, in a mess

despedir (**i, i**) *v.* to dismiss

despejado *adj.* clear; smooth

despertador *m.* alarm clock

despertar (**ie**) *v.* to awaken, arouse (*someone*); **despertarse** to wake up (*oneself*)

despistar *v.* to mislead, fool

desplazar (**c**) *v.* to move around

desplegar (**ie**) (**gu**) *v.* to unfold, open up

despreciable *adj.* contemptible

desprenderse *v.* to issue (*from*); to be deduced

destacar (**qu**) *v.* to emphasize

destreza *f.* skill

desvestir (**i, i**) *v.* to undress

desviarse (**me desvío**) *v.* to stray

detallar *v.* to detail

detenerse *v. irreg.* to stop, linger

detenidamente *adv.* carefully

detenimiento *m.* care, thoroughness

devenir (*v. irreg.*) **en** to develop into

devolver (**ue**) *v.* to return (*something to someone*)

diapositiva *f.* slide transparency

diario *adj.* daily; **a diario** *adv.* daily

dibujar *v.* to draw

dibujo *m.* sketch, drawing; **dibujo animado** cartoon

diestra *f.* right hand

diferencia: a diferencia de *prep.* unlike

difunto *m.* deceased person

digno *adj.* worthy

dirigible *m.* dirigible, balloon

dirigir (**j**) *v.* to direct; **dirigirse a** to go to, go toward; to address (*person*)

discrepar *v.* to differ, disagree

diseñar *v.* to design

diseño *m.* design

disfrazar (**c**) *v.* to disguise

disfrutar (*v.*) **de** to enjoy, benefit from

disgusto *m.* displeasure; grief

disimular *v.* to hide

disminuir (**y**) *v.* to diminish, decrease

disparar *v.* to shoot

disparo *m.* shot, firing

disponer *v. irreg.* to dispose; to command; **disponer de** to have at one's disposal; to have command over

disponible *adj.* available

dispuesto *adj.* disposed, prepared

distraer *v. irreg.* to distract

diván *m.* couch

divulgación *f.* disclosure

doblar *v.* to turn

dorado *adj.* golden

dorso *m.* back

dotado *adj.* equipped

dubitativo *adj.* doubtful, dubious

duda: no cabe (*v.*) **duda** there is no doubt

dueño *m.* owner

dulce *adj.* sweet; fresh (*water*)

duquesa *f.* duchess

duradero *adj.* lasting

durar *v.* to last

durazno *m.* peach

durmiente: Bella Durmiente Sleeping Beauty

E

echar *v.* to throw, toss

edad *f.* age

edecán *m.* aide-de-camp

eficacia *f.* efficiency, effectiveness

eficaz (*pl.* **eficaces**) *adj.* efficient, effective

ejecutar *v.* to execute, perform

ejercer (**z**) *v.* to practice, exercise

elegir (**i, i**) (**j**) *v.* to choose, select

elevar *v.* to raise

eludir *v.* to avoid; to escape

embargo: sin embargo *adv.* however, nevertheless

embarrado *adj.* covered with mud

emocionarse *v.* to get excited, be thrilled

empacar (**qu**) *v.* to pack

empaquetado *m.* packaging

empedernido *adj.* inveterate, hardened

empeorar *v.* to make worse

empleado *m.* employee

emplear *v.* to use, utilize

empleo *m.* employment; usage, use

empobrecer (**zc**) *v.* to weaken; to impoverish

empollón *m.* bookworm

emprender *v.* to undertake

empresa *f.* company

empresario *m.* businessman

empujar *v.* to push

enamorarse (*v.*) **de** to fall in love with

enano *m.* dwarf

encabezamiento *m.* heading

encabezar (**c**) *v.* to be at the top of; to head

encajar *v.* to fit; to be appropriate

encajonar *v.* to confine

encarcelamiento *m.* imprisonment

encargarse (**gu**) *v.* to take responsibility

encerrar (**ie**) *v.* to shut, lock up

encrucijada *f.* crossroads; intersection

encuadrar *v.* to frame; to contain

encubrir *v. irreg.* to cover up

encuentro *m.* encounter, meeting

encuesta *f.* poll, survey

encuestrar *v.* to poll, take a survey

enderezar (**c**) *v.* to straighten

endeudar (**endeúdo**) *v.* to get into debt

endurecido *adj.* hardened, toughened

enemistarse *v.* to become enemies

enfado *m.* irritation, anger

enfatizar (**c**) *v.* to emphasize

enfermedad *f.* illness

enfermero *m.* nurse

enfocado *adj.* focused

enfocar (**qu**) *v.* to focus (*on something*)

enfoque *m.* focus

enfrentar *v.* to face, confront

enganchar *v.* to hook, addict

engrosar *v.* to enlarge, increase

enlatado *adj.* canned, tinned

enlazado *adj.* linked, connected

enmienda *f.* amendment

enojado *adj.* angry

enojo *m.* anger
enriquecer (**zc**) *v.* to enrich
enriquecimiento *m.* enrichment
enroscarse (**qu**) *v.* to coil
ensordecedor *adj.* deafening
ente *m.* being
enterarse (*v.*) (**de**) to find out (about)
entonar *v.* to intone; to sing
entorno *m.* setting, milieu
entregar (**gu**) *v.* to hand in; **entregarse** to surrender oneself
entrelazado *adj.* entwined, interlaced
entrenamiento *m.* training
entrenar *v.* to train
entretejer *v.* to interweave
entretener *v. irreg.* to entertain
entrevistar *v.* to interview
envenenar *v.* to poison
envidia *f.* envy, jealousy
envolver (**ue**) *v.* to wrap
envuelto *adj.* wrapped up
equilibrar *v.* to balance
equipo *m.* team
equivocarse (**qu**) *v.* to make a mistake
esbelto *adj.* svelte, slender
escala *f.* scale
escalera *f. s.* stairs, staircase
escalofrío *m.* chill, shiver
escapulario *m.* scapulary (*two small pieces of cloth joined by strings passed over the shoulders, worn under ordinary clothing as sign of religious devotion*)
escasez (*pl.* **escaseces**) *f.* scarcity
escenario *m.* stage
escenificación *f.* staging; dramatization
escoger (**j**) *v.* to choose, select
escolar *adj.* scholastic
escolaridad *f.* scholarship, education
esconder *v.* to hide
escritorio *m.* desk
escuadra *f.* squad
esfera *f.* sphere
esforzarse (**ue**) (**c**) *v.* to make an effort, struggle
esfuerzo *m.* effort
esnifar *v.* to snort
espada *f.* sword
espalda *f.* back
espanto *m.* fright
espantoso *adj.* frightful
especia *f.* spice
espejuelos *m. pl.* eyeglasses
espeluznante *adj.* hair-raising, horrifying

esperanza *f.* hope
espuma *f.* foam, spray
espumoso *adj.* frothy, foaming
esquema *m.* outline
esquina *f.* corner
estación *f.* season (*year*); station (*transportation*)
estacionar *v.* to park; to remain stationary
estado (*m.*) **de ánimo** mood
estallar *v.* to burst, explode
estancia *f.* stay
estante *m.* bookcase, shelving
estar (*v. irreg.*) **aburrido** to be bored; **estar parado** to stand still
estirar *v.* to stretch
estorbo *m.* obstacle; bother
estrato *m.* stratus, level
estrecho *adj.* narrow; close; tight, small (*clothing*); **quedarle** (*v.*) **estrecho a uno** to be too tight, small (*clothing*)
estremecerse (**zc**) *v.* to tremble, shake
estrenar *v.* to premiere, open (*dramatic work*)
estribar (*v.*) **en** to rest on; to be based on
estrofa *f.* stanza
estropeado *adj.* damaged
estupefaciente *m.* narcotic, drug
etapa *f.* step, stage
etílico *adj.* ethyl (*alcohol*)
evitar *v.* to avoid
evolucionar *v.* to evolve
excelso *adj.* exalted, elevated
exigir (**j**) *v.* to demand; to require
eximir *v.* to exempt; to excuse
éxito *m.* success
expectativa *f.* expectancy
experimentar *v.* to experience; to experiment
explotar *v.* to exploit, use
exponer *v. irreg.* to expose; to present
expuesto *adj.* explained
extraer *v. irreg.* to extract
extranjero *adj.* foreign; *m.* foreigner
extrañarse *v.* to be surprised
extremado *adj.* extreme

F
fábrica *f.* factory
facilidad: con facilidad *adv.* easily
factible *adj.* feasible, workable, practical
fallar *v.* to fail

fallecer (**zc**) *v.* to pass away, die
fallecido *m.* deceased
fallecimiento *m.* death
falta *f.* lack, want, need; **hacer** (*v. irreg.*) **falta** to be necessary; **por falta de** *prep.* for want of, lack of
faltar *v.* to lack; to be missing, lacking
fangoso *adj.* muddy
fantacientífico *adj.* science fantasy
fantasioso *adj.* dreamlike, dreamy
favorecer (**zc**) *v.* to make possible; to flatter, become
fecha (*f.*) **tope** deadline
felicidad *f.* happiness
felicitar *v.* to congratulate
feliz (*pl.* **felices**) *adj.* happy
feroz (*pl.* **feroces**) *adj.* ferocious
fiebre *f.* fever
fiel *adj.* faithful, loyal
figurar *v.* to appear; to figure
fijador *m.* lotion, cream
fijamente *adv.* firmly, steadily
filtrar *v.* to leak
fin *m.* objective, goal; **a fin de** (*prep.*) + *inf.* in order to (*do something*); **a fin de cuentas** *adv.* in the end; **al fin y al cabo** *adv.* after all; at last
fingir (**j**) *v.* to pretend
firma *f.* signature
firmar *v.* to sign
flan *m.* custard
florecer (**zc**) *v.* to flourish
fluir (**y**) *v.* to flow
foco *m.* focus
fomentar *v.* to promote, foster
fondo *m.* back; *pl.* funds; **a fondo** *adv.* in depth; **al fondo** *prep.* in the background; **en el fondo** *adv.* basically; really; **tocar** (**qu**) (*v.*) **fondo** to hit bottom
formulario *m.* form
foro *m.* forum
forro *m.* dustcover, jacket
fortalecer (**zc**) *v.* to strengthen
fortaleza *f.* fortress
forzoso *adj.* inevitable
foto: sacar (**qu**) (*v.*) **fotos** to take pictures
fracaso *m.* failure
fragmentarismo *m.* fragmentary nature
franela *f.* flannel
frenillos *m. pl.* braces (*teeth*)
freno *m.* brake
frente *f.* forehead; **frente a** *prep.* in front of, facing
frigorífico *m.* refrigerator

friolera *f.* trifle
fronterizo *adj.* pertaining to the frontier, borderlands
fuego: arma (*f.* [*but* **el arma**]) **de fuego** firearm
fuente *f.* source; spring
fuera *adv.* outside, out
fuga *f.* flight, exodus
fugar (**gu**) *v.* to run away
fulano (*m.*) **de tal** so-and-so
fulgurante *adj.* bright, shining
fúnebre *adj.* mournful, lugubrious

G

gafas *f. pl.* eyeglasses
galán *m.* leading man; hero of a story
gallera *f.* (chicken) coop
gallo *m.* rooster
gama *f.* gamut, range
ganar *v.* to win; to earn
ganas *f. pl.* desire, wish, inclination
gancho *m.* hook
garabato *m.* scribble, scrawl
garganta *f.* throat
garra *f.* claw
gastar *v.* to spend; to waste; to exhaust
gasto *m.* expense, expenditure
gemelo *adj.* twin
género *m.* genre (*literature*); gender (*gram.*)
genial *adj.* brilliant, of genius
geoestacionario *adj.* geostationary (*orbit*)
gerente *m., f.* manager
gesta *f.* epic poem
gesto *m.* gesture
gigantón *m.* giant
gimotear *v.* to whine, whimper
giro *m.* turn
golpe *m.* blow
golpeado *adj.* banged up
gorrión *m.* sparrow
gorro *m.* nightcap, cap
gota *f.* drop
gozar (**c**) (*v.*) **de** to enjoy
grabadora *f.* tape recorder
grabar *v.* to record
gracioso *adj.* funny, amusing
grado *m.* degree, amount
grafémico *adj.* graphemic, pertaining to letters of the alphabet
grama *f.* grama grass, Bermuda grass
gramilla *f.* grass
grande: a grandes rasgos *adv.* broadly, in broad outline
grasa *f.* oil

gritar *v.* to shout, cry out
grito *m.* shout, scream
grueso *adj.* heavy, stout
gruñir *v.* to grumble; to grunt, growl
guante *m.* glove
guardería *f.* day care center, nursery
guía *m., f.* guide (*person*)
guiar (**guío**) *v.* to guide, direct
guión *m.* script
guiso *m.* cooked dish; stew
güisqui *m.* whisky
gusano: agujero (*m.*) **de gusano** wormhole

H

haber (*v. irreg.*) **de** + *inf.* to be supposed to (*do something*); **hay que** + *inf.* to be necessary to (*do something*)
habilidad *f.* skill, ability
hablantín *adj.* talkative, chatty
hacer (*v. irreg.*) + *time expression time expression* + ago; **hacer a un lado** to put (*something*) aside; **hacer burla de** to make fun of; **hacer caso** to pay attention; **hacer cola** to stand in line; **hacer falta** to be necessary; **hacer hincapié en** to insist on; to emphasize; **hacer un papel** to play a part; **hacer resaltar** to emphasize; **hacerse** to become; **hacerse cargo de** to take charge of, take responsibility for
hachar *v.* to chop
hada *f.* (*but* **el hada**) fairy; **cuento** (*m.*) **de hadas** fairy tale
hallarse *v.* to find oneself; to be
hazaña *f.* brave deed
hecho *m.* fact; **dar** (*v. irreg.*) **por hecho** to consider done
helado *m.* ice cream; **helado batido** milk shake
helar (**ie**) *v.* to freeze
hembra *f.* female
heredar *v.* to inherit
herida *f.* wound, injury
herido *adj.* wounded, injured
herramienta *f.* tool
hervir (**ie, i**) *v.* to boil
hidalgo *m.* nobleman
hidratación *f.* moisturizing
hielo *m.* ice
hierro *m.* iron
hilo *m.* thread; train of thought
hincapié: hacer (*v. irreg.*) **hincapié en** to insist on; to emphasize

hinchar *v.* to swell up, become swollen
hogar *m.* home
hoja *f.* leaf; sheet (*paper*)
hombro *m.* shoulder
hondo *adj.* deep; low
honradez *f.* honesty; integrity
horno *m.* oven
hospedar *v.* to house, give lodging; to host
hostigante *adj.* cloying, sickeningly sweet
hoya *f.* pit, hole; riverbed
hueco *m.* hole; gap
huelga *f.* (workers') strike
huella *f.* trace, mark, sign
hueso *m.* bone
huir (**y**) *v.* to flee, run away
hundir *v.* to sink; to lower
husmear *v.* to get wind of, sniff out
huso *m.* spindle

I

impedir (**i, i**) *v.* to impede, obstruct, hinder
imperante *adj.* prevailing
imperioso *adj.* urgent, imperative, overriding
implicar (**qu**) *v.* to imply
imponer *v. irreg.* to impose
imprescindible *adj.* essential, indispensable
impulsar *v.* to drive
inalámbrico: teléfono (*m.*) **inalámbrico** cordless phone
incapaz (*pl.* **incapaces**) *adj.* incapable
incendio *m.* fire
incentivar *v.* to encourage, stimulate
incertidumbre *f.* uncertainty
incomodidad *f.* discomfort
incómodo *adj.* uncomfortable
inconfundible *adj.* unmistakable
incorporarse *v.* to join in, become part of
incrementar *v.* to increase
indagar (**gu**) *v.* to investigate
indicio *m.* indication, sign
indigno *adj.* unworthy; contemptible
indispuesto *adj.* indisposed, unwell
indistintamente *adv.* indistinctly, indiscriminately
ineficaz (*pl.* **ineficaces**) *adj.* ineffective
ineludible *adv.* inevitable
inesperado *adj.* unexpected
infame *adj.* infamous, vile

infobahn *m.* information highway
informe *m.* report
infortunio *m.* misfortune
infrahumano *adj.* sub-human
infundado *adj.* unfounded
ingenuo *adj.* naive; *m.* naive person
ingerir (ie, i) *v.* to swallow
ingresar *v.* to receive, take in
ingresos *m. pl.* income
inhumar *v.* to bury, inter
iniciar *v.* to initiate, begin
inolvidable *adj.* unforgettable
inquebrantable *adj.* unbreakable
inquietarse *v.* to worry
inquieto *adj.* restless
inquietud *f.* worry
inquilino *m.* tenant, dweller
insoportable *adj.* unbearable, in-
    tolerable
insulso *adj.* meaningless, pointless
intentar *v.* to attempt, endeavor
intento *m.* attempt
intercambiar *v.* to exchange
intercambio *m.* exchange
internar *v.* to confine
intrigante *adj.* intriguing; interest-
    ing
inversión *f.* investment
invertir (ie, i) *v.* to invest; to re-
    verse
involucrar *v.* to involve
ira *f.* anger
irreprimible *adj.* irrepressible
irse *v. irreg.* to go (away); to leave
izquierdista *adj.* left-wing
izquierdo *adj.* left; **a la izquierda**
    prep. on the left

J

jamás *adv.* never, (not) ever
jaula *f.* cage
jornada *f.* (working) day
joya *f.* jewel
joyería *f.* jewelry
jubilación *f.* retirement
jubilado *adj.* retired; pensioned
jubilarse *v.* to retire
juguete *m.* toy
juguetón *adj.* playful
juicio *m.* judgment, decision
juntarse *v.* to meet; to join, get to-
    gether
junto con *prep.* together with
jurídico *adj.* legal
juventud *f.* youth
juzgar (gu) *v.* to judge

L

labio *m.* lip
laboral *adj.* work

lacio *adj.* straight; lank
lactancia *f.* lactation; breast-
    feeding
ladera *f.* slope
lado *m.* side; **a un lado de** *prep.*
    beside; **al lado de** *prep.* next to;
    hacer (*v. irreg.*) **a un lado** to
    put (*something*) aside; **por otro
    lado** *conj.* on the other hand
ladrar *v.* to bark
ladrillo *m.* brick
ladrón *m.* thief
lágrima *f.* tear
laico *adj.* lay, secular
lana *f.* wool, fleece
lancha *f.* launch, sloop
lanzar (c) *v.* to launch
largo *adj.* long; **a la larga** *adv.* in
    the long run, in the end
lata *f.* nuisance
lavabo *m.* washbasin
lealtad *f.* loyalty, faithfulness
lector *m.* reader
lectura *f.* (*act of*) reading; reading
    selection
lejano *adj.* distant
lema *m.* motto
lentes *m. pl.* eyeglasses
lentitud *f.* slowness
leña *f.* firewood
leñador *m.* woodcutter
letra *f. s.* words, lyrics (*song*)
ley *f.* law
libra *f.* pound (*weight*)
libraco *m.* old, boring book
librar *v.* to free
ligadura *f.* tie, knot
ligar (gu) *v.* to tie, join, link
ligeramente *adv.* slightly
liliputiense *m., f.* Lilliputian
limosna *f. s.* alms
limpiar *v.* to clean
limpio *adj.* clean; pure
listo: estar (*v. irreg.*) **listo** to be
    ready; **ser** (*v. irreg.*) **listo** to be
    smart
litera *f.* bunk bed
litoral *m.* coast
llamativo *adj.* flashy, showy, draw-
    ing attention
llanto *m.* weeping
llevar (*v.*) + *time expression* to
    spend + *time expression;* **llevar
    a cabo** to carry out, complete,
    achieve; **llevar una vida** to lead
    a life; **llevarse bien** to get along
    well
lobo *m.* wolf
localizar (c) *v.* to locate
locutor *m.* speaker

lograr *v.* to achieve, attain; to
    manage (to)
logro *m.* achievement, success
lomo *m.* back
lucha *f.* fight, struggle
luchar *v.* to struggle
lucir (zc) *v.* to show off, display;
    to shine, be brilliant
ludopata *m.* compulsive gambler
ludopatía *f.* compulsive
    gambling
lugar: tener (*v. irreg.*) **lugar** to
    take place
lúgubre *adj.* mournful, lugubrious
lujo *m.* luxury
lujuria *f.* lust
lustre *m.* shine, glow
luto: de luto *adj.* in mourning

M

machacar (qu) *v.* to crush, pound,
    grind
madera *f.* wood
madrastra *f.* stepmother
madrugada *f.* dawn, early morning
madrugar (gu) *v.* to get up early
madurez *f.* maturity
maestro *m.* teacher; **obra** (*f.*)
    maestra masterpiece
magnetofónico *adj.* recording
    (*tape*)
maldad *f.* evil
maldición *f.* curse
maleducado *adj.* ill-bred, bad-
    mannered
maleta *f.* suitcase
malévolo *adj.* malevolent, evil
malhumorado *adj.* bad-tempered
mamar *v.* to breast-feed
mamífero *m.* mammal
manada *f.* flock, school (*fish*)
mancha *f.* spot, stain
manco *m.* one-handed person,
    one-armed person
mandíbula *f.* jaw
manejar *v.* to drive; to manage; to
    handle
manifestar (ie) *v.* to reveal
manifiesto: poner (*v. irreg.*) **de
    manifiesto** to make clear; to
    disclose, reveal
mano: coger (**j**) (*v.*) **de la mano**
    to go hand in hand
mansedumbre *f.* meekness
manteca *f.* fat
manubrio *m.* handlebar
maquillarse *v.* to put on make-up
máquina (*f.*) **tragaperras** slot ma-
    chine
maquinación *f.* scheme, plot

mar: víbora (*f.*) **de la mar** *children's game similar to "London Bridge"*
marca *f.* brand, make
marcadamente *adv.* markedly
marcha: poner (*v. irreg.*) **en marcha** to start, get going; to set in motion
marco *m.* frame; setting
maroma *f. s.* acrobatics
matanza *f.* killing
materia *f.* subject; **materia prima** raw material
matrícula *f.* tuition
matricular *v.* to register, enroll
matrimonio: contraer (*v. irreg.*) **matrimonio** to marry
mayúscula *f.* capital (letter)
mazmorra *f.* dungeon
mecer (**z**) *v.* to rock
mediado: a mediados de *adv.* halfway through, in the middle of
mediano *adj.* medium
mediante *adv.* by means of
medida *f.* measurement; **a medida que** *conj.* as; at the same time as; **en buena medida** *adv.* in large part; **tomar** (*v.*) **medidas** to take steps
medio *adj.* middle; half; *m.* medium; means; **medio ambiente** *m.* environment; **por medio de** *prep.* by means of
medir (**i, i**) *v.* to measure
mejorar *v.* to make better, improve
menospreciar *v.* to belittle
menosprecio *m.* scorn, contempt
mensaje *m.* message
menta *f.* mint
mente *f.* mind
mentir (**ie, i**) *v.* to lie
mentira *f.* lie
menudo: a menudo *adv.* frequently
merecer (**zc**) *v.* to deserve
meta *f.* goal
meter *v.* to put, place
mezcla *f.* mixture
mezclar *v.* to mix
miedo *m.* fear; **tener** (*v. irreg.*) **miedo** to be afraid
mimar *v.* to spoil, pamper
mímica *f.* mimicry; sign language
minero *adj.* mining
minuciosamente *adv.* thoroughly
miope *adj.* near-sighted
mirada *f.* gaze
misa *f.* mass (*religious*)
miseria *f.* poverty
misoginia *f.* misogyny, hatred of women

mitad *f.* half; middle
mito *m.* myth
mochila *f.* backpack
moda *f.* fashion; **a la moda** *adv.* fashionably
modales *m. pl.* manners
modalidad *f.* form, kind, variety
modismo *m.* idiom
modo *m.* manner; mood (*gram.*); **de modo que** *conj.* so that; **de todos modos** *adv.* at any rate, anyway
mofeta *f.* skunk
moler (**ue**) *v.* to grind
molestar *v.* to bother
molesto *adj.* annoying, troublesome
monada *f.* monkey face
moneda *f.* currency, money
montar *v.* to ride
moraleja *f.* moral, lesson
morcilla *f.* blood sausage
mordedura *f.* bite
morder (**ue**) *v.* to bite
moribundo *adj.* dying
morisco *adj.* Moorish
moro *m.* Moor
mostaza *f.* mustard
mostrar (**ue**) *v.* to show
motivo *m.* reason
motosierra *f.* power saw
móvil *adj.* mobile; *m.* motive, reason
movilidad *f.* mobility, movement
mudar *v.* to move
muelle *m.* wharf, pier
mugriento *adj.* dirty, filthy
multa *f.* fine
mundial *adj.* world
muñeca *f.* wrist
muralla *f.* wall

N

nacido: recién nacido *adj.* newborn
natalidad: tasa (*f.*) **de natalidad** birthrate
nave *f.* ship
navideño *adj.* Christmas
negar (**ie**) (**gu**) *v.* to deny; **negarse a** + *inf.* to refuse to (*do something*)
negociante *m., f.* businessman, businesswoman
negocios *m. pl.* business
negrita *f.* boldface (print)
netamente *adv.* clearly; purely
nevera *f.* refrigerator
ni siquiera *conj.* not even
nido *m.* nest

nieto *m.* grandson
niñero *m.* baby-sitter
niñez *f.* childhood
niño (*m.*) **prodigio** child prodigy
nivel *m.* level
nocivo *adj.* harmful, injurious
nomás *adv.* just; only
nómina *f.* payroll
nominal *adj.* noun (*gram.*)
nota: sacar (**qu**) (*v.*) **buenas notas** to get good grades
noticias *f. pl.* news
noticiero *m.* newscast
novedad *f.* surprise
nube *f.* cloud
nublar *v.* to cloud
nuera *f.* daughter-in-law
nuez (*pl.* **nueces**) *f.* nut
nutricio *adj.* nutritious, nourishing
nutriólogo *m.* nutritionist, dietician
nutrir *v.* to feed, nourish

O

obedecer (**zc**) *v.* to obey
obra *f.* work (*art, literature*); **obra maestra** masterpiece
obrero *m.* worker, laborer
obstante: no obstante *adv.* nevertheless
ocasionar *v.* to cause, occasion
odiar *v.* to detest, hate
oído *m.* (sense of) hearing; inner ear
ojeada *f.* glance
ola *f.* wave (*ocean, sea*)
oler (**huelo**) *v.* to smell
olfato *m.* sense of smell
oliváceo *adj.* olive-complexioned
olor *m.* smell, odor
olvido *m.* oblivion; forgetfulness
ondulado *adj.* wavy
opacar (**qu**) *v.* to cloud, darken
opiáceo *m.* opiate
oponerse *v. irreg.* to oppose, resist
opuesto *adj.* opposite
oración *f.* sentence (*gram.*)
ordenación *f.* ordering
ordenar *v.* to order, classify
orgullo *m.* pride
orgulloso *adj.* proud
orilla *f.* edge; bank (*river*)
osadía *f.* daring, boldness
oscuridad *f.* darkness
oscuro *adj.* dark; obscure
oso *m.* bear
otorgar (**gu**) *v.* to award
otro: por otro lado *conj.* on the other hand; **una y otra vez** *adv.* again and again

oveja *f.* sheep
oxigenado *adj.* bleached
oyente *m., f.* listener

P

pa' *prep.* (*colloquial for* **para**) to, toward
padecer (**zc**) *v.* to suffer; to endure
paisaje *m.* scenery
pájaro *m.* bird
palo *m.* stick; pole
pandilla *f.* gang
panela *f. flat loaf made of unrefined sugar cane*
pantalla *f.* screen
pantalón: pantalones (*m. pl.*) **vaqueros** jeans
pañuelo *m.* handkerchief; scarf
papel *m.* paper; part, role; **hacer** (*v. irreg.*) **un papel** to play a part
par *m.* pair
parábola *f.* parable
parada (*f.*) **de autobús** bus stop
parado: estar (*v. irreg.*) **parado** to stand still
paraguas *m. inv.* umbrella
parar *v.* to stop
parecer (**zc**) *v.* to seem; **parecerse a** to resemble
parecido *adj.* similar
pared *f.* wall
pareja *f.* pair; couple; partner
pariente *m.* relative
parlanchín *adj.* talkative; indiscreet
parloteo *m.* chatter, prattle
paro *m.* unemployment
particular *adj.* private; particular; special, peculiar
partida: punto (*m.*) **de partida** point of departure
partidario *m.* supporter
partido *m.* game, match
partir *v.* to depart, leave; **a partir de** *prep.* as of, from (*date*)
pasaje *m.* passage
pasearse *v.* to go for a walk
paseo *m.* walk; **paseo peatonal** pedestrian zone
pasillo *m.* hall, hallway
pastor (*m.*) **alemán** German shepherd
patente *adj.* evident, clear
patinar *v.* to skate
patria *f.* native country
patrocinar *v.* to sponsor
patrón *m.* patron; boss; pattern
pavo *m.* turkey
peatonal: paseo (*m.*) **peatonal** pedestrian zone

pecho *m.* chest
pedante *adj.* pedantic
pegado *adj.* attached
pegar (**gu**) *v.* to stick
pelar *v.* to peel
pelea *f.* fight
pelear *v.* to fight
pelota *f.* ball
pena *f.* sentence, punishment; pity, shame; sadness, sorrow; **a penas** *adv.* scarcely, hardly; **valer** (*v. irreg.*) **la pena** to be worthwhile
penoso *adj.* painful, distressing
pensante *adj.* thinking, rational
pensar (**ie**) (*v.*) + *inf.* to intend, plan to (*do something*)
pensión *f.* boarding house; pension, allowance
percibir *v.* to perceive, sense
peregrinación *f.* pilgrimage
peregrino *m.* pilgrim
perezoso *adj.* lazy
perfilado *adj.* well-formed (*nose*)
periodista *m., f.* journalist
perito *m.* expert
permanecer (**zc**) *v.* to remain
personaje *m.* character (*literary*)
personas (*f. pl.*) **ajenas** outsiders
perspicaz (*pl.* **perspicaces**) *adj.* keen, discerning
pertenecer (**zc**) *v.* to belong, pertain
pesadez *f.* heaviness
pesadilla *f.* nightmare
pesado *adj.* heavy
pesar *v.* to weigh; **a pesar de** *prep.* in spite of
pescuezo *m.* neck
pésimo *adj.* very bad; abominable
peso *m.* weight
petirrojo *m.* robin
picada *f.* forest trail; narrow path
picaresco *adj.* picaresque (*literature*)
picor *m.* itch
piedra *f.* stone
piel *f.* skin
piloso *adj.* hair, hairy; **bulbo** (*m.*) **piloso** hair follicle
pincel *m.* paintbrush
pino *m.* pine, pine tree
piquete *m.* sharp jab, bite
pisada *f.* footstep; footprint
pisar *v.* to step on
piso *m.* floor; flat, apartment
pista *f.* trail, track
pistoletazo *m.* pistol shot
pitazo *m.* whistling sound
pitido *m.* whistling

placentero *adj.* pleasant, agreeable
placer *m.* pleasure
plagiar *v.* to copy, plagiarize
planchar *v.* to iron
plano *m.* position; plan
plantear *v.* to pose, raise (*problem*)
plantilla *f.* form
platillo *m.* dish (*food*); **platillo volador** flying saucer
plato *m.* plate, dish; **plato sopero** soup dish
plebeyo *m.* commoner
pleno *adj.* full, complete; **en pleno** (*adv.*) + *n.* in the middle of + *n.*
plomo: a plomo *adv.* directly overhead
pluma *f.* feather; fountain pen
poblado *m.* village, town
poblador *m.* settler
poder *m.* power
poderoso *adj.* powerful
poner (*v. irreg.*) **alto a** to put a stop to; **poner de manifiesto** to make clear; to disclose, reveal; **poner de relieve** to emphasize; **poner en marcha** to start, get going; to set in motion; **ponerse** + *adj.* to become + *adj.*
poniente *m.* west
portar *v.* to carry, bear
porvenir *m.* future
posada *f.* inn
poste *m.* pole, post
postergar (**gu**) *v.* to delay, postpone, defer
postura *f.* position, stand
potencia *f.* power
prado *m.* meadow
preciado *adj.* valuable
precipitado *adj.* premature, hasty
precipitarse *v.* to rush; to throw oneself
predecir *v. irreg.* to predict
predictivo *adj.* predictor
premio *m.* award, prize
prenda *f.* garment
prender *v.* to turn on (*light*)
prerredacción *f.* pre-writing
presenciar *v.* to see, witness
presente: tener (*v. irreg.*) **presente** to keep in mind
presión *f.* pressure
preso *m.* prisoner
préstamo *m.* loan
prestar *v.* to borrow; **prestar atención** to pay attention; **prestarse** to lend itself, be appropriate
presupuesto *m.* budget

pretender v. to endeavor, seek
prevalecer (**zc**) v. to prevail
prevenir v. irreg. to prevent
previsión f. forecast
previsto adj. foreseen
prima: materia (f.) **prima** raw material
principesco adj. princely
principiante adj. beginning
principio m. beginning; **a principios de** prep. at the beginning of; **al principio** prep. at first, in the beginning
probar (**ue**) v. to prove
procedimiento m. method, technique
prodigio: niño (m.) **prodigio** child prodigy
profundidad f. depth
progenitor m. ancestor; father
prolijidad f. long-windedness; excess of detail
promedio (m.) **de vida** average life expectancy
propensión f. inclination, tendency
propio adj. (one's) own; very, exact; himself, herself, itself, etc.
proponente m. proposer
proponer v. irreg. to propose, suggest
proporcionar v. to give, supply, furnish
propósito m. purpose; object
propuesta f. proposal
proveer (**y**) v. to provide, supply
provenir v. irreg. to come, originate
prueba f. proof; exam, test
publicitario: anuncio (m.) **publicitario** advertisement
puente m. bridge
puesta (f.) **del sol** sunset
puesto m. position, job; **puesto que** conj. since
pulgada f. inch
Pulgarcito Tom Thumb
pulir v. to polish, perfect
pulmón m. lung
puntilla: de puntillas adv. on tiptoes
punto (m.) **de partida** point of departure
puñetazo m. punch (with fist)

Q

quebrar (**ie**) v. to go bankrupt
quedar v. to remain; to be located; **quedarle estrecho a uno** to be too tight, small (clothing)

quehacer m. chore, task
quejarse v. to complain
quejumbroso adj. whining, complaining
quemadura f. burn
quemante adj. burning
quemarse v. to burn up
quitar v. to take away, remove

R

ración f. portion, helping
radicar (**qu**) v. to be (in a place); **radicar en** to derive from
raíz (pl. **raíces**) f. root
rama f. bough, branch
raro adj. rare; strange, uncommon; **rara vez** adv. rarely, seldom
rasgado adj. slanted, almond-shaped (eyes)
rasgo m. trait, characteristic; **a grandes rasgos** adv. broadly, in broad outline
rasguño m. scratch
raspadura f. flat loaf made of unrefined sugar cane
ratería f. thieving
raya f. line; dash
rayar v. to underline
razón f. reason; **tener** (v. irreg.) **razón** to be right
razonamiento m. reasoning, train of thought
real adj. real; royal
realización f. fulfillment, achievement
realizar (**c**) v. to achieve, carry out
realzado adj. elevated, raised
rebajar v. to reduce, lower
rebotar v. to bounce (check)
rebuscamiento m. affectation (in language)
recado m. message
recaer (v. irreg.) **sobre** to fall on
recalcar (**qu**) v. to stress, emphasize
rechazar (**c**) v. to reject
rechinar v. to squeal
recién nacido adj. newborn
recluso m. prisoner
recoger (**j**) v. to gather
recompensa f. reward
recompensar v. to reward
recóndito adj. deep
recontar (**ue**) v. to recount
recorrer v. to traverse, cover (distance)
recto adj. straight
recuerdo m. memory

recurrir (v.) **a** to resort to, have recourse to
recurso m. resource
red f. network; worldwide web
redacción f. composition; essay
redactar v. to write; to compose
reemplazar (**c**) v. to replace, substitute
reemplazo m. replacement
reflejar v. to reflect; to reveal
reforzar (**ue**) (**c**) v. to reinforce, strengthen
refrenar v. to curb, restrain
regalar v. to give as a gift
regañar v. to scold; to nag
regañina f. scolding
regar (**ie**) (**gu**) v. to water (plants)
regla f. rule
regresar v. to return, go back
reinado m. reign
reino m. kingdom
reírse (**me río**) v. to laugh; **reírse a carcajadas** to laugh heartily
reja f. grating; window bar
relámpago m. (flash of) lightning
relato m. narrative
relieve m. relief; **poner** (v. irreg.) **de relieve** to emphasize
relleno m. filler
remar v. to row
Renacimiento m. Renaissance
rendir (**i, i**) v. to produce; **rendirse** to surrender
renovar (**ue**) v. to renew
reparo: no tener (v. irreg.) **reparos en** + inf. to not hesitate to (do something)
repartir v. to distribute, divide (up)
repasar v. to review
repente: de repente adv. suddenly
repentino adj. sudden
replicante adj. saucy, flip
replicar (**qu**) v. to answer
requerer v. irreg. to require
requisito m. requirement
resaltar v. to project, stand out; **hacer** (v. irreg.) **resaltar** to emphasize
rescatar v. to rescue, save
resecar (**qu**) v. to parch
reseco adj. very dry
reseña f. review (play or film)
respaldar v. to endorse, support
respingado adj. snub, turned-up
respirar v. to breathe
restante adj. remaining
resuelto adj. determined; bold
resumen m. summary; **en resumen** adv. in short

resumido: en resumidas cuentas *adv.* in short

resumir *v.* to sum up, summarize

retener *v. irreg.* to retain

reto *m.* challenge

retorcerse (**ue**) (**z**) *v.* to writhe

retrasarse *v.* to lag behind

retratar *v.* to portray, depict

retrato *m.* portrait

retroceder *v.* to go backward

reunir (**reúno**) *v.* to join, bring together; to assemble, combine

reventar (**ie**) *v.* to burst, explode

revisar *v.* to review, look over

revista *f.* magazine

rey *m.* king

rezar (**c**) *v.* to pray

rezo *m. s.* prayers

riendas *f. pl.* reins; control, charge

riesgo *m.* risk

rima (*f.*) **asonante** assonance (*poetry*)

rincón *m.* corner

río abajo *adv.* downstream

riquezas *f. pl.* riches

risa *f.* laughter

risueño *adj.* smiling, pleasant

rizado *adj.* curly

rociada *f.* spray

rodear *v.* to surround

rogar (**ue**) (**gu**) *v.* to beg

rojo: Caperucita Roja Little Red Riding Hood

romper *v. irreg.* to break

ron *m.* rum

ronda *f.* round

rondar *v.* to be around, be nearly (*with numbers*)

rosal *m.* rosebush

rostro *m.* face

roto *adj.* torn, worn

rotular *v.* to label; to impute

rugido *m.* roar

ruido *m.* noise

rumbo a *prep.* toward, in the direction of

S

sábana *f.* bedsheet

sabido: dar (*v. irreg.*) **por sabido** to assume

sabor *m.* taste

saborear *v.* to taste; to relish, enjoy

sacar (**qu**) *v.* to take out; **sacar adelante** to produce, turn out; **sacar buenas notas** to get good grades; **sacar calificaciones** to get grades; **sacar conclusiones** to draw conclusions; **sacar fotos** to take pictures

sacerdote *m.* priest

sacudir *v.* to shake

sagrado *adj.* sacred

sajar *v.* to cut open

salida *f.* leaving, going out

salir *v. irreg.* to go out; to leave

salpicar (**qu**) *v.* to sprinkle; to fleck

saltar *v.* to jump

salto *m.* jump

salud *f.* health

saludar *v.* to greet

salvaje *adj.* wild

salvo *prep.* except

sanar *v.* to get well; to heal

sanear *v.* to put right, correct

sangre *f.* blood

sano *adj.* healthy

saqueo *m.* looting, sacking

sastre: traje (*m.*) **sastre** tailor-made suit

sazón *f.* (perfect) timing

seco *adj.* dull

sed *f.* thirst

seda *f.* silk

sedante *adj.* soothing, calming

segregar (**gu**) *v.* to secrete (*fluids*)

seguida: en seguida *adv.* at once, right away

según *conj.* as, according to how; *prep.* according to

selva *f.* forest; jungle

sembrado *m.* sown area, seeded area

semejante *adj.* similar, such; *m.* fellow creature

semejanza *f.* similarity; likeness

sempiterno *adj.* everlasting

sencillez *f.* simplicity

sencillo *adj.* simple

senda *f.* path, way

sendero *m.* path

sentado: dar (*v. irreg.*) **por sentado** to take for granted

sentido *m.* meaning; sense

señal *f.* signal

señalar *v.* to point out, indicate

sepulcral *adj.* pertaining to the tomb, sepulchral

ser *m.* being; **ser** (*v. irreg.*) **aburrido** to be boring

serpentear *v.* to wind

servidumbre *f.* servants, help

servilismo *m.* servility

servirse (**i, i**) (*v.*) **de** to make use of

sexual: acoso (*m.*) **sexual** sexual harassment

siembra *f.* sowing, planting

siglo *m.* century

significado *m.* meaning

silvestre *adj.* wild; rural, rustic; **cereza** (*f.*) **silvestre** wild cherry

simpatizar (**c**) *v.* to get on well (together)

sin embargo *adv.* however, nevertheless

sinnúmero *m.* infinite number

sino *conj.* but, except; **sino que** *conj.* but

sintonizar (**c**) *v.* to stay in touch, stay tuned

siquiera: ni siquiera *conj.* not even

sobreentender (**ie**) *v.* to assume, take for granted

sobrepasar *v.* to exceed

sobresaliente *adj.* outstanding, excellent

sobresalir *v. irreg.* to stand out

sol: puesta (*f.*) **del sol** sunset

soler (**ue**) (*v.*) + *inf.* to be accustomed to, be in the habit of (*doing something*)

solicitante *m., f.* applicant

solicitud *f.* application

soltero *m.* bachelor

sombra *f.* shade; shadow

sombrío *adj.* somber, dark, gloomy

sometido a *adj.* subjected to

sometimiento *m.* submission, submissiveness

sonar (**ue**) *v.* to ring

sonreír (**sonrío**) *v.* to smile

sonrisa *f.* smile

soñador *m.* dreamer

soñar (**ue**) *v.* to dream

sopero: plato (*m.*) **sopero** soup dish

sopesar *v.* to weigh, consider

sospecha *f.* suspicion

sospechar *v.* to suspect

sostener *v. irreg.* to support, sustain, hold up

sótano *m.* basement, cellar

suavizar (**c**) *v.* to smooth, soften

subir *v.* to go up; to rise

súbito: de súbito *adv.* suddenly

subrayar *v.* to underline, underscore

subvención *f.* subsidy

subvencionar *v.* to subsidize

subyacente *adj.* underlying

suceder *v.* to occur, happen

suceso *m.* event, happening

sucio *adj.* dirty

sudoración *f.* sweat, sweating

sueldo *m.* salary; pay

suelo *m.* ground

suelto *adj.* isolated, individual
sueño *m.* dream; **tener** (*v. irreg.*) **sueño** to be sleepy
sugerir (**ie, i**) *v.* to suggest
sujeto a *adj.* subject to
sumamente *adv.* exceedingly
sumir *v.* to sink, plunge
sumo: a lo sumo *adv.* at most
superar *v.* to surpass, exceed
superpotencia *f.* superpower
supervivencia *f.* survival
suplicar (**qu**) *v.* to beg
suponer *v. irreg.* to suppose
surcar (**qu**) *v.* to cut through
surgimiento *m.* emerging, rising up
surgir (**j**) *v.* to arise
suscitar *v.* to stir up, provoke
sustanciar *v.* to substantiate
sustantival *adj.* noun
sustantivar *v.* to use as a noun
sustantivo *m.* noun
sustentar *v.* to support
susto *m.* fright, scare
susurrar *v.* to whisper; to coo
sutil *adj.* subtle

T

tachar *v.* to cross out, eliminate; to blame
tacto *m.* (sense of) touch
tajante *adv.* sharply, cuttingly
tal vez *adv.* perhaps
tallo *m.* stem, shoot
tamaño *m.* size
tapa *f.* tidbit, appetizer
tapizar (**c**) *v.* to upholster
taquiónico *adj.* tachyonic (*from* tachyon, *theoretical particle that travels faster than the speed of light*)
tardar (*v.*) **en** + *inf.* to be slow to, take a long time to (*do something*)
tardío *adj.* late, tardy
tasa *f.* rate; **tasa de natalidad** birthrate
techo *m.* roof, ceiling
tejedor *m.* weaver
tejer *v.* to knit; to weave
tejido *m.* tissue
tela *f.* fabric
telaraña *f.* spider web
teléfono (*m.*) **inalámbrico** cordless phone
temático *adj.* thematic, topic
temblar (**ie**) *v.* to tremble
temer *v.* to fear
temor *m.* fear
tempestad *f.* tempest, storm

temporada *f.* season; while
tender (**ie**) *v.* to spread, spread out; **tender a** to tend to, have a tendency to
tendido *adj.* lying down
tener (*v. irreg.*) **en cuenta** to keep in mind; **tener lugar** to take place; **tener miedo** to be afraid; **tener presente** to keep in mind; **tener razón** to be right; **no tener reparos en** + *inf.* to not hesitate to (*do something*); **tener sueño** to be sleepy
teñir (**i, i**) *v.* to dye
tercio *m.* third
término *m.* term, word, expression; end
ternura *f.* tenderness
terso *adj.* smooth
testigo *m., f.* witness
tez *f.* complexion, skin
tierno *adj.* tender, soft
tinta *f.* ink
tinto *adj.* red (wine)
tipo *m.* guy, character
tira (*f.*) **cómica** comic strip
tirar *v.* to throw
tiroteo *m.* firing, shooting; gunfight, shootout
tobillo *m.* ankle
tocadiscos *m. inv.* record player
tocante: en lo tocante a *prep.* concerning
tocar (**qu**) *v.* to touch; to play (*musical instrument*); to knock (*at*); **tocar fondo** to hit bottom
todo: de todos modos *adv.* at any rate, anyway
tomar (*v.*) **en cuenta** to consider; **tomar medidas** to take steps
tonelada *f.* ton
tope: fecha (*f.*) **tope** deadline
toque *m.* touch
tormenta *f.* storm
torno *m.* turn, revolution; **en torno a** *prep.* about
toxicómano *m.* drug addict
trabalenguas *m. inv.* tongue twister
traer *v. irreg.* to bring
traficante *m., f.* dealer
tragaperra: máquina (*f.*) **tragaperras** slot machine
tragar (**gu**) *v.* to swallow
trago *m.* drink; swallow
traje *m.* suit, outfit; **traje sastre** tailor-made suit
trama *f.* plot
tramoyista *m., f.* stage hand

trampa *f.* trap, snare
transbordador *m.* shuttle
transcurrir *v.* to pass, go by
transcurso *m.* course, passage of time
transgredir *v.* to transgress
transitar *v.* to travel
tránsito *m.* transit, passage, movement
trapo *m.* rag
tras *prep.* behind, after
trasfondo *m.* background
trasladarse *v.* to go, move
trastorno *m.* upset, disorder
tratado *m.* treatise
tratar *v.* to treat (*subject*); to try; **tratarse de** to be a question of
travieso *adj.* mischievous
trayecto *m.* trip
trayectoria *f.* trajectory, path
treintón *m.* thirty-something
trepar *v.* to climb
tribunal *m.* court; tribunal
trimembre *adj.* trimembral, with three parts or members
tripulado *adj.* manned, crewed
tropezar (**ie**) (**c**) (*v.*) **con** to run into
trozo *m.* bit, piece

U

ubicar (**qu**) *v.* to locate, place, situate
último alarido *m.* last gasp
unir *v.* to join, unite
usuario *m.* user
útil *adj.* useful
utilidades *f. pl.* profits, earnings

V

vaciar (**vacío**) *v.* to empty
vacilar *v.* to hesitate, waver
vacío *adj.* empty
vacuna *f.* vaccination
vagar (**gu**) *v.* to wander, roam
vaivenes *m. pl.* ups and downs
vajilla *f. s.* dishes, china
valer (*v. irreg.*) **la pena** to be worthwhile; **valerse de** to make use of
valiente *adj.* brave, daring; *m., f.* brave person
valioso *adj.* valuable
valorar *v.* to value
valorizar (**c**) *v.* to value
vanidoso *adj.* vain, conceited
vaquero *m.* cowboy; **pantalones** (*m. pl.*) **vaqueros** jeans
varón *adj., m.* male
vasco *adj.* Basque

resumido: en resumidas cuentas *adv.* in short
resumir *v.* to sum up, summarize
retener *v. irreg.* to retain
reto *m.* challenge
retorcerse (**ue**) (**z**) *v.* to writhe
retrasarse *v.* to lag behind
retratar *v.* to portray, depict
retrato *m.* portrait
retroceder *v.* to go backward
reunir (**reúno**) *v.* to join, bring together; to assemble, combine
reventar (**ie**) *v.* to burst, explode
revisar *v.* to review, look over
revista *f.* magazine
rey *m.* king
rezar (**c**) *v.* to pray
rezo *m. s.* prayers
riendas *f. pl.* reins; control, charge
riesgo *m.* risk
rima (*f.*) **asonante** assonance (*poetry*)
rincón *m.* corner
río abajo *adv.* downstream
riquezas *f. pl.* riches
risa *f.* laughter
risueño *adj.* smiling, pleasant
rizado *adj.* curly
rociada *f.* spray
rodear *v.* to surround
rogar (**ue**) (**gu**) *v.* to beg
rojo: Caperucita Roja Little Red Riding Hood
romper *v. irreg.* to break
ron *m.* rum
ronda *f.* round
rondar *v.* to be around, be nearly (*with numbers*)
rosal *m.* rosebush
rostro *m.* face
roto *adj.* torn, worn
rotular *v.* to label; to impute
rugido *m.* roar
ruido *m.* noise
rumbo a *prep.* toward, in the direction of

S

sábana *f.* bedsheet
sabido: dar (*v. irreg.*) **por sabido** to assume
sabor *m.* taste
saborear *v.* to taste; to relish, enjoy
sacar (**qu**) *v.* to take out; **sacar adelante** to produce, turn out; **sacar buenas notas** to get good grades; **sacar calificaciones** to get grades; **sacar conclusiones** to draw conclusions; **sacar fotos** to take pictures

sacerdote *m.* priest
sacudir *v.* to shake
sagrado *adj.* sacred
sajar *v.* to cut open
salida *f.* leaving, going out
salir *v. irreg.* to go out; to leave
salpicar (**qu**) *v.* to sprinkle; to fleck
saltar *v.* to jump
salto *m.* jump
salud *f.* health
saludar *v.* to greet
salvaje *adj.* wild
salvo *prep.* except
sanar *v.* to get well; to heal
sanear *v.* to put right, correct
sangre *f.* blood
sano *adj.* healthy
saqueo *m.* looting, sacking
sastre: traje (*m.*) **sastre** tailor-made suit
sazón *f.* (perfect) timing
seco *adj.* dull
sed *f.* thirst
seda *f.* silk
sedante *adj.* soothing, calming
segregar (**gu**) *v.* to secrete (*fluids*)
seguida: en seguida *adv.* at once, right away
según *conj.* as, according to how; *prep.* according to
selva *f.* forest; jungle
sembrado *m.* sown area, seeded area
semejante *adj.* similar, such; *m.* fellow creature
semejanza *f.* similarity; likeness
sempiterno *adj.* everlasting
sencillez *f.* simplicity
sencillo *adj.* simple
senda *f.* path, way
sendero *m.* path
sentado: dar (*v. irreg.*) **por sentado** to take for granted
sentido *m.* meaning; sense
señal *f.* signal
señalar *v.* to point out, indicate
sepulcral *adj.* pertaining to the tomb, sepulchral
ser *m.* being; **ser** (*v. irreg.*) **aburrido** to be boring
serpentear *v.* to wind
servidumbre *f.* servants, help
servilismo *m.* servility
servirse (**i, i**) (*v.*) **de** to make use of
sexual: acoso (*m.*) **sexual** sexual harassment
siembra *f.* sowing, planting

siglo *m.* century
significado *m.* meaning
silvestre *adj.* wild; rural, rustic; **cereza** (*f.*) **silvestre** wild cherry
simpatizar (**c**) *v.* to get on well (together)
sin embargo *adv.* however, nevertheless
sinnúmero *m.* infinite number
sino *conj.* but, except; **sino que** *conj.* but
sintonizar (**c**) *v.* to stay in touch, stay tuned
siquiera: ni siquiera *conj.* not even
sobreentender (**ie**) *v.* to assume, take for granted
sobrepasar *v.* to exceed
sobresaliente *adj.* outstanding, excellent
sobresalir *v. irreg.* to stand out
sol: puesta (*f.*) **del sol** sunset
soler (**ue**) (*v.*) + *inf.* to be accustomed to, be in the habit of (*doing something*)
solicitante *m., f.* applicant
solicitud *f.* application
soltero *m.* bachelor
sombra *f.* shade; shadow
sombrío *adj.* somber, dark, gloomy
sometido a *adj.* subjected to
sometimiento *m.* submission, submissiveness
sonar (**ue**) *v.* to ring
sonreír (**sonrío**) *v.* to smile
sonrisa *f.* smile
soñador *m.* dreamer
soñar (**ue**) *v.* to dream
sopero: plato (*m.*) **sopero** soup dish
sopesar *v.* to weigh, consider
sospecha *f.* suspicion
sospechar *v.* to suspect
sostener *v. irreg.* to support, sustain, hold up
sótano *m.* basement, cellar
suavizar (**c**) *v.* to smooth, soften
subir *v.* to go up; to rise
súbito: de súbito *adv.* suddenly
subrayar *v.* to underline, underscore
subvención *f.* subsidy
subvencionar *v.* to subsidize
subyacente *adj.* underlying
suceder *v.* to occur, happen
suceso *m.* event, happening
sucio *adj.* dirty
sudoración *f.* sweat, sweating
sueldo *m.* salary; pay
suelo *m.* ground

suelto *adj.* isolated, individual
sueño *m.* dream; **tener** (*v. irreg.*) **sueño** to be sleepy
sugerir (**ie, i**) *v.* to suggest
sujeto a *adj.* subject to
sumamente *adv.* exceedingly
sumir *v.* to sink, plunge
sumo: a lo sumo *adv.* at most
superar *v.* to surpass, exceed
superpotencia *f.* superpower
supervivencia *f.* survival
suplicar (**qu**) *v.* to beg
suponer *v. irreg.* to suppose
surcar (**qu**) *v.* to cut through
surgimiento *m.* emerging, rising up
surgir (**j**) *v.* to arise
suscitar *v.* to stir up, provoke
sustanciar *v.* to substantiate
sustantival *adj.* noun
sustantivar *v.* to use as a noun
sustantivo *m.* noun
sustentar *v.* to support
susto *m.* fright, scare
susurrar *v.* to whisper; to coo
sutil *adj.* subtle

T

tachar *v.* to cross out, eliminate; to blame
tacto *m.* (sense of) touch
tajante *adv.* sharply, cuttingly
tal vez *adv.* perhaps
tallo *m.* stem, shoot
tamaño *m.* size
tapa *f.* tidbit, appetizer
tapizar (**c**) *v.* to upholster
taquiónico *adj.* tachyonic (*from* tachyon, *theoretical particle that travels faster than the speed of light*)
tardar (*v.*) **en** + *inf.* to be slow to, take a long time to (*do something*)
tardío *adj.* late, tardy
tasa *f.* rate; **tasa de natalidad** birthrate
techo *m.* roof, ceiling
tejedor *m.* weaver
tejer *v.* to knit; to weave
tejido *m.* tissue
tela *f.* fabric
telaraña *f.* spider web
teléfono (*m.*) **inalámbrico** cordless phone
temático *adj.* thematic, topic
temblar (**ie**) *v.* to tremble
temer *v.* to fear
temor *m.* fear
tempestad *f.* tempest, storm

temporada *f.* season; while
tender (**ie**) *v.* to spread, spread out; **tender a** to tend to, have a tendency to
tendido *adj.* lying down
tener (*v. irreg.*) **en cuenta** to keep in mind; **tener lugar** to take place; **tener miedo** to be afraid; **tener presente** to keep in mind; **tener razón** to be right; **no tener reparos en** + *inf.* to not hesitate to (*do something*); **tener sueño** to be sleepy
teñir (**i, i**) *v.* to dye
tercio *m.* third
término *m.* term, word, expression; end
ternura *f.* tenderness
terso *adj.* smooth
testigo *m., f.* witness
tez *f.* complexion, skin
tierno *adj.* tender, soft
tinta *f.* ink
tinto *adj.* red (wine)
tipo *m.* guy, character
tira (*f.*) **cómica** comic strip
tirar *v.* to throw
tiroteo *m.* firing, shooting; gunfight, shootout
tobillo *m.* ankle
tocadiscos *m. inv.* record player
tocante: en lo tocante a *prep.* concerning
tocar (**qu**) *v.* to touch; to play (*musical instrument*); to knock (*at*); **tocar fondo** to hit bottom
todo: de todos modos *adv.* at any rate, anyway
tomar (*v.*) **en cuenta** to consider; **tomar medidas** to take steps
tonelada *f.* ton
tope: fecha (*f.*) **tope** deadline
toque *m.* touch
tormenta *f.* storm
torno *m.* turn, revolution; **en torno a** *prep.* about
toxicómano *m.* drug addict
trabalenguas *m. inv.* tongue twister
traer *v. irreg.* to bring
traficante *m., f.* dealer
tragaperra: máquina (*f.*) **tragaperras** slot machine
tragar (**gu**) *v.* to swallow
trago *m.* drink; swallow
traje *m.* suit, outfit; **traje sastre** tailor-made suit
trama *f.* plot
tramoyista *m., f.* stage hand

trampa *f.* trap, snare
transbordador *m.* shuttle
transcurrir *v.* to pass, go by
transcurso *m.* course, passage of time
transgredir *v.* to transgress
transitar *v.* to travel
tránsito *m.* transit, passage, movement
trapo *m.* rag
tras *prep.* behind, after
trasfondo *m.* background
trasladarse *v.* to go, move
trastorno *m.* upset, disorder
tratado *m.* treatise
tratar *v.* to treat (*subject*); to try; **tratarse de** to be a question of
travieso *adj.* mischievous
trayecto *m.* trip
trayectoria *f.* trajectory, path
treintón *m.* thirty-something
trepar *v.* to climb
tribunal *m.* court; tribunal
trimembre *adj.* trimembral, with three parts or members
tripulado *adj.* manned, crewed
tropezar (**ie**) (**c**) (*v.*) **con** to run into
trozo *m.* bit, piece

U

ubicar (**qu**) *v.* to locate, place, situate
último alarido *m.* last gasp
unir *v.* to join, unite
usuario *m.* user
útil *adj.* useful
utilidades *f. pl.* profits, earnings

V

vaciar (**vacío**) *v.* to empty
vacilar *v.* to hesitate, waver
vacío *adj.* empty
vacuna *f.* vaccination
vagar (**gu**) *v.* to wander, roam
vaivenes *m. pl.* ups and downs
vajilla *f. s.* dishes, china
valer (*v. irreg.*) **la pena** to be worthwhile; **valerse de** to make use of
valiente *adj.* brave, daring; *m., f.* brave person
valioso *adj.* valuable
valorar *v.* to value
valorizar (**c**) *v.* to value
vanidoso *adj.* vain, conceited
vaquero *m.* cowboy; **pantalones** (*m. pl.*) **vaqueros** jeans
varón *adj., m.* male
vasco *adj.* Basque

vecino *adj.* neighboring
vejez *f.* old age
veloz (*pl.* **veloces**) *adj.* quick
vencer (**z**) *v.* to conquer
vendar *v.* to bandage
venenoso *adj.* poisonous
venganza *f.* vengeance, revenge
vengativo *adj.* vengeful, vindictive
venir (*v. irreg.*) **al caso** to be appropriate, be relevant
venta *f.* sale
ventaja *f.* advantage
ventral *adj.* ventral, chest
veranear *v.* to spend the summer
veraneo *m.* summer vacation
veraz (*pl.* **veraces**) *adj.* truthful
verdadero *adj.* real, true
verter (**ie**) *v.* to pour; to empty (out)
vertiginoso *adj.* dizzying
vestir (**i, i**) *v.* to dress
vez (*pl.* **veces**): **a la vez** *adv.* at the same time; **a su vez** *adv.* in turn; **a veces** *adv.* at times; **cada vez más** *adv.* more and more; **en vez de** *prep.* instead of; **rara vez** *adv.* rarely, seldom; **tal vez** *adv.* perhaps; **una y otra vez** *adv.* again and again
viajero *m.* traveler, passenger
víbora *f.* viper, snake; **víbora de la mar** *children's game similar to "London Bridge"*
viciado *adj.* foul, dirty
vida: llevar (*v.*) **una vida** to lead a life; **promedio** (*m.*) **de vida** average life expectancy
videncia *f.* clairvoyance, fortune-telling
videocasetera *f.* VCR
vientre *m.* belly
vigencia: en vigencia *adv.* in effect, in force
vigente *adj.* in force, in vogue
villancico *m.* Christmas carol
vincular *v.* to relate, connect
violación *f.* rape
virreinato *m.* viceroyalty
vislumbrar *v.* to glimpse
vista *f.* sight, view
vistazo *m.* glance, look

vitalicio: de cargo vitalicio *adj.* tenure
vivienda *f.* housing
vivo *adj.* lively, vivid
vocablo *m.* word
vocal *f.* vowel
volador: platillo (*m.*) **volador** flying saucer
volante *adj.* flying
volar (**ue**) *v.* to fly
voluntad *f.* will, free will
volver (**ue**) (*v. irreg.*) **a** + *inf.* to (*do something*) again
vuelo *m.* flight
vuelta *f.* return; **a la vuelta** *adv.* on the next page; back again, on the return trip

X

xenofobia *f.* fear or hatred of foreigners

Y

yacimiento *m.* bed, deposit (*archeology*)
yerno *m.* son-in-law

About the Authors

Guadalupe Valdés is Professor of Spanish and Portuguese and Professor of Education at Stanford University. She works in the areas of Socio-linguistics and Applied Linguistics, and has published numerous articles in one of her concentrations, the teaching of Spanish to both mono-lingual speakers of English and bilingual Hispanics. Professor Valdés is the author of four Spanish-language textbooks, two of which focus on teaching Spanish to bilingual Hispanics. She served as a member of the Task Force on National Standards in Foreign Language Education and is currently a member of the editorial boards of several journals, including *Modern Language Journal, Bilingual Review,* and *Hispanic Journal of the Behavioral Sciences.*

Trisha Dvorak is a Continuing Education Specialist with Educational Outreach at the University of Washington. She has coordinated elementary language programs in Spanish and taught courses in Spanish language and foreign language methodology. Professor Dvorak received her Ph.D. in Applied Linguistics from the University of Texas at Austin. She has published books and articles on aspects of foreign language learning and teaching, and is co-author of the *Pasajes* program, a series of texts for second-year college students.

Thomasina Pagán Hannum is a retired Spanish teacher. She currently works as a Consultant on Language Testing with the Bilingual Unit of the State Education Department of New Mexico, and frequently presents workshops on writing in the language classroom. She received her MATS from the University of New Mexico and has completed considerable additional study in Spanish Linguistics. She is co-author of *Cómo se escribe,* a text for Spanish-English bilingual students at the secondary level; a contributing writer for *Paso a paso,* a Spanish-language series for secondary students; and co-author of *Un paso más,* a workbook for bilingual students to accompany *Paso a paso.*

Grateful acknowledgment is made for use of the following:

Photos: page 1 Bob Daemmrich/The Image Works; **7** Larry Lorusso/The Picture Cube, Inc.; **7** Kindra Clineff/The Picture Cube, Inc.; **11** Michael Heron/Monkmeyer Press; **12** Lee Snider/The Image Works; **12** Ulrike Welsh; **13** Hibbs/Monkmeyer Press; **33** Rick Smolan/Stock Boston; **62** Bob Daemmrich/Stock Boston; **103** Jose Carrillo/Photo Edit; **116** Keith Gunnar/Photo Researchers, Inc.; **147** Michael Dwyer/Stock Boston; **185** Owen Franken/Stock Boston.

Realia: page 39 From *Composition through Pictures* by J.B. Heaton, 1966. Reprinted with permission of Addison Wesley Longman, United Kingdom; **40** © Quino/Quipos; **42** PEANUTS © United Feature Syndicate. Reprinted by permission; **47** © Quino/Quipos; **117** Reprinted with permission of *Muy Interesante;* **168** Kerzo/Eugene.

Readings: page 50 Valencia, Pablo, and Susan Cameron Bacon, *En marcha.* Copyright © 1983 by Houghton Mifflin Company. Used with permission; **70** Reprinted with permission of *Cambio16;* **79** Reprinted with permission of *Muy Interesante;* **89** Reprinted with permission of *Ser Padres Hoy;* **109** Reprinted with permission of *Geomundo;* **127** Reprinted with permission of Steven L. Kent; **118** Copyright © 1997 by *Hispanic Magazine;* **151** Reprinted from *Américas,* a bimonthly magazine published by the General Secretariat of the Organization of American States in English and Spanish; **153** *Semana;* **214** Reprinted with permission of *Muy Interesante.*